臺灣歷史與文化 研究輯刊

十九編

第 20 冊

追憶與借鏡：小說、電影與時代反映

蒲彥光 著

花木蘭文化事業有限公司

國家圖書館出版品預行編目資料

追憶與借鏡：小說、電影與時代反映／蒲彥光 著 -- 初版 --
新北市：花木蘭文化事業有限公司，2021〔民110〕
目 4+202 面；19×26 公分
（臺灣歷史與文化研究輯刊十九編；第 20 冊）
ISBN 978-986-518-468-1（精裝）
1. 臺灣小說 2. 臺灣電影 3. 文學評論
733.08   110000683

ISBN-978-986-518-468-1

9 789865 184681

臺灣歷史與文化研究輯刊
十九編　第二十冊
ISBN：978-986-518-468-1

追憶與借鏡：小說、電影與時代反映

作　　者　蒲彥光
總 編 輯　杜潔祥
副總編輯　楊嘉樂
編　　輯　許郁翎、張雅淋　美術編輯　陳逸婷
出　　版　花木蘭文化事業有限公司
發 行 人　高小娟
聯絡地址　235　新北市中和區中安街七二號十三樓
　　　　　電話：02-2923-1455／傳真：02-2923-1452
網　　址　http://www.huamulan.tw 信箱 service@huamulans.com
印　　刷　普羅文化出版廣告事業
初　　版　2021 年 3 月
全書字數　176022 字
定　　價　十九編 23 冊（精裝）台幣 60,000 元

追憶與借鏡：小說、電影與時代反映

蒲彥光 著

作者簡介

蒲彥光，東吳大學中國文學研究所碩士，碩論《韓愈贈序文類之研究》（柯慶明教授指導）；佛光大學文學系博士，博論《明清經義文體探析——以方苞《欽定四書文》為中心觀察》（指導教授龔鵬程、潘美月）。研究興趣綜涉古今文學、經典詮釋等議題，代表著作包括《文本的開展——小說、社會與心理：以論析黃春明、白先勇作品示例》（2005），《明清經義文體探析》（2010）。任教於明志科技大學、國立台北大學、台北海洋科技大學。

提　　要

　　小說與電影，像是社會的一面鏡子。透過小說、電影的研究，有助於我們理解創作與時代。本書所收錄九篇論文，即為作者透過這些鏡像之觀察。

　　〈時移事往〉篇，研究黃春明 2019 年長篇小說《跟著寶貝兒走》，指出黃氏鄉土書寫中，具有政治投身與精神所寄的兩面性，而近作頗帶有自然主義色彩。〈黃春明 2016 年短篇小說之研究〉篇，指出 2016 年四篇短篇小說與過往作法之相關性，說明黃氏病癒後對於生命與寫作的豁達心態。〈黃春明小說中的「母親」研究〉篇，以其四十多年未能寫就的題材為問題核心，解釋黃氏書寫向來之發展軌跡與恆定價值。

　　〈神話編織與拆解〉篇，引用羅蘭・巴特文評理論，試以解構〈望春風〉歌謠的神話光環，指陳覆蓋於作品之上複雜的歷史性。〈周志文《黑暗咖啡廳的故事》研究〉篇，研究周氏小說對於音樂、知識與時代飄逝的「遮詮」敘事。〈談〈色，戒〉的兩種演繹方式〉篇，比較李安電影對於張愛玲原著小說如何承繼與改寫，形成不同文類之交錯疊影。〈從文學觀點探討電影《血觀音》〉篇，從角色設計與家庭敘事中，分析導演楊雅喆的學運政治批判，並說明其拒絕長大世故的創作特徵。

　　〈2016 慕尼黑兒少國際影展科學教育類節目之借鏡〉與〈2017 年台灣兒少節目參與跨國調查結果之初步研究〉兩篇，從考察國際影展如何設計兒少節目之敘事開始，到實際比對分析節目之跨國調查結果，主張我國應該向歐洲學習兒少實證研究，並留心自製率偏低所形塑的文化複製／混雜現象。

目

次

時移事往，精魂猶在
——黃春明小說《跟著寶貝兒走》研究

提　要

　　黃春明於 2019 年發表了長篇小說《跟著寶貝兒走》，算是繼上一部小說集《放生》（1999）以來，最為重要的創作。本論文希望能夠釐清這部作品與他前期的書寫有何延續性？有何歧異性？大致歸納出幾個觀點：一、這部新作品在角色設定上由老人轉向於青年，在主題上則由過去的道德行動，轉向為情慾解放；二、這種書寫上的變化，自然是作者把目光從農業時代消逝，轉向於現代社會的一種發展，與台灣社會之脈動密切相關；三、就隱喻層面，小說中的兩個角色代表作者對於鄉土書寫的顯性／隱性觀點，除了仍舊具有社會實踐的壯懷之外，亦寓有自然主義的寄託。

關鍵詞：黃春明，鄉土文學，自然主義

一、吹笛手黃春明

　　讀黃春明小說總是引人入勝，聽黃春明說起故事時，常讓人想起十九世紀格林兄弟《德國傳說》（*Deutsche Sagen*）中「花衣魔笛手」的角色。

　　故事發生在 1284 年，德國有個鼠滿為患的村落，名叫哈默爾恩，某天來了個外地人，自稱是捕鼠能手。村民向他許諾，如果能夠除去鼠患的話，將會給付重酬。於是他吹起笛子，鼠群聞聲隨行至威悉河而淹死。

　　然而事成之後，村民竟違反諾言不付酬勞，吹笛人忿忿離去。過了數週，正當村民在教堂聚集時，吹笛人又回來吹起笛子，眾孩子亦聞聲隨行，遠離

了家鄉。

　　有些研究者認為這故事應該源自於真實的歷史事件，但究竟是哪一件，亦眾說紛紜。例如有人認為那些孩子代表了當時到東歐殖民的年輕人，也有人認為那些孩童代表了 1212 年的兒童十字軍〔註1〕。格林兄弟所蒐集的這些童話故事，與德國鄉土文學的發展正有密切關係〔註2〕。從寫作小說成名，一轉為深入田野蒐集本土歌謠、返鄉創辦兒童劇團、投身社造等等，稱黃春明為台版花衣魔笛手，當非過譽。

二、跟著誰走？

（一）主題變異與發展

　　黃春明去年（2019）10 月出版的《跟著寶貝兒走》〔註3〕，題材上頗令人感覺驚訝，原本大家所期待的是他早就預告的《龍眼的季節》，他也曾經自嘲：「國峻常說，每次聽我喊著要寫《龍眼的季節》，喊那麼多年，顯然應該把題目改成〈等待龍眼的季節〉了吧。」〔註4〕事實上，他早在 1974 年〈屋頂上的番茄樹〉〔註5〕就提及此一長篇小說的寫作構想，可以說花了半生時光在準備這個主題。所謂「龍眼花開的季節」，也是他母親的忌辰。

〔註1〕 朴信英，〈童話裡，吹笛子的男人與消失的兒童最後去哪了？〉，《獨立評論》，2019 年 2 月 21 日。

〔註2〕 請參考朱貞品的說法：「德國浪漫主義運動（1798～1830）形成於法國大革命之後，拿破崙執政，並佔領德國一部份領土，異族統治之下，激起了浪漫主義者的愛國之心，他們繼續發掘民間文化、收集民歌、民間傳說、童話等，尋找民族的根源，……文學批評家克恩（Kühn）認為格林兄弟（Brüder Grimm）對過去封建時代的興趣，阿林（Achim von Anim）在小說中加入歷史上和當代的鄉村人物或是描述鄉村生活，……都影響著鄉村故事的發展。評論家克恩強調的是浪漫主義作家對鄉村生活題材的興趣，影響了後來鄉村故事的發展，海恩（Jürgen Hein）也認為浪漫主義強調自然、原始、樸素、民間的農夫生活，方言文學和地方文學是鄉村故事的基礎。浪漫主義除了對民間文化的興趣影響了後來鄉村故事的發展，浪漫主義重視描寫大自然，抒發個人對自然的感受，頌讚大自然，以自然為個人精神的寄託，其實也影響著後來鄉土文學的自然描寫。」（朱貞品，〈德國鄉土文學與台灣鄉土文學淵源之比較〉，《淡江外語論叢》，第 16 期，2010 年，頁 75～76）

〔註3〕 黃春明，《跟著寶貝兒走》，台北市：聯合文學，2019 年 10 月。

〔註4〕 黃春明演講、許正平紀錄整理，〈等待龍眼的季節——黃春明的文學生活〉，《聯合報》，2007 年 8 月 25 日。

〔註5〕 〈屋頂上的番茄樹〉，原載於 1974 年 8 月 6 日，《中國時報・人間副刊》，後收錄於散文集《等待一朵花的名字》，台北市：皇冠出版社，1989 年 7 月。

　　學者曾指出，對於黃春明而言，從八歲以後，他就念念不忘地跟隨著母親身影，展開了悲憫而漫長的生命旅程，不斷想以寫作來填補情感上的匱乏〔註6〕。直到後來，他終於發現自己可以是吹笛手，於是他返鄉辦起兒童劇團、拍攝鄉土電影、寫作不少後殖民主題的故事等等，可以說都基於這一份初心。

　　「大人者，不失其赤子之心者也。」〔註7〕黃春明小說裡總躲藏著當初那個善感的小孩，也跟孟子一樣，擅長觀察人物細微的心理層面，知道所有人間世故，都可能找出救贖的敘事、或者得以救贖的遠方。

　　1966 年，黃春明發表了篇名類似的〈跟著腳走〉，說「只有為行動而行動才能拯救我自己」、聲明自己「整個繫於意志的生命」〔註8〕，32 歲時寫的這篇小說顯然想從行動中追尋自主。隔年（1967）長子國珍出生，黃春明又接連發表了《看海的日子》（1967）〔註9〕與《兒子的大玩偶》（1968）〔註10〕，一方面達到了他在寫作事業上的高峰，一方面從當初匱乏親情的孩子，得到了情感的替代與慰藉，轉換為能夠給予親情的堅毅家長。

　　或許不甘於被定型，或許想要找尋新的題材出路，黃春明在寫作身分上的轉換，也伴隨年齡不停改變。例如 65 歲發表關注老人議題的《放生》〔註11〕（1999 年）之後，黃春明竟放下了他的筆，把精力都投注於家鄉宜蘭推動兒童劇團〔註12〕。

〔註6〕蒲彥光，〈黃春明小說中的「母親」研究〉，收入李瑞騰主編，《聽說讀寫黃春明——黃春明及其文學國際學術研討會論文集》，宜蘭市：宜縣文化局，2016年 12 月，頁 296～318。

〔註7〕《孟子·離婁篇》。

〔註8〕黃春明：〈跟著腳走〉，原載於 1966 年 10 月《文學季刊》第一期，後收錄於《沒有時刻的月臺》（台北市：聯合文學，2009 年 5 月），頁 76。

〔註9〕黃春明：〈看海的日子〉，收入《兒子的大玩偶》，台北市：大林出版社，1974年 1 月。

〔註10〕同前註。

〔註11〕黃春明：《放生》，台北市：聯合文學，1999 年 10 月。寫完這個「老人系列」主題（李瑞騰語），黃春明暫時擱下了為「見證時代」而寫作的筆，轉向關心於兒少議題。黃春明說：「九〇年代，我覺得大人沒救了，救救小孩子，我開始從事兒童讀物和兒童劇場。」（〈羅東來的文學青年〉，《中國時報·人間副刊》，1994 年 1 月 6 日）

〔註12〕黃春明在 1990 年代初期返回家鄉為宜蘭縣主編本土語言教材（1992）、又成立「吉祥巷工作室」、創設「黃大魚兒童劇團」（1994），實際投身於在地「社區總體營造宣導」及社造規劃（1995～1997），這些非凡成就皆足以見證黃春明的意志與實踐力。

　　直到去年（85 歲）發表《跟著寶貝兒走》（2019），很令人驚訝的是，這主題看似並不發展過去書寫的核心關懷：以書寫老人與孩童題材為主。相反，這小說根本沒有小孩角色，也沒有垂垂老矣的長輩（可對照試看，2016 年黃春明發表的四篇小說〔註13〕，都可以歸類於前述主題），黃春明再次跌破了學者們的眼鏡，這次竟以書寫情慾飽滿的青年為主〔註14〕。

　　值得一提的是，《放生》小說集裡的最後一篇作品〈售票口〉（1999），寫了三個老人為了趕清晨買票而過世的故事，讀來很像是鄉土敘事的終極寓言，似乎就是鄉土時代的輓歌。但二十年後的黃春明，卻從鄉土輓歌一轉為青春洋溢的情慾謳歌〔註15〕，頗有昔日白先勇從《台北人》末篇之〈國葬〉（1970），一轉為《孽子》（1977）另起爐灶的新主題，當然令學界關心。

（二）道德批判以外

　　黃春明於新作中，所關心主題已轉向於當前社會現象，不再是他記憶中的鄉土時代。而透過不斷移動，試圖找尋這片鄉土的出路或希望，多麼像是《看海的日子》當中的白梅，以及後來〈放生〉中的文通？

　　如果再仔細琢磨，讀者們多少能從黃春明過去所發表的作品中，找尋到相似的題材或人物。例如，文中對於女性情慾主題的描寫，我們可以從《放

〔註13〕2016 年，黃春明陸續於《聯合報》發表了四篇短篇小說：〈尋找鷹頭貓的小孩〉、〈兩顆蛤蜊的牽絆〉、〈閹雞計畫〉及〈人工壽命同窗會〉。

〔註14〕黃春明自述「去年十月完成的《跟著寶貝兒走》，那是二十多年前就有了的腹稿。」（《秀琴，這個愛笑的女孩》，台北市：聯合文學，2020 年 9 月，頁 8）換言之，這個主題最初發想應與《放生》一書之寫作約略同期。這裡應該說明的是，主題最初發想是一回事，但作者決定發不發表、或選擇在什麼時間發表，以構思完整的作品回應時代、與社會對話，對於作者而言應該具有特殊意義。

〔註15〕蒲彥光曾指出黃春明到了 1990 年代中期，開始出現了一種對於時間的焦慮感，寫作老人如何對時間絕望的感受。因此會有〈沒有時刻的月臺〉（2005）、〈有一隻懷錶〉（2008）這些散文作品的出現。（〈黃春明小說中的「母親」研究〉，《聽說讀寫黃春明——黃春明及其文學國際學術研討會論文集》，頁 314～315）然而這種焦慮感，到了近期書寫中，一轉為「及時行樂」的領悟，例如〈人工壽命同窗會〉（2016）寫出對於暮年時光的珍惜與感恩，又如最近的說法：「幾年前罹患淋巴癌，經過六次的化療，……此時自己陷入矛盾，整日憂鬱愁苦，想之又想，突然想再動動手指頭，再撕一些撕畫配上幾個字，做為站在沒有時刻的月臺打發時間。……記得起頭的第一幅畫，撕一個疲憊不堪的老人，坐在坎坷路途上的一顆石頭，問時間，說他還有多少？時間回他說：還有多少時間不重要，重要的是，你還能做什麼？」（《秀琴，這個愛笑的女孩》自序，頁 6～7）

生》中〈最後一隻鳳鳥〉（1999）找到相關線索〔註16〕，開啟了一個新時代女性自主的可能性，此其一；另外，小說中對於敘事者之殖民罪孽，甚至提及被殖民者（魯凱族）陪睡的風俗〔註17〕，當然也可以從黃春明早期〈九根手指頭的故事〉中的雛妓「蓮花」（1998）說起〔註18〕，甚至是〈戰士，乾杯〉（1988）〔註19〕，以及《看海的日子》中的台東雛妓「鶯鶯」（1967）。

雖然小說在主題與人物刻畫上有相似處，然而畢竟還是不同。以《看海的日子》為例，黃春明成功地說服了大眾，只要有感情，妓女也具有人性，也能夠養育自己的孩子，成為台灣社會尊敬的母親。小說中的白梅由妓女一轉為聖女，試圖回歸家庭尋覓自己的根源〔註20〕。

但《跟著寶貝兒走》卻反之，小說中「魯凱族之花」娜杜娃在自家部落中，本是個正常的女子，可是作家不說兩位主角喝醉誤事，而是直接寫他們有意識地彼此相好，以身體提供慰藉。換句話說，在黃春明而言，此作竟是把聖女又寫回了妓女（或者該說：不受道德制約的、接受性慾的女子），有意鬆動了社會對於此二者身份上的分界線。

〔註16〕例如寫花天房對於黃鳳與烏足於房事的不同態度（《放生》，頁209～210）。

〔註17〕魯凱族真的有陪睡的傳統否？經查，泰雅族可能是有的。北市原民會主委陳秀惠（阿美族）曾經說「泰雅族婦女有陪睡習俗」（招待貴賓），典出泰雅族女作家里慕伊·阿紀《山野笛聲》（台中：晨星出版社，2001年2月），寫她外婆說過的故事。

〔註18〕〈九根手指頭的故事〉寫原住民少女的遭遇，此一題材黃春明最遲於1982年時已構思動筆，當時他曾經完成一部電影劇本《我的名字叫蓮花》，故事內容講的是山地少女被賣去當雛妓的問題，當山地少女被抓到警察局，警察問她叫什麼名字時，她回答「夢夢」這個花名，可是當警察說：「妳的真名不是叫蓮花嗎？」她全身為之震動，瞬間想到以前參加馬拉松賽跑得到冠軍，擴大器叫她的名字出來領獎的畫面，一抹笑紋掠過她原來麻木的臉上。（引自魏可風專訪〈黃春明答客問〉，《聯合文學》第10卷第10期，頁83）

〔註19〕原載於1988年7月8、9日《中國時報·人間副刊》，後收錄於《等待一朵花的名字》（台北市：皇冠出版社，1989年7月）。在寫作〈戰士，乾杯〉的前兩年，1986年發生了著名的湯英伸事件，黃春明是最早提醒陳映真《人間雜誌》關心此案的作家。

〔註20〕劉滌凡曾使用了神話學原型理論加以解釋：「在臺灣小說文本中，『回歸初生的故鄉』，便成為『返回子宮（樂園）』的母題。中國古代文人處亂世，也都有歸隱山林的行徑，如陶淵明的〈歸去來兮〉，事實上就是『返回子宮』的宣言。」（《通識學刊：理念與實務》，高雄：南臺灣大學校院通識教育策略聯盟出版，第2卷2期，2013年6月，頁101～118）藉由回歸生命初始的原鄉，以獲得心靈淨化與重生的機會。

　　如此變化，固然是作家所想要回應的時代問題不同，於前者而言，戒嚴時期對於被剝削的性工作者（乃至其他類似權力結構關係）之打壓，只能還她一個社會身份，並給她一個堅忍崇高如「白梅」的形象。至於後者，黃春明則在文中舉了一個爺爺告訴易玄的故事（頁74），是說宰相夫人同時具有「賢妻良母」與「真正愛你的娼妓」之兩面性，杜娜娃亦然。尚且不只如此，這情慾當中還有「類似被好的藝術創作所感動地無以名狀的東西」（頁73），說明解嚴以後，文學如何可能重新找回情慾流露之美感。

　　再者，透過小說前段魯凱族杜娜娃所表現出來的性慾美感，在小說後段的對比物，則是都市裡的妓院（或是舉辦「性趴藝術活動」的摩鐵）。因此，如果後者充滿資本主義銅臭的性愛展示，是黃春明試圖加以批判的；那麼前者，作者所試圖歌頌或標榜的性愛藝術，則不免帶有幾分自然主義〔註21〕的色彩。〔註22〕

〔註21〕即使作為對照，筆者想指出黃春明此作暫時擱置了道德批判。至於自然主義（Naturalism）的定義，最初形成於19世紀後半葉的法國，「十九世紀中期以後，一種作為文學理論、創作技巧的自然主義才慢慢成形。一九六五年博納德（Claude Bernard）的《實驗醫學序說》（Introduction a L'etude De la Medecine Experimental）被導入研究文學的方法論後，一八八〇年左拉（Emile Zola）在《實驗小說論》（Le Roman Experimental）中亦開始大力強調文學應表現出對『遺傳』與『環境』的分析，立即影響了法國的自然主義文學運動。……左拉之所以秉持知性主義的創作原則，是因為他認為人類的情感欲念已大受物質因素所操控決定，唯有採取『科學方式』才能找回人性的本真。左拉將自然科學裏的實證概念運用在文學創作裏，以近代市民社會為觀察研究的對象，或是批判社會現狀、或是描摩世間百態，無一不具有廣闊的視野以及理想的追求。但是自然主義傳至日本，卻將左拉所謂科學主義的『自然』理解為『原原本本』、『如實』的自然。在這樣的前提下，日本自然主義為求達到『原原本本』地接近自然，首先強調求『真』，繼之提倡『無理想』、『無技巧』的創作理論。……要言之，法國以科學『知性主義』為理論基礎的自然主義文學，傳至日本經過吸收發展後卻成為『反知性、反科學』的自然主義文學概念。」（劉乃慈，〈形式美學與敘事政治——日據時期台灣自然主義小說研究〉，《台灣文學研究》，創刊號，2007年4月，頁109＋111～138）本文所採取的「自然主義」，主要在於擱置道德批判，以追求摹寫現象本真的作法。

〔註22〕1993年《山海文化》雙月刊創辦，卑南族的孫大川宣稱以「山海」為主為依歸的原住民文化代表了另一個台灣經驗：「對原住民而言，『山海』的象徵，不單是空間的，也是人性的。它一方面明確地指出了台灣『本土化』運動，向寶島山海空間格局的真實回歸；但一方面也強烈凸顯了人類向『自然』回歸的人性要求。它不同於愈來愈矯情，愈來愈都市化、市場化的『台灣文學』，也不同於充滿政治意涵的所謂『台語文學』。」（〈山海世界〉，《山海文

　　黃春明過去在〈最後一隻鳳鳥〉中，似乎也有這樣的歷史領悟或是心態轉向。作家仍舊批評社會不公，但卻不再自陷於追求歷史真相的泥沼，例如吳新義聽母親吳黃鳳說自己的生父吳全，當初竟是被繼父花天房給毒死的，面對此一「很嚴重」的身世真相，黃春明筆下的主人翁吳新義當然氣憤，可是他沒有打算追究血恨，卻以卸下了「無敵劍」〔註23〕又重新飛上天空的無敵鐵金剛為喻，說明主角放下仇恨後的「輕巧」與「高高穩穩」〔註24〕。

　　這種書寫上的轉折，或許不出兩種原因，一是時代發展，台灣社會悄然改變；二是作者年齡的增長。以前者而言，這篇小說寫出了上一代寶貴記憶的消亡，猶如輓歌般，例如透過吳新義的孫子說「昨天那一隻很漂亮的鳳鳥不見了！」〔註25〕但也不甚哀傷，因為對下一代而言，有放下怨憎的無敵鐵金剛，取代了昨日鳳鳥的位置，這大概也就是歷經了風霜淘洗後的黃春明，面對時代變遷所感悟到的「新義」吧。

　　例如，〈最後一隻鳳鳥〉刻意寫到吳新義思考如何回應電話中的真相：

> 「是啊。那麼你們現在叫我怎麼樣好呢？」大家沒回答。老先生又
> 說：「怎麼樣才好？花天房早就死了，骨頭也可以拿來打鼓了，我們

　　　　化》，台北：中華民國台灣原住民族文化發展協會，1993 年 11 月，頁 4）孫大川從原住民經驗所闡述的「自然」，其解釋又有不同向度，具有去漢人中心化、去都市化、或去政治化的特色。

〔註23〕當然，這邊的「無敵劍」在文本中是借喻為對於社會正義的堅持，包括對於殖民不公、或是扭曲的權力結構或歷史詮釋等等。如果再放大一點理解，更可以借喻為鄉土文學作者的時代價值或責任感。1994 年，楊照曾經指出黃春明作品中有個沉重的時代包袱，楊照：「時代變這麼多，……尤其黃先生您這個世代，有一個觀念一直沒有改變：還是把文學看得很大，把社會、國家看得很大，把所有的東西都揹在個人身上。這樣造成了很特殊的自卑自大情結。」黃春明：「有人用『法西斯』來形容我們這種心態，我覺得沒有錯。以我來說，寫小說寫到一段時間，在《文學季刊》碰到王拓、唐文標進來了，也是電視電影正發達的時候，我還是覺得喜歡讀者，並且覺得我的小說語言一定要是讀者喜歡讀的處理方式。但是，知道自己還是那種雖然發現寫小說的無力感，也還要把包袱揹得緊緊的人。察覺到這種情況，覺得可能小說的時代過去了，……結果放棄了小說寫作。後期的小說多半是被朋友逼著偶爾寫一兩篇。你說的那種使命感或包袱，我的確感到自己一直到現在也還不能放掉，所以才不斷地改變工作、改變表現方式。大概不同時代就是會培養出人們不同的思想。」（魏可風整理，〈作家、時代、本土——黃春明 VS 楊照〉，《聯合文學》，第 10 卷第 5 期，1994 年 3 月，頁 174）

〔註24〕〈最後一隻鳳鳥〉，《放生》，頁 211。

〔註25〕同前註，頁 211。

又能怎麼樣？」

「我們沒有別的意思。是剛才有這樣提起，只是問一問而已。」阿雀做了解釋。

吳老先生也明白晚輩並沒有要他去為生父追求刑責之類的事。

可見，對於父仇家恨，主角吳新義之決定追究或不追究，亦關乎晚輩的支持與否？這當然是因為體認自身的歷史情仇，已然成為下一代之鴻溝或包袱〔註26〕。事實上，不只《放生》有許多篇涉及家庭裡老一輩（約為阿公輩）與中生代之間的觀念差異／溝通，如果考慮黃春明2016年所發表的〈兩顆蛤蜊的牽絆〉與〈閹雞計畫〉，也都是寫老父親與當家的中生代之間的代溝，寫出「過時」老人的壓抑彆扭〔註27〕，足可見證黃春明的後期書寫，與他的生命經驗如何密切相關。

三、寶貝兒

（一）新聞與世變

除了主題上的發展變異，如果從隱喻寫作的延續性來觀察，黃春明很喜歡在他的故事中寫到新聞報導，藉著新聞報導來表現當代社會的一種異質性。

例如，黃春明開始書寫「老人系列」，可以從《放生》首篇的〈現此時先生〉（1986）為其代表，故事中的主角「現此時」，既是村子裡面的讀報者、也是鄉民認識世界（或社會）的權威媒介，文中這樣記載：「從他長久唸報紙給老人家聽的經驗，只要是報紙說的，他們就無條件的相信，所以他也常常把自己的看法，夾報紙說的權威來建立他的地位。」〔註28〕然而這篇小說最後的結尾是「現此時死了──」，以「報紙」的出現寄寓鄉土口述時代的消逝。

〔註26〕黃春明〈最後一隻鳳鳥〉：「有的大人雖然耐心的重述一遍伯公的故事，小孩子還是不覺得好笑，更不能體會那時代的辛酸。」（《放生》，頁181）類似的鴻溝，白先勇早有深刻洞察：「……我們跟那個早已消失只存在記憶與傳說中的舊世界已經無法認同，我們一方面在父兄的庇蔭下得以成長，但另一方面我們又必得掙脫父兄加在我們身上的那一套舊世界帶過來的價值觀以求人格與思想的獨立。艾力克生（Erik Erikson）所謂的『認同危機』（Identity crisis）我們那時是相當嚴重的。」（白先勇，《第六隻手指》，台北市：爾雅，1995年，頁275～276）

〔註27〕請參考蒲彥光，〈黃春明2016年短篇小說之研究〉，《通識教育學報》（新北市：明志科技大學通識教育中心），第5期，2017年12月出版，頁117～136。

〔註28〕黃春明：〈現此時先生〉，《放生》，頁26。

再舉一例，又如〈最後一隻鳳鳥〉（1999），文中說吳黃鳳平常愛看電視上的「新聞節目」，小說到最後引述了一則新聞報導：

……主播小姐帶著興奮的情緒播報說：

「各位觀眾，時代真的變了，今天凌晨兩點，在中和的 Seven-Eleven 遭到一位女性搶劫。店員以為她是女性好對付，結果對方身手不凡，一下子就把比她高大的店員摔倒地上。結果來不及搶錢就跑了。整個過程都被錄了下來。警察人員表示，這個兇手不難找到，女孩子學擒拿的不多。」

電視將這個乾淨俐落摔倒店員的畫面，重播了三次。吳黃鳳一個視若無睹。她站起來念念有詞，自言自語的向裡面說：

「好，你們說會叫我的憨義仔來帶我回家，結果騙我，隨便叫一個人就要帶我走。……沒人帶我回去，我自己也會回去。我一出去叫手車仔帶我到渡船頭。到了渡船頭，渡公蘇憨槌就會用船帶我到菜瓜棚下，前面那一塊竹圍裡面，就是我們家。」……說完，她打開門，就往車水馬龍的街上走出去了。〔註29〕

引文中記載了兩起事件，一是在電視中的女搶匪，表示「時代真的變了」；二是在電視外吳黃鳳的離家／返家，透過女主角無法理解或逃避現實，暗示想要重返舊時代（鄉土記憶）的癡迷與危殆。

《放生》當中對於媒體報導的關心，顯然也延續到《跟著寶貝兒走》這部小說的敘事，例如在第九章中，黃春明就寫了「兩則新聞」，一起是關於「辣妹剪香腸，霸男霸飛了」，帶出小說後半段的主角郭長根何以被剪去生殖器；另一起則是「媽寶開超跑，超跑跑了，媽寶飛了！」解釋小說前半段主角方易玄意外身亡，而透過「重生基金會」提供了器官做移植手術。〔註30〕

前面我們曾經說過，媒體出現，在黃春明的筆下，往往揭示了一個新的影像時代，取代了舊日的鄉土話語情境。在《跟著寶貝兒走》這部小說中，兩則新聞既聯繫起故事的前因與後果，聯繫起兩個主角人物，卻又像是割裂了兩種時間／場域，如果說前者（方易玄）是自然的／本能的／青春的／南部的，那麼後者（郭長根）相對而言則是都市化的／消費的／世故的／北部的。

〔註29〕黃春明：〈現此時先生〉，《放生》，頁217～218。
〔註30〕《跟著寶貝兒走》，頁94～104。

如此做法似乎也暗示讀者：對比於資本主義之侵蝕，鄉土文學美好時代的夭折。

（二）小說中的媽媽

仔細玩味，這部小說中的幾個角色，或多或少有些「戀母情結」。

於此不妨先從郭長根說起，據阿蔭姨說，郭的臺東老家那邊，在長根受傷之後，完全不聞不問。〔註31〕而阿蔭姨有個養子阿宏，一路費心栽培他出國留學、長大成人，沒想到阿宏自發現了母親從事皮肉業後，就想透過法律手段要跟她脫離關係，還圖謀她的財產。在這種處境下，郭長根誠懇地表示：「我認妳當我的老母，妳也認我當妳的客子。」……沒想到，阿蔭姨的反應是：「亂倫者，五雷轟頂，你知道嗎？……做我的客兄還差不多。」〔註32〕極為典型的例證。

至於方易玄，小說中雖然沒有明言他對於母親的感情，黃春明倒是提了方的母親有多愛他，例如說母親為殤子哀慟失神，方父刻意哀求醫生不要把器官捐贈一事告知方母等，都可以看出身為人父者如何關照伴侶的喪子之慟〔註33〕。

除了早夭的方易玄之外，小說中有另兩個角色也很值得注意。例如與方同車發生意外的「媽寶」漢克，方易玄說他「很有可能把才買了一年多的奧迪，故意把它撞毀，再找理由向他媽媽吵著要一部藍寶堅尼。」〔註34〕漢克與母親的情感顯然相當具有戲劇性，兩人必須透過毀滅與金錢不斷確認。

最後，還有方易玄念念不忘的女主角娜杜娃。娜杜娃在方示愛的同時，卻因故無法陪伴，娜杜娃說：「我這一陣子是回來照顧母親的，我們準備把她轉到臺東的馬偕醫院，我會很忙，……再見了，媽媽在找我，我來了！」〔註35〕這幾句話竟成為兩人在意外發生前的最後話語。

簡單歸納，我們發現這小說中的母愛關係，可以區分為三種類型：一種是失落卻彼此扶持替代的（郭長根與阿蔭姨），一種是透過消費換取的（漢克），另一種則是基於義務與責任的（娜杜娃）。就某個層面而言，黃春明雖

〔註31〕《跟著寶貝兒走》，頁114。
〔註32〕《跟著寶貝兒走》，頁127～128。
〔註33〕難免使人想起黃春明〈國峻不回來吃飯〉（《聯合報》副刊，2004年6月20日）一詩。
〔註34〕《跟著寶貝兒走》，頁90～91。
〔註35〕同前註，頁82～83。

然透過郭長根這個角色有許多對於都市或資本市場的嘲諷，卻仍舊賦予他和阿蔘姨相當人性的情感描寫，與娜杜娃對人對事的真情相近，因此黃春明才需要額外設計一個媽寶角色漢克，以保留小說對於金錢交易情感的批判。

（三）寶貝兒與幽魂

此外，筆者以為，黃春明小說中常設定不同的寶貝兒，利用物件來寄託某種寶貴的情感記憶。例如曾經描寫母親過世那天，他手中滿握的「龍眼籽」，即是一例〔註36〕。

近期比較重要的書寫，亦不乏例證。例如〈放生〉〔註37〕短篇當中的「田車仔」，用以寄託對於孩子文通的複雜情感：父母是該挽留、或是釋放（隱喻政府的戒嚴鬆綁）？如〈最後一隻鳳鳥〉當中的鳳鳥風箏，借喻吳黃鳳對於解脫束縛的自由響往；又如〈兩顆蛤蜊〉中看似以放生「蛤蜊」做為主題，實則寄寓老人家遠離鄉土／大海，被困在城市／家庭當中的無奈孤單。

至於《跟著寶貝兒走》這篇小說中的「寶貝兒」，不僅是做愛使用的器官，更看似具有「自性」，小說中說郭長根「越想越相信，寶貝是有它自己的想法」〔註38〕，因此他常常與這寶貝兒（心理）對話。

誠然不幸的是，這寶貝兒卻經歷了兩次死亡（閹割），第一次是美好的鄉土青春（方易玄），另一次則是衰糜的都市交易（郭長根）。兩次死亡所代表的意義，筆者以為前者是精神的消逝，後者則是市場性的徒勞〔註39〕。那麼黃春明筆下引領著讀者們不停追隨的這個「寶貝兒」，可否視為「鄉土文學」的隱喻呢？〔註40〕

〔註36〕黃春明，〈黃春明：我要專心寫小說〉，彭蕙仙專訪，《台灣光華雜誌》，第40卷第6期，2015年6月15日。

〔註37〕《放生》，頁70～123。

〔註38〕《跟著寶貝而走》，頁179。

〔註39〕黃春明小說中的精神／現實二分法，並非沒有前例可循，最典型的如《看海的日子》（1967），主角白梅在故事中有兩次回家的行動，首先是功利性／社會面的養母家，其次則是審美性／精神層面的親生娘家。

〔註40〕類似的象徵作法，又如《放生》中所收錄的〈呷鬼的來了〉（1998），把「鄉土文學」濃縮隱喻為「鬼（故事）」，寫出一個資本主義侵蝕鄉土記憶的寓言。例如〈呷鬼的來了〉文中大學生稱讚石虎伯「一直在說好鄉土，很鄉土，純鄉土」（頁172）。試比較《跟著寶貝兒走》提及觀眾看了郭長根在卡拉OK的演出後，對於烏土「異口同聲的稱讚，說有夠藝術！太藝術啦！或是說，足藝術！」（頁198）不難看出筆調的相似。再者，黃春明過去曾經寫過老人家

　　前面我們說過，黃春明的鄉土理想來自於實踐，類似的情感轉折，如他在〈放生〉（1987）中寫文通年輕時的從政熱情，與後來入獄的灰心。故事一開始說村子裡「那時候大家都瘋了，大家好像中了邪術及喝了那個姓楊的符仔水，全莊頭都中了選舉病，特別是你們這些男人……」〔註41〕，後來這些鄉民發現選舉最後只是白忙一場，結論是「大坑罟的人口少了一大半，對選舉的事，他們集體地患了冷感症」〔註42〕。然而黃春明在寫作〈放生〉時，主角文通即使對政治灰心，最後仍積極做了回家（繼續奮戰）的決定。

　　可是類似人物到了《跟著寶貝兒走》時，郭長根卻瀕臨精神上的分裂：

> 他把手放鬆，托著癱頹狀態的寶貝說：「從台北到南部恆春，一路勞累了你了，你想要怎麼做？你說。」他說著，說著又入睡眠。他竟落入從電視新聞看到的造勢場面，群眾喧嘩沸騰中，竟竄出尖叫：「你給我死出來——！」〔註43〕

> ……長根又陷入昏迷裡浮浮沉沉，拋出夢囈：「你們事先沒想好……，是你們！……，我不要，我不要！……不行！不行！那是我的錢！……」接著夢幻中，他又看到一群人潮湧上來，大聲叫嚷：在這裡！在這裡！突然有個看不大清楚的人，衝過來緊緊地抓住了大鵬：「還給我——！還給我——！……」〔註44〕

所以，透過夢寐間的意識流對話，作家似乎有意把郭長根的「性趴藝術活動」，疊合上烏土的地方勢力（從政）企圖心〔註45〕。黃春明小說中所嘲諷

無法「死透」的荒謬劇，例如〈死去活來〉（1998）當中的老母親粉娘，就因屢次死而復生對後代造成了請假困擾，寫出現代化下的人心澆涼。

〔註41〕《放生》，頁 91。

〔註42〕《放生》，頁 111。

〔註43〕《跟著寶貝兒走》，頁 203。

〔註44〕《跟著寶貝兒走》，頁 216。

〔註45〕小說中「烏土」這個角色與《放生》的文通很相似，《跟著寶貝兒走》記載：「烏土的這一片善意，說他愛家鄉嘛……也是，最主要的還是他對性趴藝術活動的創始非常得意，他也將會得到很大的揚名。這對他來想，以後要在黑道這一途，攢出頭臉的話，回到高雄比在阿龍大這裡更有希望。」（頁184）這些角色或許也投射了過往作者回家鄉耕耘的行動。與筆下的文通、烏土相似，黃春明在 1990 年代初期做了一個重大決定，他返回家鄉為宜蘭縣主編本土語言教材(1992)、又成立「吉祥巷工作室」創設「黃大魚兒童劇團」(1994)、實際投身於在地「社區總體營造宣傳」及社造規劃（1995～1997），足以見證

的（偽）文創〔註46〕，並不僅是為了金錢服務，更是為了個人的理想或地緣名望而交易。

因此，故事最後郭長根被閹割，失去了「寶貝兒」與性命，不免顯出這些有志於鄉土的夢想，在政治（社會）經營上的扭曲／徒勞。如果相對於解嚴初期所寫就的〈放生〉而言，黃春明三十多年後發表的《跟著寶貝兒走》，毋寧更帶有幾分反省自嘲的成分。從1987解嚴迄今，事實上超過了一個世代的時間，若說〈最後一隻鳳鳥〉寫出吳黃鳳（作者上一輩）與吳新義的世代交替，那麼《跟著寶貝兒走》的故事結構，好像反映出這個世代再傳不下去「寶貝兒」的困窘。

雖然困窘失落、註定以悲劇收場，小說後半的郭長根／烏土這一組人物，卻並非全無可取。黃春明在小說的最後一頁是這麼寫的：

> 車子在坎坷不平的小路，彈跳著下坡，有如此刻老三的心。老三愈想愈不服；因為長根從頭到尾，都沒向他求饒，連哼一聲都沒有。這卻叫老三感到，是被長根打敗了。
>
> 車子的引擎聲加上彈跳聲混合的聲中，老三似乎還聞見，長根肯定的卸責與指責：「是他！是他！……」的叫嚷，其餘音在空氣中裊繞不散。
>
> 是──他──！
>
> 是──他──……！

可以發現郭長根簡直被刻畫成悲劇英雄的形象，黃春明甚至明白說他沒有被「打敗」，最後之無法成功，主因在於「他」。這邊的「他」，首先是指失去了感覺的寶貝兒、或是想要索回寶貝兒的方易玄幽魂。

四、結語：鄉土精魂猶在？

朱貞品曾經指出德國文學中的鄉土概念，最初如何從法國殖民的壓力下萌芽發展，而建構出「心靈救贖的烏托邦」：

> ……就德國來說，德國的「鄉土意識」可說起源於被拿破崙統治壓抑的時期，赫爾德的民歌收集、浪漫主義對自然與鄉村和中古時期的興趣，都表現了德國人在對德國現實政治失望，德國統一

黃春明的意志與實踐力。

〔註46〕《跟著寶貝兒走》，頁205～206。

無望，轉而寄情於鄉土，將愛國的熱誠表現於尋根思鄉，以自然、感性對抗理性統治，後因新時代的變化，工業化的發展，鄉土變成一個自然的代碼。當人需遊離家鄉後，「鄉土」染上了傷感渴望的色彩，由於恐懼故鄉的失落，對於傾向對農村有浪漫幻想的德國中產階級來講，鄉土文學創造一個完整的世界形象，以對抗正在瓦解的世界，美化農村生活變成對抗其失落感的方式，鄉土變成了其心靈救贖的烏托邦。當英國人以倫敦，法國人以巴黎大都會為傲時，德國人視大都會為鄉村的背離，是個無根的地方，1884年作家奧爾巴哈小說集《黑森林的鄉村故事》受到空前的歡迎，

反映德國人的歷史悲情，逃離政治現實，奔向自然的心態。〔註47〕

所以，「原鄉」之所以具備「完整的世界形象」，能夠對抗「正在瓦解」的失根世界，就某方面而言，剛好反映出人們想要脫離無奈的「政治現實」、奔向「自然」的心態。

如果以上析論沒有大誤，我們或可從德國經驗，觀察到鄉土文學史的兩面性：一方面是文類作者對於「原鄉」多具有超越的浪漫投射〔註48〕，另一方面則是困於政治現實之失落不滿。類此兩重特徵，誠然具見於黃春明歷來的鄉土書寫當中。即以《跟著寶貝兒走》此書為例，前者猶如神話般青春勃發的方易玄，後者則是困頓於社會權力結構下的郭長根。然而，筆者相信這兩面應該都是屬於鄉土文學的真實感受，猶如光與影無法獨存〔註49〕。

〔註47〕朱貞品，〈德國鄉土文學與台灣鄉土文學淵源之比較〉，《淡江外語論叢》，第16期，2010年，頁81。

〔註48〕朱貞品：「盛行於1840年左右的『鄉村故事』的內容和風格反映中產階級面對工業化所帶來的不安，而對古老的農業社會所產生的「鄉愁」（Nostalgie），美化了原鄉的面貌，由於維也納會議毀滅了德國人統一的希望，『鄉土』變成建構國家的希望，將『拯救德國』、『更新世界』寄望在不可破壞的基層人物，在文學裡建構鄉土的『神話』，將鄉土視為一個完整不受資本主義污染的理想社會，從浪漫主義到鄉村文學到十九世紀的鄉土文學運動都充滿理想浪漫的色彩，奧爾巴哈描寫的諾史貼特，對當地的地誌、景觀就有著如實的描寫，鄉土運動時期更鼓勵作家描寫地方特色，歌頌自然、描繪景觀變成德國鄉土文學的最大特色。」（同前註，頁91）

〔註49〕黃春明過去在作品中曾寫過許多跟光影有關的意象，例如〈看海的日子〉（1967）、〈甘庚伯的黃昏〉（1971）、〈瞎子阿木〉（1986）等。黃春明透過瞎子阿木寫下：「我不是拜日頭，我是拜光──」（《放生》，頁46）頗具崇高的宗教意味。

　　最後，小說中雖然寫出兩次死亡，但卻不好斷言故事絕無轉機。例如方易玄雖死，然其精魂並未消散，他的「寶貝兒」仍舊回歸天地與海洋；至於郭長根則如前所述，雖敗而猶榮。

　　這部小說的故事場景，選擇以屏東恆春為終始地點，細想是個有趣的設計。例如，部隊長下達「好！去死吧！」〔註50〕的指令，似已隱然埋下了兩位主角的死亡伏筆。又黃春明在文中刻意解釋恆春半島的三面環海〔註51〕，不免令人聯想起他的早期名作《看海的日子》（1967），在那篇小說中主角白梅的情人，姓名原為「吳田土」，可是白梅卻戲稱這位家住恆春「喜歡討海」的男人為「吳海水」〔註52〕。乃至於小說結尾，黃春明也是寫白梅帶著襁褓中的孩子前往漁港散心／追尋。

　　至於，小說書名與場景為什麼是海洋？《看海的日子》寫白梅從列車上望向太平洋的波瀾：「現在她所看見的世界，並不是透過令她窒息的牢籠的格窗了，而她本身就是這廣大的世界的一個份子。」〔註53〕可見海洋之於整部小說而言，當是一種壯闊的超凡體認，海洋成為自我伸張、或可容身之處的核心象徵〔註54〕。

　　此外，海洋在黃春明而言，更寓有一種悲壯與希望的可能。例如《看海的日子》結尾，白梅對孩子說了一則童話：「……對了！你爸爸就是一個很勇敢的討海人，有一天他為了捉大魚，在很遠很遠的海上死掉了。」〔註55〕杜撰吳田土為討海而死的勇敢，自然令人想起美國作家海明威的《老人與

〔註50〕《跟著寶貝兒走》，頁18。所以，筆者認為黃春明從故事構思時即已慮及死亡的主題。

〔註51〕同前註，頁19、219。

〔註52〕黃春明，《看海的日子》，台北市：皇冠出版社，2000年2月，頁39～40。把台灣鄉土文學的視角從田土轉向海洋，視為希望與出路，可說是出身宜蘭的黃春明之首創。

〔註53〕同前註，頁77。

〔註54〕以大海為喻，找尋到一個包容罪惡之身的超越觀點，是自然主義常見手法：「自然主義作家確實意圖涵蓋全體人類的生活，但他們對工廠四周貧民窟的悲慘生活最為關懷。通常總是基於一種對社會黑暗面的不平與憤慨，激發自然主義作家的寫作動機——這當然得隱藏在客觀的姿態後面。姑勿論其動機為何，自然主義作家比起他們的前輩，確實更偏愛污穢、貧窮及剝削這類題材。」（李倫·傅思德撰Furst Lilian、李永平譯，《自然主義論》，台北市：黎明，1973年8月，頁56）

〔註55〕同前註，頁78。

海》（1952）。

黃春明在這篇小說最後寫下幾行字：

> 梅子又像在祈禱似的自言自語的說：
>
> 「不，我不相信我這樣的母親，這孩子將來就沒有希望。」她的眼
> 睛又濕了。
>
> 太平洋的波瀾，浮耀著嚴冬柔軟的陽光，火車平穩而規律的輕搖
> 著奔向漁港。〔註56〕

可以說這嬰孩的將來希望，彷彿投射於太平洋的開闊波瀾、以及冬陽的溫
暖光輝中。無論如何，海洋對於黃春明而言，既是大自然包容萬有的原點，
也彷彿失落的母親懷抱一般。

是不是因為這樣，這部以恆春、以海洋為終始場景的小說《跟著寶貝兒
走》，我們讀來並不感覺悲情。相反地，寶貝兒繞了一圈的旅程，黃春明似
乎認為失落的必將交還給大海〔註57〕、周流於島嶼山川某處，等待著人們
去追尋〔註58〕，就像方易玄幽魂惦記著娜杜娃一般。

人壽有限，四季無窮。前面雖然討論過這小說中的死亡佈局，值得觀察
的是，重返海洋的「寶貝兒」，就象徵層面來看，不妨詮釋為傳統（或「鄉
土」）價值的重生。這部作品裡的小人物，雖然荒誕不經，卻仍有血有肉、
無法忘情，看似最終掃盡一切，但也預告了春季的重逢〔註59〕。

〔註56〕同前註。

〔註57〕〈兩顆蛤蜊的牽絆〉（2016）同樣寫了一個將蛤蜊放生回大海的故事，內容具
有追溯昔日記憶、珍惜人間情感、與信仰歸宿等不同層次。

〔註58〕朱貞品比較德國與台灣鄉土書寫的差異時，指出：「台灣社會長期在被殖民的
情況，日據時期不論是知識份子或底層群眾，皆屬被勞役統治的階級，因此
鄉土文學的書寫可說是一種『弱者的寫作』，為底層代言，批判社會為其主要
內容，充滿著反殖民，叛逆的精神。由於其關注的是受苦的人，相對的較缺
少鄉土風景，地理景觀的關注和描寫。」（〈德國鄉土文學與台灣鄉土文學淵
源之比較〉，頁92）受限於過往的歷史發展或文化特性，台灣小說的鄉土意
識相對德國，比較著重於反殖民去威權，卻較少關心及自然風土層次，黃春
明《跟著寶貝兒走》可說是以寓言的層次，重新召喚出鄉土議題富於自然野
性的一面。

〔註59〕黃春明新近戲言自己名字可以變成「春萌」，詳黃春明，《秀琴，這個愛笑的
女孩》，台北市：聯合文學，2020年9月，頁12。

五、重要參考文獻

（一）專　書

1. 黃春明，《兒子的大玩偶》，台北市：大林出版社，1974 年 1 月。

2. 黃春明，《等待一朵花的名字》，台北市：皇冠出版社，1989 年 7 月。

3. 黃春明，《放生》，台北市：聯合文學，1999 年 10 月。

4. 黃春明，《看海的日子》，台北市：皇冠出版社，2000 年 2 月。

5. 黃春明，《沒有時刻的月臺》，台北市：聯合文學，2009 年 5 月。

6. 黃春明，《跟著寶貝兒走》，台北市：聯合文學，2019 年 10 月。

7. 黃春明，《秀琴，這個愛笑的女孩》，台北市：聯合文學，2020 年 9 月。

8. 李倫‧傅思德撰 Furst Lilian、李永平譯，《自然主義論》，台北市：黎明，1973 年 8 月。

9. 白先勇，《第六隻手指》，台北市：爾雅，1995 年 11 月。

10. 里慕伊‧阿紀，《山野笛聲》，台中：晨星出版社，2001 年 2 月。

（二）報　導

1. 黃春明，〈羅東來的文學青年〉，《中國時報‧人間副刊》，1994 年 1 月 6 日。

2. 黃春明，魏可風整理，〈作家、時代、本土——黃春明 VS 楊照〉，《聯合文學》，第 10 卷第 5 期（第 113 期），1994 年 3 月，頁 171～181。

3. 黃春明，魏可風專訪，〈黃春明答客問〉，《聯合文學》，第 10 卷第 10 期（第 118 期），1994 年 8 月，頁 82～87。

4. 黃春明，〈國峻不回來吃飯〉，《聯合報》副刊，2004 年 6 月 20 日。

5. 黃春明演講、許正平紀錄整理，〈等待龍眼的季節——黃春明的文學生活〉，《聯合報》，2007 年 8 月 25 日。

6. 黃春明，〈黃春明：我要專心寫小說〉，彭蕙仙專訪，《台灣光華雜誌》，第 40 卷第 6 期，2015 年 6 月 15 日。

（三）期刊論文

1. 孫大川，〈山海世界〉，《山海文化》雙月刊，台北：中華民國台灣原住民族文化發展協會，創刊號，1993 年 11 月，頁 4～5。

2. 劉乃慈，〈形式美學與敘事政治——日據時期台灣自然主義小說研究〉，《台灣文學研究》，創刊號，2007 年 4 月，頁 109＋111～138。

3. 朱貞品，〈德國鄉土文學與台灣鄉土文學淵源之比較〉，《淡江外語論叢》，第 16 期，2010 年，頁 63～95。

4. 劉滌凡，〈《通識學刊：理念與實務》，高雄：南臺灣大學校院通識教育策略聯盟出版，第 2 卷 2 期，2013 年 6 月，頁 101～118。

5. 蒲彥光，〈黃春明小說中的「母親」研究〉，收入李瑞騰主編，《聽說讀寫黃春明——黃春明及其文學國際學術研討會論文集》，宜蘭市：宜縣文化局，2016 年 12 月，頁 296～318。

6. 蒲彥光，〈黃春明 2016 年短篇小說之研究〉，《通識教育學報》（新北市：明志科技大學通識教育中心），第 5 期，2017 年 12 月出版，頁 117～136。

7. 朴信英，〈童話裡，吹笛子的男人與消失的兒童最後去哪了？〉，《獨立評論》，2019 年 2 月 21 日。

黃春明 2016 年短篇小說之研究

提　要

　　大病初癒以後，2016 年黃春明陸續於《聯合報》發表了四篇短篇小說：〈尋找鷹頭貓的小孩〉、〈兩顆蛤蜊的牽絆〉、〈閹雞計畫〉及〈人工壽命同窗會〉。經分析這四篇小說的文本，除了〈尋找鷹頭貓的小孩〉仍與他經營多年的兒童題材／劇團有關之外，其他三篇：〈兩顆蛤蜊的牽絆〉、〈閹雞計畫〉還有〈人工壽命同窗會〉，皆與八、九○年代的《放生》有延續性的主題及作法。

　　經文本分析後，筆者有以下心得：〈尋找鷹頭貓的小孩〉與黃大魚兒童劇團編〈新桃花源記〉頗有相似之處，指出了一個桃花源式的樂土，讓孩子們可以藏身其間與馳騁想像。〈兩顆蛤蜊的牽絆〉寫出「過時」老人的壓抑彆扭，他們需要喘息與得到共鳴的心理狀態。〈閹雞計畫〉具有社會意識與批判色彩，對於被遺棄鄉間的老人、與失落的傳統技藝，充滿敬仰及悲憫，此外對於到城市裡發展迷失的兒孫輩，則是既憐且恨。〈人工壽命同窗會〉帶有史詩般宏大的企圖，從日本統治的小學生活，到現代化發展後的台灣，一直寫到如今風燭殘年的老病之軀；藉著同窗相聚，表現出這些長者面對老死既不悲情、也無執著的豁達。

關鍵詞：黃春明，鄉土文學

一、研究動機

　　作家黃春明，民國 24 年出生於宜蘭羅東，從事過小學老師、記者、編劇、導演、製作人、廣告企劃等，作品譯成多國文字，曾榮獲吳三連文藝獎

（小說類，1980 年）、第二屆國家文化藝術基金會文藝獎（1998 年）、第廿九屆行政院文化獎（2010 年），國家文化藝術基金會頒獎理由為：「黃春明的小說從鄉土經驗出發，深入生活現場，關懷卑微人物，對人性尊嚴及倫理親情都有深刻描寫。其作品反映台灣從農業社會發展到工業社會的變遷軌跡，語言活潑，人物生動，故事引人入勝，風格獨特，深具創意。」

2014 年 9 月下旬，黃春明經診斷罹患淋巴癌，只好放下手邊兒童劇團、雜誌出版與相關書寫計畫，此期間接受了化療與標靶治療，好不容易恢復了健康。2015 年 6 月 15 日，在大病初癒的狀態下，黃春明與妻子林美音接受《台灣光華雜誌》彭蕙仙的專訪，篇名就是〈我要專心寫小說〉：

> 林美音說，黃春明的工作量一直都太多了，但這也沒辦法，他就是什麼都想做，創作小說之外，他做兒童劇團、辦雜誌、改寫歌仔戲、做撕畫，每件事情都做得有聲有色。……過去向來連道具都自製的黃春明說：「我現在不能再這麼『自不量力』了，我的體力不能負擔那麼多事，除了寫小說非得要自己做不可，其他的，我一定要學會『放下』，劇團已經上軌道了，就交出去吧，我要專心寫小說才行。」

可知，要不是因為突然的一場大病，黃春明恐怕仍然無法專致於寫作，只能俟諸來日，而首先為了兒童劇團的事務奔忙。大病初癒後的黃春明，其一心所繫、念茲在茲的題材，則轉向於未竟的小說書寫。

2016 年，黃春明陸續於《聯合報》發表了四篇短篇小說：〈尋找鷹頭貓的小孩〉、〈兩顆蛤蜊的牽絆〉、〈閹雞計畫〉及〈人工壽命同窗會〉。這些小說對於抱病寫作的黃春明而言具有什麼意義？其中又具有什麼樣的寫作特色？這些短篇與作者過往之書寫又有何關聯性？這是本研究所關心的主題。

二、晚期書寫之轉變

對於黃春明的小說寫作特色，學界普遍從內容上分為三到四期討論〔註1〕，

〔註1〕分為三期討論的學者，則以齊益壽之第一期與第二期合併論之，如劉春城以〈鑼〉（1969）作為黃春明早期作品分水嶺，此前寫的是田園風土的鄉下小說，之後則以都市生活的體驗寫工商變遷的城市小說。（劉春城，《黃春明前傳》，台北市：圓神出版社，1987 年 6 月，第九章「醜陋的日本人」乙節）每一階段書寫內容中，學者又有再做細分者，如呂正惠以為其城市小說可分兩類，一類是寫鄉土人物到城市來謀生所產生的問題，一類是買辦經驗、跨國公司小說。（〈黃春明的困境——鄉下人到城市以後怎麼辦？〉，《文星》，第 100 期，頁 133～138）

如齊益壽將其小說寫作分為四個階段：第一期的初創時期（1957～1967）以素描式來呈現小說中的人物；第二期（1967～1971）人物塑造趨於成熟，是詩化的人物；第三期（1971～1986）以批判性來雕塑人物，第四期的作品（1986～）則以老人為主探討臺灣經濟發展中相當嚴重的老人問題〔註2〕。

　　為了方便作後續文本討論，於此有必要特別說明第四期之特色：1980 年代台灣社會處於劇變的政治局勢，例如 1986 年，黨外運動方興未艾、民主進步黨成立，1987 年 7 月 15 日，蔣經國總統正式宣佈解嚴，1988 年蔣經國過世，台灣的強人政治自此結束。

　　在這樣的社會脈動下，黃春明自 1986 年起開始陸續發表他的「老人系列」，直到 1999 年集結相關主題作品，出版了小說集《放生》，被視為是「世紀末台灣文壇的一件大事」〔註3〕。李瑞騰曾經指出此書幾篇小說的寫作時間，主要集中於兩個時間點上，首先是八〇年代後期（1986～1987），其次則是九〇年代後期（1998～1999）。〔註4〕如果我們仔細閱讀這些作品，會發現黃春明在兩期書寫中有不同的感慨。

　　前期的書寫，或許可以〈放生〉（1987）作為代表。這篇小說花了相當篇幅來說明主角文通為了環保抗爭而入獄，提及「村幹事特別提出戒嚴法戡亂時期臨時條款，還有有關叛國、擾亂社會公共秩序的種種罪行」恐嚇村民、「全莊頭都中了選舉病」〔註5〕，也控訴化工廠、水泥廠對於環境的污染破壞，政商利益結構如何戕害民眾，使得底層漁民因為漁獲減少必須遠赴外地打拼。尤為重要的是全篇題目「放生」，除了透過田車仔的飛翔以象徵自由，也暗示了解嚴的可貴，讓出獄的主角文通得以重返家園，繼續為鄉土奮鬥。

　　從這樣的書寫，我們不難發現在前期作品中，黃春明仍然有強烈的社會意識叩合著時代脈動，此期的寫作精神，基本上仍延續他自 1970 年代以來的社會關懷與批判。

　　〈放生〉發表之後，「老人系列」的寫作又被擱到一旁去，要直到 1998

〔註2〕 見齊氏〈黃春明的小說人物〉，發表於 2001 年 3 月於北京召開之「新世紀再讀黃春明研討會」，轉引自《文訊雜誌》，2001 年 5 月號，第 63 頁。梁竣瓘將此四階段描述為：「從輕薄短小的人生切片、走向鄉土人物、批判崇洋媚外者的嘴臉，一直到《放生》的省思老人問題。」（〈黃春明《放生》〉，《文訊雜誌》，2000 年 10 月號，第 35 頁）

〔註3〕 李瑞騰，《放生・序》（台北市：聯合文學，1999 年），頁 7。

〔註4〕 同前註，頁 6。

〔註5〕 《放生》，頁 91。

年才重新拾起這題材。1980 年代的黃春明為什麼不持續把這主題寫完？主要原因，我想他還是掙扎於「社會改革實務」與「寫小說」之間。〔註6〕

　　與〈放生〉的主角文通相似，黃春明在 1990 年代初期做了一個重大決定，他返回家鄉為宜蘭縣主編本土語言教材（1992）、又成立「吉祥巷工作室」、創設「黃大魚兒童劇團」（1994），實際投身於在地「社區總體營造宣導」及社造規劃（1995～1997），這些非凡成就皆足以見證黃春明的意志與實踐力。然而，原訂的小說寫作計畫，也不得不在這層考慮下，退居其次了。〔註7〕

　　至於《放生》這本集子後期（1998～1999）的書寫，則可以〈死去活來〉（1998）與〈最後一隻鳳鳥〉（1999）作為代表。一個值得關注的現象是，黃春明從 1980 年代以來的老人題材持續發酵著，到了 1990 年代中期，黃春明開始出現了一種對於時間的焦慮感，寫作老人如何對時間絕望的感受。〔註8〕在這兩篇作品中，很殘酷地是以等待後事為主題，而其敘事觀點，不再是以老邁雙親等待壯年的子女返家，相反地，黃春明開始以人子身份去摹寫老邁的母親。

　　〈死去活來〉當中的粉娘高齡 89 歲，小說中兩次從彌留狀態中迴光返照、死而復生，卻對從各地趕回等待辦理後世的子孫輩，造成了尷尬與麻煩。這是一篇情節極簡約的小說〔註9〕，卻表現出黃春明慧黠的絕望與反諷。當

〔註6〕李瑞騰曾經提出：「八、九〇年代黃春明對社會工作所投注的心力，其實早在他初識黃春明的七〇年就已奠下基礎。」李氏以黃春明有意識以攝影與田野調查的臺灣關懷作品《我們的動物園》一書（現已絕版）、1970 年代在中視製播的《貝貝劇場》、紀錄片《芬芳寶島》和整理臺灣歌謠的《鄉土組曲》為例，說明黃春明日後的宜蘭鄉土重建工作、田野調查工作及兒童劇的編導，皆有可尋之跡（參見梁竣瓘，〈他不只是一個鄉土作家——「新世紀再讀黃春明」研討會側記〉，《文訊雜誌》，2001 年 5 月，頁 62）。

〔註7〕這段期間關注於兒童教育，也創作了不少兒童文學教材，原來擅長的老人主題只能退居其次。黃春明自述：「到七〇年代末，台灣的經濟離陸起飛了，農村的剩餘勞力，四五百萬人開始向都市做國內的移民，社會結構開始變化，價值觀、文化的秩序亂起來。……到七〇年代台灣，小說沒地位了，大眾化（不等於庸俗化）的傳統，被一些學者專家否定了。所以我就轉而去拍電視的記錄片影集『芬芳寶島』。八〇年代我去參與電影的工作。九〇年代，我覺得大人沒救了，救救小孩子，我開始從事兒童讀物和兒童劇場。」（〈羅東來的文學青年〉，《中國時報》，1994 年 1 月 6 日）

〔註8〕因此會有〈沒有時刻的月臺〉、〈有一隻懷錶〉這些散文作品的出現。〈沒有時刻的月臺〉據黃春明所述，是在 1995 年 11 月赴日本採訪有感，而後發表於2005 年 9 月 19 日《自由時報》，當然從「有感觸」到「發表」還是有距離的。

〔註9〕1999 年，面對蔡詩萍詢問「回過頭去看您在七〇年代的小說創作，您認為

然，這邊的母親粉娘，不只是代表鄉間的老人，也可以象徵美好的鄉土記憶與鄉土書寫。

至於〈最後一隻鳳鳥〉，則是一篇具有歷史隱喻的家族故事，涉及複雜的身世與認同。93 歲的吳黃鳳罹患了失智症（或「後半生遺忘症」），一心想返回記憶中的茅仔寮。然而，老太太也在無意中透露了過去的家族恩怨——敘事者吳新義的父親吳全，原來是被繼父花天房給下藥毒死的，因此把吳黃鳳自吳新義身邊奪走，卻又不珍惜她。然而，吳新義面對這段醜惡的過去，並不銜恨記仇，他選擇放下恩怨，與異父同母的弟弟國雄和解。這篇小說的結局儘管仍是絕望（吳黃鳳的離家迷失、做為老太太隱喻之鳳鳥風箏的消失），卻透露出一種對於生命的寬容與釋懷（做為吳新義隱喻之無敵鐵金剛風箏，原本因為「無敵劍」太過沉重而與鳳鳥風箏糾纏在一起，墜落於河裡；經過修改之後，拿掉了「無敵劍」的風箏，可以輕巧而高穩地飛翔於天際）。

此外，八、九〇年代的老人系列〔註10〕，顯然跟 1974 年〈屋頂上的番茄樹〉提及「整個夏天打赤膊的祖母、喜歡吃死雞炒薑酒的姨婆，福蘭社子弟班的鼓手紅鼻獅仔，還有很多很多，都是一些我還沒寫過的人物。……想到這裡，看看我桌子上的稿紙。一邊心裡想，就寫了他們吧。一邊又告訴自己說，這是以後想寫的長篇《龍眼的季節》裡的情節。」〔註11〕題材上頗見相似，雖然同樣以鄉土人物為題材，但是「老人系列」之發想，其初原帶有社會意識而作〔註12〕，而根據近期黃春明接受彭蕙仙的專訪文，計畫中《龍眼的

有什麼缺點，在今日重新創作是否能有更多的超越？」黃春明答覆：「……年輕時的創作彷彿泉湧，一氣呵成的感覺很好，那正是生命力的表現。不過，當時的創作中個人的感性較多，不似年紀大了，懂得將情感收斂壓制，且不煽情，多留給讀者一些想像的空間。」（〈空氣中的哀愁〉，《放生》，頁 244）

〔註10〕擔任東華大學駐校作家期間，黃春明曾於 2002 年發表了短篇〈眾神，聽著！〉（收入《眾神的停車位》，台北：遠流，2002），小說內容仍從老人的葬禮說起，提及老伴死後，三個兒子想變賣家中的田產。顯然可視為與《放生》同期之書寫風格。

〔註11〕發表於《中國時報‧人間副刊》，1974 年 8 月 6 日，後收錄於《等待一朵花的名字》（台北：皇冠出版社，1989 年），頁 32～37。

〔註12〕黃春明在《放生》的自序中說：「小說在文學裡面也是多元的文類，它可以放在藝術的範疇裡面去欣賞，放在社會裡面去看時代，放在文化裡面去看人的價值，它可以放在等等等裡面、或者統統涵蓋。《放生》這本集子，它多少也糅雜了多元性的東西在裡面。可是，我想清楚的表示，我要為這一代被留在鄉間的老年人做見證。」（《放生》，頁 16）

季節》或許將偏向於個人生命史之層面。

三、關於 2016 年發表的四篇小說

　　病情穩定以來，黃春明去年陸續於《聯合報》發表了四篇短篇小說，分別是發表於 3 月 20～21 日的〈尋找鷹頭貓的小孩〉，以及同樣冠以「聯副故事屋」的三篇：9 月 1～2 日〈兩顆蛤蜊的牽絆〉、9 月 15～16 日〈鬥雞計畫〉、還有 12 月 7～8 日的〈人工壽命同窗會〉，可見這一年黃春明確實有意從事主題式的系列書寫。而從九月至十二月密集發表的短篇小說，也令人聯想及上一本《放生》的寫作發表情形，只是並非長篇小說〔註 13〕。

　　以下試針對四篇小說之內容與作法，略加分析討論：

（一）〈尋找鷹頭貓的小孩〉

　　〈尋找鷹頭貓的小孩〉應該算是篇有趣的兒童文學作品，由於黃春明從師專畢業、與曾經在國小任教的背景，他早期寫過不少以兒童為主角的小說，例如最早的〈清道夫的孩子〉（1956）、〈城仔落車〉（1962）等，皆是以國小學童為其主角。此篇亦然，小說裡的主角是小學三年級的黃小鳴，他因為跟鄰居的同學在寵物店看到了一隻貓頭鷹，於是奇想這世上會不會有「鷹頭貓」？然而當他把這想法告訴了家裡父母親、爺爺，學校裡的吳老師和同學們，大家不是說他「亂想」、就是調侃嘲諷他「上課不用心」、「不要問一些有的和沒有的」，使他落淚難過。

　　「黃小鳴」對於這世界的新鮮感受與想像，雖然被大家給澆了一盆冷水，使他心灰意冷，「在走投無路的時候，竟有一點記憶，像一隻孤孤單單的小螢火蟲，在一片黑黑暗暗的腦海裡，閃著微弱的光」，直到他問了長老教會裡的張牧師爺爺，牧師告訴他：「上帝創造的生命，一定還有很多的人沒看過，也不知道那些東西，長在世界上的哪一個角落。」他才重新對自己的「發現」找回了一點信心，「心裡有一種說不出成長的喜悅」。

　　這篇作品以黃小鳴所想像的「鷹頭貓」作為主題，黃春明也許是想挑戰社會的「成見」。教育就某方面而言，是想灌輸給孩子們成套的知識與觀點，有些時候大人們揠苗助長，不容許孩子們能夠自由觀察、發現與想像，因此

〔註 13〕「我確實還有上打以上的題材的好小說可以寫，在四十年前就預告過一長篇《龍眼的季節》。」（黃春明，〈聽者有意——「黃春明作品集」總序〉，《聯合報》，2009 年 5 月 14 日。）

這些小朋友長大以後，對於世界也就缺乏了熱情與創造性。

　　對於自我與社會認知之鴻溝，黃春明有另一篇散文〈等待一朵花的名字〉（1987），曾同樣有此反省：「……不用追溯到阿婆的小女孩的時代，就拿前些時的台灣農業社會，那時還沒有所謂『流行』、『休閒活動』、『精緻文化』這類的名詞。社會基層的大眾，仍然把勤勞叫做『骨力』，出外工作說成『出外討吃』、或是『賺吃』，努力叫做『打拚』等等。不難從這些生活語言中，意會到當時的生活形態，要求個溫飽確實不容易。所以每一個家庭，只要有勞力成熟，就投入農業的勞動生產。在全面的生產線上，誰的工作能力強：擔子挑得最重，稻子割得最快的就是強者。誰的工作能力低，誰就是弱者。有誰遊手好閒，不事生產，還要佔人便宜的人，就叫做『垃圾人』。那一朵美麗的花，之所以叫做『垃圾花』，也是同樣的道理吧。得到這個結論之後，太陽下山前，那一位穿著還算入時的小姐，回頭罵我的話，我沒聽清楚的那兩個字，突然聽見了。那把它填起來，不就是罵我說：『無聊！垃圾人！』難道我對那一朵花的好奇和喜愛，說穿了就是物以類聚？」〔註14〕

　　因為對現實生活無益，儘管小花美麗，終無以稱名之，或者就稱其為「垃圾花」，在〈等待一朵花的名字〉中，作者從自己對於野地小花的好奇中，終於體認到鄉民鄰人的冷淡或是務實，原有其生存艱困之社會背景。然而在〈尋找鷹頭貓的小孩〉中，黃春明則希望人們不要太快被現實收編、輕易消磨了觀察力與想像力，希望讓孩子們保留些創造性與可能性。

　　就寫作技巧而言，這篇小說仍然保留了作者過去的一些書寫特色，例如第四節寫：「這一頓晚飯，爸爸和媽媽為了說話的話題，更加謹慎。……其實小鳴心裡有所準備，要是他們再取笑他的鷹頭貓的話，他就想告訴他們去找張牧師的事，還要告訴他們，自己沒見過的東西，就說沒有這樣的東西是不對的。媽媽轉到另外一個話題，說暑假到哪裡去玩好。為了兩三個地點有小小的爭論，使小鳴沒有機會重提鷹頭貓的問題。飯後兩個大人在背後，慶幸沒講錯什麼話。」主要是以對話推動情節，而且作了精細的心理刻畫，父母親與小孩都繞了一個圈子在作猜測與溝通，黃春明如此的描寫手法，最經典代表作應該見於《兒子的大玩偶》（1969）裡坤樹與阿珠爭吵後的對談，於此篇仍可見其功力與風格。

〔註14〕〈等待一朵花的名字〉，原發表於聯合報副刊，1987 年 9 月 16 日，後收錄於同名散文集《等待一朵花的名字》，頁 50～51。

此外，黃春明的作品大多是溫暖與鼓勵人的，此篇亦然。牧師說：「世界上人那麼多，很多東西也都被人發現了。還沒被發現的，應該是在人少、或是沒人的地方。要是說像鷹頭貓這類動物，如果有的話，大概都在原始森林的深處吧。」於是小說在第五節刻意安排小鳴於露營的山區，在一位老人的指引下，發現了鷹頭貓的場景。雖然只是夢境所見，但如此書寫，卻也給主角小鳴與觀眾，帶來了一種巧遇桃花源式樂土的安慰〔註15〕。

值得玩味的是，這篇小說何以在第五節夢境中，特別安排了一位餵養鷹頭貓的老人？如此安排使得老人（或許是「作者替代」）與孩子（主角）可以有一個對話的機會，過去黃春明也有類似的作法，例如〈呷鬼的來了〉（1998）當中的石虎伯和傻孫子；此外也令人想起〈銀鬚上的春天〉（1998）裡的土地公與榮伯，換個方式來說，從這樣的書寫，我們不只窺見了黃春明的慈愛，也可以看到此篇與上個階段寫作主題之延續性。

（二）〈兩顆蛤蜊的牽絆〉

去年九月後由「聯副故事屋」為題所發表的三篇小說，黃春明改為以老人為其系列書寫之對象，似乎有意延續《放生》以來的老人議題。首先就是〈兩顆蛤蜊的牽絆〉，此篇以住在台北外雙溪附近的一位羅老先生為主角，時間是除夕夜晚，羅老先生因為與兒子鬧彆扭，想出門透透氣，因此藉口帶著烹煮年夜菜時遺漏的兩顆蛤蜊，想將其帶去郊外放生的故事。

這篇小說與前述〈尋找鷹頭貓的小孩〉作法相似，同樣營造了角色之間的瑣碎誤解、與老先生因為無法明說而必須迂迴表現的行為，人物在黃春明的筆下，經常是透過行動來溝通，基於傳統不善表情達意的文化特色，在彼此倔傲的脾氣下，家人表達情感時總是蒙上了些微的戲劇懸疑與張力。類似的彆扭脾氣，也很像〈放生〉（1987）當中的阿尾與金足，他的人物總是心裡頭想的比說出口的還要多，黃春明的寫作特色，正在於表現人物在這種戲劇張力下的心理起伏。

故事中的羅老先生為什麼鬧彆扭呢？文章中說：「年輕人是根據現代觀念，勸說老人家不要為了舊觀念，為了宗教的信仰，僅僅為了兩顆蛤蜊搞到那麼麻煩放生，尤其是除夕夜吃年夜飯的時候，天暗外頭又好像有雨。而老

〔註15〕黃春明曾為黃大魚兒童劇團編了一齣〈新桃花源記〉的劇作，〈尋找鷹頭貓的小孩〉這篇小說最後老人也特地告誡黃小鳴關於鷹頭貓與地點：「絕對不能告訴任何人」。

人家他氣就氣在這裡，他根本就沒有根據什麼觀念，或是什麼宗教信仰。」所以老人家氣的是兒子孟君不瞭解他、誤解他。孟君希望父親不必為了兩顆蛤蜊的放生，在寒夜裡冒雨出門，本意當然是基於關心與擔憂。但羅老先生覺得兒子說「唉！什麼時代了，放生？」是打心眼裡覺得他「有宗教信仰」是過時的，覺得兒子看輕他，因此心中徒生悶氣。

因此湯鍋下倖存的兩顆蛤蜊，只是羅老先生在除夕夜裡想要出門的微不足道的動機，文中提及「羅老先生好幾年前，就對我們過農曆年有話說了，過得一年不如一年像樣，反而比不上年輕人過洋人的聖誕節」，他氣憤的原是過往年節氣氛的消失。後來，他在途中遇到了同樣出門透透氣，一樣感慨「哪有什麼圍爐？現在的少年，全家都帶到飯店去吃了，這怎麼叫圍爐！」「看能不能早一點死」而獨自撐著傘在堤防旁抽煙解悶的鄰人嚴先生，彷彿找到了彼此的知音，「連雙方對家庭的不滿，趁有人可以傾訴，也都吐了出來了，當然包括兩顆蛤蜊和兒子賭氣的事。聊得投機，時間也給忘了。」不免令讀者猜想，「兩顆蛤蜊」就是這兩位老人家的隱喻。

透過羅老先生提著兩顆蛤蜊放生的行動，使他在雨中憶起了自己在宜蘭多雨的童年，阿嬤曾笑他是「雨的孩子」。嚴老先生則提醒他「以前淡水的漁人碼頭到紅樹林水筆仔這一帶，有很多漁民都在那裡撈這種蛤蜊苗，再賣到南部近海養殖。我想那個地方就對了。」同樣勾起了時代記憶。黃春明於是寫羅老先生陷入了深思：「他望著流遠的溪水，透過遠處的高樓大廈背後的遠處，那一頭就是淡水紅樹林水筆仔的地方。去與不去，只有一條路，想到初衷單純的心意，唯一的一條路就是去。」表面上雖然寫如何放生的考量，內在隱藏的是老人家如何重新找回失落的單純自我。

於是羅老先生下了一個大的決定，他不求兒子載他，卻順手攔了一輛計程車載他去淡水河邊放生蛤蜊。沒想到開計程車的郭姓司機是位虔誠的佛教徒，對於羅老先生的善念非常肯定，郭不像孟君一樣質疑或鄙視羅老先生的宗教情懷，反而給予他許多的安慰與支持，包括與他共享善行、車資減半，肯定他的善行「是世界上沒有的事」，也代老先生禱告，安慰羅老先生說：「人在做，天在看」。

此篇結語作「每部車子冷冷的外相都一樣，作為車子的內心，沿途有說有笑的他們兩個，沒有人知道他們做了一件事，『是世界上所沒有的』。」在陰翳離散的雨夜行動裡，讓老人重新找回具有本源性與神聖性的意義。

關於此篇涉及的宗教情懷，前篇〈尋找鷹頭貓的小孩〉曾約略涉及，例如解決了黃小鳴成長困境的是位老牧師。〈兩顆蛤蜊的牽絆〉寫放生的佛教善念，寫郭姓司機在車子「前台的中間，放了一尊正坐蓮花的觀音菩薩，底座還盤一串念珠，這些現象都讓老人家感到安心」，倒使人想到黃春明在〈放生〉（1987）寫老先生阿尾為祈禱兒子文通回家時對觀世音菩薩、土地公、以及諸神的禮拜、又如〈死去活來〉（1998）中寫八十九歲虛弱的老太太粉娘：「我告訴神明公媽說，全家大小都回來了，請神明公媽保庇他們平安賺大錢，小孩子快快長大念大學」，文中寫她如何爬高爬低燒香禮拜，「竟然能搆到香爐插香」。

此外，也該談談這篇作品裡的「家」。就「離家」的羅老先生而言，他有一個和樂的家庭，但是卻找不到「知音」，常與家人因溝通不良而發怒。至於「溝通不良」的遠因，可能是指時代的鴻溝，上一代所珍視的價值，下一代早已無法理解。這也就是嚴老先生所說的「我又不背祖，跟他們去？」說「背祖」也許是言重了，然他寧可在飯店圍爐時缺席，留下滿地無奈的煙蒂。至於虔誠的郭姓司機，卻也同樣缺乏一個溫暖的家，文章中說他「父母都不在，太太在家，兩個子女，男的在外島當兵，女的被美國人拐跑了〔註16〕。所以他們有過年等於沒過年」。可見家庭在此篇中，似乎也成為一種壓力來源〔註17〕，主角為了追尋或守護自己的尊嚴信念，不得不出門透透氣。有趣的是，羅老先生在拋出蛤蜊放生時，黃春明特別寫了司機跟他說：「你一起拋兩個才不會分得太開」，似乎說明了離家透透氣的老人，也需要互相陪伴與支持。

最後，整篇作品以「兩顆蛤蜊的牽絆」為題，故事高潮在於羅老先生與計程車司機郭先生最終到了紅樹林岸邊，拋出兩顆蛤蜊的放生儀式。這樣的寫法自然令人聯想及〈放生〉（1987）中的老人阿尾放生田車仔的情節，只是

〔註16〕郭的女兒「被美國人拐跑」，讓人想起〈瞎子阿木〉（1986）中主角被「測量隊」拐跑的女兒秀英，〈九根手指頭的故事〉（1998）裡被轉賣的雛妓蓮花，暗示的也可能是現代化、後殖民的鄉土悲歌。1970 年代黃春明曾創作如〈兩個油漆匠〉（1971）、〈蘋果的滋味〉（1972）、〈莎喲娜拉・再見〉（1973）、〈小寡婦〉（1975）及〈我愛瑪莉〉（1977）等與城市或殖民題材相關之批判作品。

〔註17〕但是羅老先生畢竟在去程的車上想起要撥電話回家，並未就此拋棄了家庭，而放生禱告時還是特別報上了家裡的地址。老人離家的結局亦見於〈最後一隻鳳鳥〉（1999），只是〈最後一隻鳳鳥〉當中的吳黃鳳更具有悲劇性之神話象徵，隱喻了一個時代的完結與迷失。

〈放生〉一篇所指陳的其實是 1987 年政府的解嚴，小說裡解放了孱弱中毒的田車仔（黃鶯），終於換回了浪子（文通）的回頭。那麼黃春明在〈兩顆蛤蜊的牽絆〉所解放的，又會是什麼呢？是割捨不下的親情嗎？

（三）〈閹雞計畫〉

九月中發表的〈閹雞計畫〉，故事的主角閹雞松〔註18〕（本名「方青松」），是位「老伴百日剛過」的七十二歲老農民。這篇小說把故事場景又搬回到宜蘭鄉間（山腳下的竹圍社區），寫主角閹雞松在老伴死後不久，一個人獨守老家，不料老伴「做百日」時，三個兒子都因故或藉故無法回家，閹雞松隔日特地帶上自己養的三隻閹雞到了台北，想幫小孫子加菜，沒想到三個兒子（福生、奉祿及添壽）各自有狀況無法接待，使得閹雞松敗興而歸，連午餐也沒進，等到傍晚返回竹圍老家，才自己煮了一把麵條佐絲瓜入肚，最後他向老伴靈前憤慨：「生三個孩子，不如種一顆菜瓜」〔註19〕。

這篇文章的結構，可以簡單地分成兩個空間，一邊是閹雞松與過世太太所居住的竹圍，另一邊則是三個兒子所居住的台北（台北在黃春明筆下顯得並不宜人可愛，例如寫青年公園居民贊成與反對都更的精神分裂，又二媳婦梅芳說：「我們大小四個人都在家時，連喘氣都不夠，哪有可能再養雞？」）。鄉下與城市兩個空間的對比，使人想起〈死去活來〉（1998），一邊寫炎坤與粉娘的溫厚，一邊則寫城裡子孫的冷漠，以至於粉娘彌留時，曾孫輩的竟都沒有返家探視。相較於死亡陰影，作者認為澆薄的人情，實在更為荒謬恐怖。〈閹雞計畫〉此篇亦然，母喪百日，三個兒子竟都藉故推託，絕情不顧。

同樣寫老人的行動，前篇〈兩顆蛤蜊的牽絆〉只是寫老人的離家、兒子的牽掛；在此篇則變成了子孫輩離家忘返，讓老父親去尋覓探視。前者的老人終究想要回家，在家裡還有老妻與子孫在等待；但後者的老人卻只剩下一個空殼似的家：妻子已死，三個兒子呢？老大福生外遇不歸、老二奉祿為了工作自顧不暇、老三添壽則因吸毒被警方通緝，「家破人亡」的離散蒼涼，可想而知〔註20〕。

〔註18〕「閹雞松」此名早見於《看海的日子》（1967），也是小說主角白梅的親生父親，可見此一題材醞釀甚久。

〔註19〕此篇結構與〈眾神，聽著！〉（2002）略相彷彿，該篇主角謝春木同樣有三個棄家不顧的兒子，一心只想變賣祖產。

〔註20〕黃春明早期的作品多半給人溫暖與光明，晚期則具有批判與譴責的態度，有時結局顯得悲愴絕望，典型的例子如〈售票口〉（1999）。但〈閹雞計畫〉此

此外，這兩篇的相同之處，還有對於時代轉移的感傷〔註21〕，例如此篇主角閹雞松曾燒香對老伴說：「不能怪他們吧，時代變成這款。你啊，你最寵小孩了。以前我要打小孩，你就來搶竹子搶緊緊。有時我打了孩子，你就在旁邊哭。啊，孩子都是你寵壞的，你看，明天你做百日，他們都沒有辦法回來，舉幡繞靈櫃燒香，只剩下道士師公和我兩人。好在我們躲在山腳竹圍仔底，沒人看到。哎！時代就變成這款……」可以讀得出黃春明的失落與譴責。

這篇小說中特地寫出主角即將失傳的閹雞技藝，黃春明將其比擬為神醫華佗的外科醫術：「幾乎每天都帶著那一包，刀剪針線和茶油，戴上斗笠，騎著除了鈴子無聲，其他部位都響的腳踏車，吹著蘆葦的寸笛，嗶嗶叫客。因為這樣，連小孩子對他的印象都深刻。……他說中國以前有一位神醫叫華佗，他除了看病，還發明很多藥草治病，和針灸麻醉，還有開刀手術。有一天他要外出多日，怕美麗的妻子被拐跑，就把妻子麻醉切割成四塊掛起來，等他回來，再把妻子拼湊回來。後來華佗的妻子很不高興，有一天偷偷把華佗有關醫學方面的著作，特別是圖文並茂的外科手術的文稿，統統燒了。等華佗回來看到時，搶救下來的文稿，只剩下閹雞的醫術。阿公的閹雞技術就是學華佗祖傳的……」黃春明喜歡把鄉村傳統的工藝賦予神話（童話）〔註22〕與美化，當然具有他想要保存民俗記憶的良苦用心。同樣作法又如他在〈看海的日子〉（1967）裡寫鄉下人怎麼牽豬哥配種，就是典型的例證。在這一篇裡，黃春明則是透過二媳梅芳以表達自己對老一輩工藝的景仰：「殺雞放血的時候，梅芳躲得遠遠的。老人家腳輕手快，不到兩個小時，把雞整理得乾乾淨淨。梅芳睜大眼睛說是看著雞，倒不如說是欣賞，心裡佩服老人家，佩服得泛起笑容來。」

作者對上一代欽佩與景仰，對下一代的頹唐難免失望感傷，甚至不免有些憤恨怨懟。這篇小說裡也不難讀出黃春明的怒氣，例如大媳婦質問公公說：

篇並非對後輩全然絕望，例如寫二子奉祿與媳婦梅芳，感覺上還算是勤懇努力的人，只是為了生活無法兼顧鄉下父母，另梅芳樓下賣燒餅的陳老先生，願意頂讓是因為腿骨裂傷，家人不讓他再做生意，當然也出自於一番孝心。

〔註21〕當然在更早之前，黃春明即有意書寫此一時代失落的沉重議題，典型的例子如〈現此時先生〉（1986）。

〔註22〕鄉村的這類神話或童話，往往是透過老人家跟小孩子講述，黃春明或許因為早年喪母、是由祖父母隔代教養長大的經驗，因此在小說中常常描寫阿公跟孫子輩講述鄉野奇譚的情節，典型的例子如〈青番公的故事〉（1967）、〈呷鬼的來了〉（1998）等等。

「為什麼忘了把你兒子也閹了？」把從鄉下帶來的閹雞，比擬為青松伯的兒子。再加上三子添壽吸毒，被警察追緝，讓青松伯的三隻閹雞無處可送，二媳建議再帶回鄉下養，青松伯卻決定要殺了這三隻雞。這篇小說讓青松伯殺了送到城裡的三隻雞，保留鄉下家裡的三隻雞，或許暗示台北的三個孩子都沒用，期待他們回到身邊，讓已失去了母親的家庭，能夠重獲完整。

當然，這樣的寫法如果跟〈放生〉（1987）對比起來看的話，就剛好是相反的寫作設計。〈放生〉裡的戲劇高潮，阿尾伯的動作是放走了田車仔，然而〈閹雞計畫〉青松伯卻是殺了親自養大的閹雞；前者結尾是兒子文通決定回家與父母團聚，後者結尾竟是「生三個孩子，不如種一顆菜瓜」的失望憤慨。

（四）〈人工壽命同窗會〉

發表於去年年底的〈人工壽命同窗會〉，主角是與黃春明同齡、八十三歲的楊德立，楊老先生住在台北，身體狀況不大好：「近兩個月來，進出急診三次，其中一次還送到加護病房住了三天」、「心臟的問題時時刻刻都等著要他的命」。在時日有限的情形下，他一心記掛著想回鄉下參加國小同學會（同窗會），最終在妻兒印傭的扶持陪伴下，重返冬山鄉與兒時同學（謝春雄、林水木、廖溪水、林重德、陳炎山和林文通）會面談天，文章寫出幾位老人家惺惺相惜的過程。

此作在結構上大致分為兩個部份，前半鋪陳楊老先生對於同窗會的回想，從最初班上召開第一次同窗會時，已是畢業 25 年後，級長不但找回了 61 位同學，還特地到日本邀請當年的級任老師前田豐和師母智子，緬懷失落的少年時光。小說後半轉為關注未來：寫同窗會就這麼一年一年的舉辦下來，一直到畢業的七十年後，老友們一一凋零，能夠回來鄉下參加的同學，加上陪同的親人，只能勉強湊出一桌，篇末則以這次同窗會上好友們笑談老病與「人工壽命」作結。

回憶可能是對於現實的逃避，現實是「太陽已經西斜了，這已經成為由公園輻射出去的社區老人，出來做例行的活動。時間一到，坐著輪椅聚集而來的老人也有一、二十人，其中老阿嬤居多，男性有三人，楊老算是較健康未失能的，他可以離開一下輪椅活動活動，另外兩人是癱躺在輪椅的。」由於身體欠佳、精神不濟，沉緬於美好回憶裡，細細咀嚼過往的時光，自然是老人家的常態。「他舒適的坐在那裡，別人看起來像是在閉目養神，其實腦子裡的銀幕盡是過去的倒帶。梅希有時注視他的時候，只看到他臉部的表情，

像微波的海浪，在臉上有時一波，有時一陣地起伏。」這邊的描寫，特別令人想起〈呷鬼的來了〉（1998）當中寫老廟祝回想竹圍從前的白翎鷥城。

除了寫老人議題，此篇還有涉及國族身世的內容，例如楊老先生的國小回憶，文章裡寫到日本老師前田豐曾經以互相羞辱的體罰方式，要求班上同學不能說台語：「以前他們班上有十二個人說了台灣話，放學前，老師叫十二個人出來橫排排成兩排，前一排的向後轉，形成兩排面對面，老師就要我們，他說他當時就是其中的一個，老師要我們摑掌對抗；第一排的先摑掌對面的同窗，接著挨打的第二排的同窗回打對面的，這樣輪著打下去，打到老師喊停。前田夫婦早就聽不下去，老師難堪地連續著說對不起，且希望學生不要再講了。可是大家只覺得有趣，還哄堂大笑而掩蓋了前田老師的不安與道歉。因為大家歡悅的笑聲，無形中鼓勵了說話的人。他說剛開始第一排的好幾位同窗，輕輕摑掌對方，老師看了很生氣，對那幾個不敢大力動手的學生說，你們不懂得什麼叫作摑掌，來！老師教你，說著一個一個重重地打了下去……」顯然是很不當的殖民教育方式，但事過境遷，同學們並未指責這位日本老師，反而說：「『好好笑喔，老師。台灣光復後，我們不能講國語，要講另一種國語中國話，在學校一樣不能講台灣話，講台灣話的人一樣會受到懲罰，掛牌子。』想到這裡，老先生笑著乍醒過來，因為他當時就是常被罰，掛一個上面寫著『我說了台灣話』的牌子。」寫出了台灣複雜的國族認同變遷。〔註23〕

對於日本殖民者、國民政府遷台初期種種作為之「不念舊惡，怨是用希」，可以見得出黃春明晚年看待歷史問題之寬容〔註24〕。同樣的心態，亦見於〈最後一隻鳳鳥〉（1999），小說主角吳新義老先生連毒害親生父親的恩

〔註23〕 今年（2017）2 月 21 日，黃春明於《聯合報‧副刊》發表了散文〈那個時代的路人甲〉，同樣是講台灣於二戰前後的國族認同現象。說台灣話與否的國族認同，不由令人想起 2011 年 5 月 24 日成大台文系教授蔣為文在台灣文學館與黃春明的爭執事件，蔣為文當眾批評黃：「台灣作家不用台灣語文，卻用中國語創作，可恥！」「你外來人憑什麼批評台灣人」，黃春明憤而批評蔣是「會叫的野獸」，事後蔣為文以公然侮辱罪控告黃春明，此案經台南高分院二審定讞，法官以「黃是重要文學作家受到挑釁且侮辱情節輕微」，判處黃春明雖有罪責，然免其刑。事實上，黃春明對於殖民議題之書寫著墨甚深，不知道蔣教授是否讀過？還是認為只要文字拉丁化就可以達到國族獨立的理想？

〔註24〕 〈人工壽命同窗會〉此篇只把同學們戰後唱日本軍歌當成殘酷的玩笑看，甚至送給日籍老師與師母貴重的金飾禮品，然讀者可以比較黃春明四十多年前於〈甘庚伯的黃昏〉（1971）筆下寫殖民傷痛的分裂與悲憫。

怨都可以拋棄，像小說裡的「無敵鐵金剛」風箏放下了他的「無敵劍」，才能輕巧安穩地重新飛翔，面對嶄新的時代。

這篇作品除了提及日本殖民的過往，黃春明頗花了些篇幅刻意帶到楊德立的印尼傭人「梅希」、與同學林文通的印傭「麗莎」，寫老太太們如何為外傭與老先生吃醋爭吵，把外籍移工的現象也寫進了小說裡。此外，楊德立的老伴因為考慮買東部火車票的不便，對話又順帶提及陸客。還有透過幾位太太對話，例如：「許多福中風那一年，半身不遂，屎尿失禁。他老婆把他帶到洗手間，一邊用水噴他，嘴巴一邊罵，你那麼愛那個查某，伊也愛你，現在你怎麼不叫伊來清洗你的屎尿！」寫出傳統父權社會再也壓抑不了的女性心聲。凡此皆表現出一種不同於鄉土以往、兼容並蓄的現代台灣。外在環境變遷如此之大，老先生們守著標榜「正宗台灣口味」的六連料理店每年舉辦同窗會，能夠回味道地的八寶芋泥和荸薺丸子，也就顯得格外難得。

即使小說裡人物都上了年紀，黃春明筆下的長輩往往是莊嚴且具有個性的，例如此篇寫林文通的太太「打扮得像要參加隆重的宴會，濃妝豔服，珍珠項鍊，玉鐲鑽戒，樣樣耀眼。」面對眾人調侃，這位老太太則答以：「這些東西和衣服現在不穿不戴，要等到什麼時候當壽衣。」展現出對於短暫生命的珍視與瀟灑。至於小說及標題所提到的「人工壽命」，應是指自然壽命與身體條件所不及，由醫藥體系向死亡所爭取來的額外生命。七位老人家能在高齡仍互相陪伴，共同分享身體如何衰老與心理的不堪（例如多福伯因中風而屎尿失禁），該稱得上是「福氣」吧！

因此，當小說結尾安排讓幾位老人家作最後合照，同學們豎起大姆指笑著喊：「人工壽命同窗會，讚！」看似留念，亦不免帶有幾分荒涼的輓歌意味（「嗯！真的是人工壽命。以前都沒想到，這麼一點都懂。」這裡嗯，那裡嗯，幾乎同時也嗯，大家還稍微沉默了一下下），既為時光的無情悲傷，卻又顯得對於這「多出來的生命」懷抱感恩之念。

四、結　論

綜前所述，文末可以針對黃春明去年發表的這四篇短篇小說，嘗試作出一些概略的觀察：

（一）黃春明歷來的寫作，大致上有一個發展脈絡可尋，主要是關於他的家鄉宜蘭，以及他成年後進城發展的台北。關於家鄉的描寫多半溫情而充

滿希望，對於現代化的台北則不免充滿批判與質疑。

（二）對於黃春明的小說寫作特色，學界普遍從內容上分為三到四期討論，他成名甚早，前期作品往往為讀者所熟知，然而黃春明如何以書寫回應解嚴後的台灣社會，讀者反而不甚清楚。這一方面固然因為改編的鄉土題材電影（已成為台灣新電影的典範），多半是他早期的小說；另一方面則可能肇因於他在八、九〇年代決定返回家鄉，實際投身於在地「社區總體營造」及兒童劇團等工作，也就把文學書寫暫時給擱置了。

（三）黃春明於八、九〇年代的寫作成就，具現於 1999 年發行的《放生》一書，其中特別帶有「社會意識」地關懷老人議題，認為這些被遺棄在鄉間的老人「成了被犧牲的一代」。

（四）2014 年經確診罹患淋巴癌，病癒後，黃春明表示要放下一切瑣事，專心寫作小說。2016 年發表的四篇短篇小說，除〈尋找鷹頭貓的小孩〉仍與他經營多年的兒童題材／劇團有關之外，其他三篇：〈兩顆蛤蜊的牽絆〉、〈閹雞計畫〉還有〈人工壽命同窗會〉，皆與八、九〇年代的《放生》有延續性的主題及作法。

（五）〈尋找鷹頭貓的小孩〉與黃大魚兒童劇團所編〈新桃花源記〉頗有相似之處，指出了一個桃花源式的樂土，讓孩子們可以藏身其間與馳騁想像，從這邊不難看出黃春明對於孩童的慈愛之心，當他有體力可以書寫時，他的首要之務還是為了孩子們而寫。

（六）〈兩顆蛤蜊的牽絆〉的主題在於家庭的牽絆，或許思考社會變化與世代鴻溝的問題，寫出兩位「過時」老人的壓抑彆扭，他們需要喘息與得到共鳴的心理狀態。

（七）〈閹雞計畫〉把視線移轉到下一代，面對被遺棄鄉間的老人、失落的傳統技藝，充滿敬仰及悲憫之情，然而對於到城市裡發展迷失的兒孫輩，則是既憐且恨，具有前期的社會意識與批判色彩。

（八）〈人工壽命同窗會〉似在小說裡對於畢生作了一次回想，因此帶有史詩般宏大的企圖。從日本統治的小學生活，到現代化發展後的台灣，一直到如今風燭殘年的老病之軀，藉著同窗會的相聚，幾位僅存的老人家在笑談間分享彼此的關心與傷感，覺得同學還能夠相聚是因醫藥所助力，目前所有是「多出來的時光」。小說表現出這些長者面對老死既不悲情、也無執著的豁達。

五、重要參考文獻

（一）作者單篇

1. 黃春明，〈清道伕的兒子〉，《救國團團務通訊》，第 63 期，1956 年 12 月 20 日。

2. 黃春明，〈胖姑姑〉，《聯合報》，1963 年 2 月 26 日。

3. 黃春明，〈男人與小刀〉，《幼獅文藝》，1965 年 1 月。標題未經作者同意 被改為「他與小刀」)，後又刊於《臺灣文藝》，1966 年 4 月第 11 期。

4. 黃春明，〈跟著腳走〉，《文學季刊》，第 1 期，1966 年 10 月。

5. 黃春明，〈屋頂上的番茄樹〉，《中國時報》，1974 年 8 月 6 日。

6. 黃春明，〈羅東來的文學青年〉，《中國時報》，1994 年 1 月 6 日。

7. 黃春明，〈巨人的眼淚〉，《聯合報》，2007 年 6 月 20 日。

8. 黃春明，〈尋找鷹頭貓的小孩〉，《聯合報》，2016 年 3 月 20～21 日。

9. 黃春明，〈兩顆蛤蜊的牽絆〉，《聯合報》，2016 年 9 月 1～2 日。

10. 黃春明，〈閹雞計畫〉，《聯合報》，2016 年 9 月 15～16 日。

11. 黃春明，〈人工壽命同窗會〉，《聯合報》，2016 年 12 月 7-8 日。

（二）作者選集

1. 黃春明，《鑼》，臺北：遠景出版社，1979 年 3 月。

2. 黃春明，《我愛瑪莉》，臺北：遠景出版社，1979 年 3 月。

3. 黃春明，《等待一朵花的名字》（臺北：皇冠出版社），1989 年 7 月。

4. 黃春明，《放生》（臺北：聯合文學），1999 年 10 月。

5. 黃春明，《沒有時刻的月臺》（臺北：聯合文學），2009 年 5 月。

6. 黃春明，《大便老師》（臺北：聯合文學），2009 年 5 月。

（三）作者訪談

1. 黃春明演講、許正平記錄整理，〈等待龍眼的季節——黃春明的文學生 活〉，《聯合報》，2007 年 8 月 25 日。

2. 黃春明，〈黃春明給台灣孩子的一席話〉，劉梓潔紀錄整理，《中國時報》， 2007 年 9 月 3 日。

3. 黃春明，〈聽者有意——「黃春明作品集」總序〉，《聯合報》，2009 年 5 月 14 日。

4. 黃春明，〈在龍眼樹上哭泣的小孩〉，《聯合報》，2010 年 8 月 31 日。

5. 黃春明，〈黃春明：我要專心寫小說〉，彭蕙仙專訪，《台灣光華雜誌》，2015 年 6 月 15 日。

（四）期　刊

1. 彭瑞金，〈我不愛瑪莉——試論黃春明的變調〉，《前衛叢刊》，第 2 期，1978 年 10 月，頁 114～122。

2. 呂正惠，〈黃春明的困境——鄉下人到城市以後怎麼辦？〉，《文星》第 100 期（1986 年 10 月），頁 133～138。

3. 魏可風整理，〈作家、時代、本土——黃春明 VS 楊照〉，《聯合文學》，第 10 卷第 5 期，1994 年 3 月，頁 171～181。

4. 國家文化藝術基金會編，《國家文化藝術基金會會訊》第 10 期（臺北：國家文化藝術基金會，1998 年 10 月）。

5. 梁竣瓘，〈黃春明《放生》〉，《1999 年臺灣文學年鑑》，《文訊雜誌》，第 180 期（2000 年 10 月），頁 35～36。

6. 梁竣瓘，〈他不只是一個鄉土作家——「新世紀再讀黃春明」研討會側記〉，《文訊雜誌》，2001 年 5 月號（2001 年 5 月），頁 61～64。

（五）研討會論文集

1. Rosemary Haddon，〈拉皮條與順從：黃春明小說中被出賣的身體〉，《文化、認同、社會變遷：戰後五十年臺灣文學國際學術研討會論文集》，何寄澎主編（臺北：行政院文化建設委員會，2000 年 6 月），頁 423～461。

2. 梅家玲，〈孤兒？孽子？野孩子？：戰後臺灣小說中的父子家國及其裂變〉，何寄澎主編，《文化、認同、社會變遷：戰後五十年臺灣文學國際學術研討會論文集》（臺北：行政院文化建設委員會，2000 年 6 月），頁 248～260。

（六）學位論文

1. 劉早琴，《原鄉、北進、回溯——黃春明小說研究》，東吳大學中國文學研究所碩士論文，2000 年 5 月。

（七）專　著

1. 劉春城，《黃春明前傳》（臺北：圓神出版社），1987 年 6 月。

黃春明小說中的「母親」研究

提　要

　　黃春明先生不到八歲時母親就過世了，他對於母親的記憶，卻成為晚年時念茲在茲的主題。早在 1974 年，黃春明即已提及長篇小說《龍眼的季節》的寫作構想；近年追憶兒少時期寫作之啟蒙，也與母親的主題有關。雖然《龍眼的季節》至今未見出版，不過從黃春明已發表的小說作品中，確實不乏關於「母親」題材的相關書寫，這些主題及形象在作者的不同生命階段，也具有豐富多變的意蘊，值得讀者進一步玩味。

一、前　言

　　作為黃春明的讀者，我相信大家都在等待他預告已久的《龍眼的季節》，然而受限於種種原因，這部作品遲遲未能出版，嗣今竟成為黃春明亟待完成的最重要題材，大家期盼黃春明再寫些鄉土或個人成長的題材，抑或者期盼黃春明透過這個題材，對於自我生命、或台灣鄉土文學做一重要回顧。

　　本論文以「黃春明小說中的母親研究」為題，基本上即是對於這樣的書寫／閱讀之期待現象，做一個小小的梳理。相信《龍眼的季節》不久完成後，應該能夠銜接上黃春明畢生所書寫的志趣、與成就。

　　作家黃春明，民國 24 年出生於宜蘭羅東，從事過小學老師、記者、編劇、導演、製作人、廣告企劃等，作品譯成多國文字，曾榮獲吳三連文藝獎（小說類，1980 年）、第二屆國家文化藝術基金會文藝獎（1998 年）、第廿九屆行政院文化獎（2010 年），國家文化藝術基金會頒獎理由為：「黃春明的小說從鄉

土經驗出發，深入生活現場，關懷卑微人物，對人性尊嚴及倫理親情都有深刻描寫。其作品反映台灣從農業社會發展到工業社會的變遷軌跡，語言活潑，人物生動，故事引人入勝，風格獨特，深具創意。」〔註1〕

從五〇年代迄今，黃春明寫出了許多膾炙人口的作品來歌誦、譏諷、與見證時代之種種轉變。是公認臺灣最重要的鄉土文學作家之一〔註2〕，被《聯合文學》稱譽為「國寶級作家」。

二、晚年所繫之寫作計畫

黃春明的書迷想必都知悉，他不到八歲時母親就過世了，年少時的他為此感覺自卑、後來變得憤世嫉俗，在早期作品中曾經多所著墨。黃春明對於母親的記憶，晚年時更形成念茲在茲的主題。2007年，他在演講稿〈等待龍眼的季節——黃春明的文學生活〉便提及「媽媽過世的那天」：

> 他記得，每到龍眼開花的季節，媽媽的忌辰就快到了。對黃春明來說，那是比日曆上的數字更深刻的生命印記，也是他詩的發端，寫作的啟蒙。……
>
> 座談最後，現場觀眾詢問等待大師的小說新作很久了，近年忙著兒童劇團創作和在地文學刊物《九彎十八拐》編務的黃春明笑言，小說不敢肯定，但承諾總有一天要把剛剛說的「龍眼的季節」寫出來。不過，隨即他又幽了自己一默：「國峻常說，每次聽我喊著要寫《龍眼的季節》，喊了那麼多年，顯然應該把題目改成〈等待龍眼的季節〉了吧。」〔註3〕

〔註1〕見《國家文化藝術基金會會訊》第10期（臺北：國家文化藝術基金會，1998年10月），頁3。

〔註2〕1974年3月，黃春明在遠景出版社出版《鑼》、《莎喲娜啦·再見》兩本書，掀起一股「黃春明熱」，短短一年內就印行八版。民國1977年4月《仙人掌》雜誌推出「鄉土與現實」專題，點燃鄉土文學論戰火苗後，黃春明與王禎和兩人在文學史正式被冠上「鄉土文學」經典化的地位（參見劉早琴，《原鄉、北進、回溯——黃春明小說研究》，東吳大學中國文學研究所碩士論文，2000年5月，頁4~5）。

〔註3〕黃春明演講、許正平記錄整理，〈等待龍眼的季節——黃春明的文學生活〉，《聯合報》，2007年8月25日、同年9月3日，黃春明發表於《中國時報》的演講〈黃春明給台灣孩子的一席話〉，同樣也提及母親過世，年少時與父親、後母的衝突。（〈黃春明給台灣孩子的一席話〉，《中國時報》，劉梓潔紀錄整理，2007年9月3日）。

隔了兩年（2009 年），黃春明在《聯合文學》出版《黃春明作品集》的〈總序〉中，又再次提及寫作《龍眼的季節》於他心底的壓力：

> 特別是在我停筆不寫小說已久的現在，聽到這樣的善意招呼，我除了難堪還是難堪。……那樣的話，就變成我的自問：怎麼不寫小說了？江郎才盡？這我不承認，我確實還有上打以上的題材的好小說可以寫。在四十年前就預告過一長篇《龍眼的季節》。每一年朋友、或是家人，當他們吃起龍眼的時候就糗我，更可惡的是國峻，有一次他告訴我，說我的「龍眼的季節」這個題目應該改一改。問他怎麼改。他說改為「等待龍眼的季節」。〔註4〕

基於這個寫作的驅力，直到 2010 年 8 月 31 日，黃春明終於發表了散文〈在龍眼樹上哭泣的小孩〉〔註5〕，可以看到黃春明開始書寫此一題目。該篇提及了兩段對於龍眼的回憶：其一是七歲那年隨阿公去叔公家聊天時，被丟在果樹上吃龍眼的「哭泣」〔註6〕回憶；其二則是關於「媽媽彌留那一天」，他跟媽媽的最後話語：「媽媽你看，我撿了這麼多的龍眼核」。

此後，長篇小說之寫作仍待進行，2014 年 9 月下旬，黃春明經診斷罹患淋巴癌，只好放下手邊兒童劇團、雜誌出版與相關書寫計畫，此期間接受了化療與標靶治療，好不容易恢復了健康。今（2015）年 6 月 15 日，在大病初癒的狀態下，黃春明與妻子林美音接受《台灣光華雜誌》彭蕙仙的專訪，篇名就是〈我要專心寫小說〉：

> 林美音說，黃春明的工作量一直都太多了，但這也沒辦法，他就是什麼都想做，創作小說之外，他做兒童劇團、辦雜誌、改寫歌仔戲、做撕畫，每件事情都做得有聲有色。……過去向來連道具都自製的黃春明說：「我現在不能再這麼『自不量力』了，我的體力不能負擔那麼多事，除了寫小說非得要自己做不可，其他的，我一定要學會『放下』，劇團已經上軌道了，就交出去吧，我要專心寫小說才行。」

〔註4〕黃春明，〈聽者有意──「黃春明作品集」總序〉，《聯合報》，2009 年 5 月 14 日。

〔註5〕〈在龍眼樹上哭泣的小孩〉，《聯合報》，2010 年 8 月 31 日。

〔註6〕2007 年發表的〈巨人的眼淚〉（《聯合報》，2007 年 6 月 20 日），同樣寫一個「孤單難過的小男孩」與「眼淚」的題材，這個小男孩自然可能是童年時的自我投射。

　　四十幾年前，黃春明就曾預告要寫一個長篇小說《龍眼的季節》，拖到如今，這篇小說已被戲稱為「等待龍眼的季節」，但黃春明說他還沒有忘記要寫這個故事。而這篇故事也確實難寫，因為這是關乎黃春明自己的生命故事。「龍眼的季節」其實就是黃春明母親過世的季節。黃春明8歲喪母，當時年幼，所以不記得確切的時間，但是他卻清楚的記得那是龍眼成熟的季節，因為母親過世的那天，他和弟弟兩人在街上搶人家吃完龍眼後吐出來的龍眼籽；在那個年代，龍眼籽洗乾淨後可以當彈珠玩。正當兄弟倆在街上搶得不亦樂乎時，有人到街上叫他們趕快回去，「你母親不行了。」

　　寫《龍眼的季節》就等於是要重回幼年喪母的情境裡，真是情何以堪！難怪黃春明放在心裡，一放就是四十多年了。母親的死當然帶給小小黃春明重大的創痛，親戚中有人告訴他，你母親過世了，地上走了一個人，天上多了一顆星；夜裡仰望天空，母親化作的那顆星會為你特別明亮。而今，生過一場重病的黃春明對生命已有了不同體悟，或許此刻也到了可以動筆寫這篇人生最困難的小說的時候了。〔註7〕

　　可知，要不是因為突然的一場大病，黃春明恐怕仍然無法專致於寫作《龍眼的季節》，只能俟諸來日，而首先為了兒童劇團的事務奔忙。大病初癒後的黃春明，其一心所繫、念茲在茲的題材，就在於《龍眼的季節》這部長篇小說了。

　　這段幼年喪母的鄉土回憶，早期曾經是黃春明寫作上的起點，如今則成為餘生最重要的寫作使命。

三、最初的寫作構想

　　黃春明提及《龍眼的季節》此書之構想，最早應是發表於1974年的〈屋頂上的番茄樹〉〔註8〕，該篇曾大致提及了寫作的題材：

　　　　有幾位朋友曾經勸我說：老寫鄉巴佬，也該寫一寫知識份子吧。

〔註7〕〈黃春明：我要專心寫小說〉，《台灣光華雜誌》，彭蕙仙專訪，2015年6月15日。

〔註8〕〈屋頂上的番茄樹〉，原載於1974年8月6日，《中國時報・人間副刊》；後收錄於散文集《等待一朵花的名字》，台北：皇冠出版社，1989年7月。

言下之意，似乎很為我抱憾。我曾經也試圖這樣去做。但是，一旦望著天花板開始構思的時候，一個一個活生生的浮現在腦海的，並不是穿西裝打領帶，戴眼鏡喝咖啡之類的學人、醫生，或是企業機構裡的幹部，正如我所認識的幾個知識份子。他們竟然來的又是，整個夏天打赤膊的祖母、喜歡吃死雞炒薑酒的姨婆，福蘭社子弟班的鼓手紅鼻獅仔，還有很多很多，都是一些我還沒寫過的人物。……

想到這裡，看看我桌子上的稿紙。一邊心裡想，就寫了他們吧。一邊又告訴自己說，這是以後想寫的長篇《龍眼的季節》裡的情節。今晚想寫知識份子的啊。……我在想，所謂的小人物的他們，為什麼在我的印象中，這麼有生命力呢？想一想他們的生活環境，想一想他們生存的條件，再看看他們生命的意志力，就令我由衷的敬佩和感動。〔註9〕

據此篇所記載的文字，黃春明最早在規劃《龍眼的季節》一書時，或許未必是那麼清楚想寫出「幼年喪母的情境」〔註10〕，而是主要想寫出對照於當時學界或企業界的另一種世界，那些充滿了「生命意志力」的人物。〔註11〕

1970 年代初期的黃春明，已經在電視台工作，對於台灣世局的動盪相當關心，接連發表了〈兩個油漆匠〉（1971）、〈蘋果的滋味〉（1972）、〈莎喲娜拉·再見〉（1973）、〈小琪的那一頂帽子〉（1974）等作品，此期作品帶有國族

〔註9〕同前，《等待一朵花的名字》，頁 32、37、41。

〔註10〕雖然此篇也寫到「母親才死後不久的大年初一，自己與弟弟在戲台上與何仙姑的兒子吵鬧，最後在忿憎下對敲鼓的紅鼻獅仔反擊責罵：「打鼓的家裡死人」。（同前，頁 39～40）隱約把母親的過世，深刻烙印在心坎深處。

〔註11〕此篇發表前一年（1973 年），黃春明在中國電視公司製作「芬芳寶島」系列節目，開啟紀錄片及報紙副刊報導文學新紀元。黃春明自述：「到七〇年代末，台灣的經濟離陸起飛了，農村的剩餘勞力，四五百萬人開始都向都市做國內的移民，社會結構開始變化，價值觀、文化的秩序亂起來。窮過來的人，初次嘗到物質的感官享受，一頭就栽進去了。小說人口被聲光的電視搶走了，一部分的小說評介也隨波逐流了，不然就是不知所云。我早就對小說寫作感到無力感。……到七〇年代台灣，小說沒地位了，大眾化（不等於庸俗化）的傳統，被一些學者專家否定了。所以我就轉而去拍電視的記錄片影集『芬芳寶島』。」（〈羅東來的文學青春〉，《中國時報·人間副刊》，1994 年 1 月 6 日）

批判的鮮明風格。〔註12〕

　　黃春明的小說寫作，學界普遍從內容上分為三到四期討論〔註13〕，如齊益壽將其小說寫作分為四個階段：第一期的初創時期（1957～1967）以素描式來呈現小說中的人物；第二期（1967～1971）人物塑造趨於成熟，是詩化的人物；第三期（1971～1986）以批判性來雕塑人物，第四期的作品（1986～）則以老人為主探討臺灣經濟發展中相當嚴重的老人問題。〔註14〕

　　事實上，早於《龍眼的季節》這個寫作構想具體提出之前，黃春明在初期作品中已常見帶有自傳成份的書寫特色，故事中的主人翁往往因為家世而自卑、或者表現出一種對於死亡的哀傷與叛逆情感。例如1956年黃春明所發表的第一篇著作〈清道伕的孩子〉〔註15〕，小說中的吉照彷彿是作者要為自己的身世或尊嚴，對這個社會提出解釋與澄清。

　　又例如發表於1963年的〈胖姑姑〉，作品中敘述主角與表妹婭淑分擔其

〔註12〕臺灣當時面臨的動盪世局，包括：1970年的釣魚臺事件，1971年臺灣退出聯合國，1972年美國總統尼克森訪問中國大陸以及因為這次訪問而簽訂的上海公報，和最後在1973年與日本停止正式外交關係以及日本之後正式承認中華人民共和國。王拓是第一個指出這四個事件的重要性。（參見 Rosemary Haddon，〈拉皮條與順從：黃春明小說中被出賣的身體〉，《文化、認同、社會變遷：戰後五十年臺灣文學國際學術研討會論文集》，何寄澎主編，台北：文健會，2000年，頁438～4396）。

〔註13〕分為三期討論的學者，則以齊益壽之第一期與第二期合併論之，如劉春城以〈鑼〉（1969）作為黃春明早期作品分水嶺，此前寫的是田園風土的鄉下小說，之後則以都市生活的體驗寫工商變遷的城市小說。〈劉春城，《黃春明前傳》，台北市：圓神出版社，1987年6月，第九章「醜陋的日本人」乙節）每一階段書寫內容中，學者又有再做細分者，如呂正惠以為其城市小說可分兩類，一類是寫鄉土人物到城市來謀生所產生的問題，一類是買辦經驗、跨國公司小說。（〈黃春明的困境──鄉下人到城市以後怎麼辦？〉，《文星》，第100期，頁133～138）。

〔註14〕見齊氏〈黃春明的小說人物〉，發表於2001年3月於北京召開之「新世紀再讀黃春明研討會」，轉引自《文訊雜誌》，2001年5月號，第63頁。梁竣瓘將此四階段描述為：「從輕薄短小的人生切片，走向鄉土人物、批判崇洋媚外者的嘴臉，一直到《放生》的省思老人問題。」（〈黃春明《放生》〉，《文訊雜誌》，2000年10月號，第35頁。

〔註15〕〈清道伕的兒子〉發表於《救國團團務通訊》，第63期，1956年12月20日。吉照是清道夫的孩子，吉照這孩子很聰明，頑皮，愛玩；他個子小，一副窮相，他在學校裡可是個大文豪、藝術家、運動家。有一天老師因為他亂吐痰，亂丟紙屑、打人，叫他放學打掃教室……。吉照心裡想：「為什麼爸爸天天要去替人家打掃，他到底犯了什麼錯。是誰處罰他天天掃地，他的老師？奇怪我就沒看過爸爸上過學，也未曾聽他說過有老師。」

喪母之慟，敘事中也輾轉提及自己過世的母親〔註16〕，藉以表達自己對於失親的感觸。此外，1965 年寫作的〈男人與小刀〉，整篇小說旨在表現主角陽育對於逝去母親的強烈想念、與返鄉過程中的父子代溝（伊底帕斯情結）。這個故事的破題就是從過世母親說起：「他的手在袋子裡捏著合在鞘子裡的小刀玩，心裡卻又想：父親真不該生我，他替自己生一個一直在蠶食他的心的煩惱。當然，母親她什麼都不會知道。阿姨她現在才對我好起來，這能影響我什麼？對於我他們還有什麼希望？」〔註17〕小說中的陽育憤世嫉俗、充滿了困惑，他不僅幼年喪母，求學期間因為「把布告欄的補考名單撕掉」而被學校開除，後來擔任了學校老師，卻又與社會體制格格不入，蒼白中隱約帶有自傳的身影〔註18〕，深刻追問自己的生命意義。我們不妨看看縈繞陽育心底的對白：

「你恨？」

「不知道！」陽育的眼眶濕潤了。

「你很壞？」

「不知道。我只是把布告欄的補考名單撕掉了。」

「為什麼？」

〔註16〕 小說中敘述「她（按：即過世之姑姑）看到我們五個大孩子非常高興。她說：『要是阿猜不那麼早過身，現在看到這五個孩子，不知要怎麼高興。』」（原載於 1963 年 2 月 26 日《聯合報》，後收錄於《沒有時刻的月臺》，台北市：聯合文學，2009 年 5 月，頁 178）文中也設想了過世的「媽媽」想留給子女的遺言：「假使有時間讓她說話，……也許她還是和平時一樣，會說出一連串長得令人膩煩的話。不過把她的話總括一句來說：就是愛你。」（頁 174）

〔註17〕 〈男人與小刀〉，原發表於 1965 年 1 月《幼獅文藝》（標題未經作者同意被改為「他與小刀」），後又刊於 1966 年 4 月第 11 期《臺灣文藝》，並於 1967 年以此篇獲得「台灣文藝獎」。此篇後來收錄於《沒有時刻的月臺》，頁 11。

〔註18〕 黃春明曾經自述：「在正常的情況下，初學的人想寫小說的話，一定是寫他自己，或是他自己最熟習的人物和環境。在這個起步上，我是正常的。開始時我寫了不少關於自己的東西，包括自己覺得全世界都跟他敵對起來的那種感覺，其中最典型的一篇，即是我拿來在我的集子前面做序，嘲笑它是蒼白的〈男人與小刀〉。過後就寫熟悉的身邊人物，他們要不是鄰居，就是羅東的小同鄉，像〈鑼〉裡面的憨欽仔，就真的有這麼一個人。」（〈一個作者的卑鄙心靈〉，原收錄於 1979 年遠景出版社《我愛瑪莉》附錄，後收錄於《大便老師》，台北市：聯合文學，2009 年 5 月，頁 81）值得一提的是，這篇小說中提及主角的婚姻觀，父子的激烈衝突主要在於婚姻與家中債務，黃春明於發表翌年（1966）與林美音女士結婚，可見婚姻為此期的重要主題，寫作反映了黃春明對於生命不同階段的思考與感受。

「我怕蘭看到我的名字。因為在那前一天，我才寫了一封信給她。我需要她的回信。我不能讓她知道我要補考。」

「後來你離開了家，讀了好多個學校是嗎？」

「為什麼那幾個學校都不喜歡我這樣的人？」

「我們換個話題吧！要是現在叫你想一個人，你想誰？」

「我的母親。」陽育停了一下說：「我讀小學二年級的時候死的。」

「你記得她什麼？」

「沒什麼。不過她要是在的話，我可能不至於這樣。」

「你這樣想？」

「哼！我在痛苦的時候就這樣想。」〔註19〕

可以看到，幼年時期母親的過世，對於黃春明的成長過程而言，誠然是生命中的重大悲慟，然而此一痛苦卻也轉化為寫作與追尋的力量，成為作家畢生銘刻於心的核心主題。〔註20〕

四、流浪與追尋

懷抱著對母親的模糊想像與追尋，〈男人與小刀〉小說中對於火車、公車有許多的描寫，表現出一種飄浮的流浪感，生命的意義在於前方。事實上，黃春明這個時期寫了不少作品，都有類似的嘗試，最典型的如〈城仔落車〉（1962）就是寫九歲的小男孩阿松由祖母領著，搭乘公路局汽車去找尋母親的故事；而〈玩火〉（1962）也是整篇都在火車車廂上發生的情節，表現出一種駛向不可知的前方之危險與歡愉。

1966年黃春明遷居台北〔註21〕，然而這個時期的他卻在「旅程」中表現

〔註19〕〈男人與小刀〉，《沒有時刻的月臺》，頁36～37。

〔註20〕限於篇幅，許多作品不暇細論，黃春明有些散文作品中同樣反映出對於亡母的追思與自省，例如發表於1976年的〈改掉吸奶嘴的習慣吧！——抽煙斗就是抽煙斗〉，41歲的黃春明寫下這些句子：「媽媽你在哪裡？他如是呼喚著不已，但是他自己並不很清楚。那個挫折的經驗，化成惡魔的陰影，把守在他的前程的關卡。他萎縮，他呼喚他的母親。他沒想到他的年齡已比母親過世時還老。」（原載於1976年4月21～24日《中國時報》，後收錄於《等待一朵花的名字》，台北市：皇冠出版社，1989年12月，頁150～151）

〔註21〕1966年黃春明遷居台北，也有學者從這個角度來研究其小說內容之轉變，如呂正惠批評其〈兩個油漆匠〉時認為：「黃春明的城市生活是對他有好處的，在城市待得越久，他的眼光可以磨得更敏銳，胸襟可以變得更開闊，能夠從更大的

出一種矛盾的自省，例如〈跟著腳走〉（1966）：

> 對這個地方，對我生長的這土地，現在沒有絲毫的留念。我想到下一班的火車可能帶我離開到什麼地方去。

> 現在我又想到，一顆雞心大小的子彈也許很有用處，並不是拿他來射殺一個誓不兩立的敵人，而是希望子彈從自己的太陽穴貫過去，帶我離開我現在所接觸的苦惱到什麼地方去。家庭的破產，家人他們處在這個社會的一個小角落，他們成為一種原料被製造，但是我明白，製造出偏見、製造出觀念的貧乏，逼不得已地無意地將這些無形的毒劑，很自然地由倫理的指針指向著大兒子的我施毒。當我用自己的手指扣下扳機。我死了。那到底是自殺？或是他殺？〔註22〕

> 這班車的終站台北到了。當然我不是為了來台北。我是希望離開宜蘭到什麼地方去。而那個地方顯然就還沒有到。當我從車廂的階梯踏上月臺的那剎，幾乎不知道它究竟是發生了什麼；心裡所感觸到的只是由極度空虛與絕望，且去推測產生這種情緒的事件本身的嚴重性。所謂的那個地方可能就不佔任何空間和時間。我咒詛自己。我受騙了、我是受騙了。被潛在身體裡的血液的人類愚蠢的過份自信欺騙了。解脫精神的桎梏的假定，對一個苦悶者多麼具有誘惑。〔註23〕

> 沒有走多遠，一陣強風再把我打倒，我又站起來走路。我確知我沒有弄錯方向向南，我確知我沒有離開路，我確知我又走近G一步了。但是我又好像感到越走越黑暗，越離開G而迷失在永遠沒有明天的時間裡。我想到火車到站和G絕望而蒼白的臉，我感到最重要的是行動，也只有為行動而行動才能拯救我自己。整個繫於意志的生命，此時才發覺G的整個意義。〔註24〕

角度來看問題，而不致於把自己狹隘的拘限在鄉土之中」。（〈黃春明的困境——鄉下人到城市以後怎麼辦？〉，《文星》，第100期，1986年10月，頁138）

〔註22〕黃春明，〈跟著腳走〉，原載於1966年10月《文學季刊》第一期，後收錄於《沒有時刻的月臺》，頁48～49。

〔註23〕同前註，頁63。

〔註24〕同前註，頁76。

　　所謂「跟著腳走」，就是一種流浪或歸鄉的行動表現，小說中的「我」對於「製造出偏見，製造出觀念的貧乏」的家庭，有一種想要毀滅自己、想要逃離遠去的厭倦感。故事最後，主角才領悟自己「不是為了來台北。我是希望離開宜蘭到什麼地方去。而那個地方顯然就還沒有到」〔註 25〕。於是在折返宜蘭重新尋覓的旅途上，鼓蕩出「整個繫於意志的生命」，「最重要的是行動，也只有為行動而行動才能拯救我自己」。

　　黃春明於 1960 年代開始的「離家追尋」之題材，或許還應該放到寫作的時代情境下來理解。梅家玲曾指出戰後台灣小說有所謂「家國裂變」現象：「……饒有興味的是，四〇年代中，吳濁流曾以《亞細亞的孤兒》一書，寫盡日據時期臺灣人民在認同上無家無父的悲哀，為臺灣文學樹立『孤兒意識』的里程碑。六〇至八〇年代，孤兒退位，逆子孽子現身，先後問世的王文興《家變》與白先勇《孽子》，卻各自在有家有父之餘，演義出『逐父』與『為父所逐』的相互對話。然曾幾何時，兒子們卻又不再以家／父為念，或浪蕩街頭，或混跡黑幫，九〇年代以降，包括『大頭春』在內的各路『野孩子』紛至沓來，亦成為世紀末臺灣小說中的另一奇觀。」〔註 26〕其說誠然。我們可以發現黃春明此期之寫作亦有類似思考，早期作品中既見逃避（父親的家／現實），也是追尋（模糊的母親／理想），表現出一種「充滿行動」的依違焦慮。

　　而這種依違於家鄉的思考與行動，在黃春明後來的寫作中，經常仍可被辨識。例如著名的〈看海的日子〉（1967），同樣從火車上的旅程寫起，以火車上的旅程終結，主角白梅離開了出賣她的養父母家，找回了更早於這一切不幸歷程的親生家庭。同時，她的身份也從為人鄙視的妓女，提昇為大家尊重

〔註 25〕十多年後，黃春明宣稱他的流浪終於找到了答案：「從此我就留在這小鎮。後來我認識了那個油漆工，他不喝醉酒的時候，是一個老實人。當然，我也認識了這個小男孩和其他鎮上的人：像打鑼的憨欽仔，全家生癬的江阿發，跟老木匠當徒弟的阿倉，妓女梅子，廣告的坤樹，還有，還有附近小村子裡的甘庚伯，老貓阿盛，青番公等等。他們善良的心地，時時感動著我。我想。我不再漂泊浪遊了。這裡是一個什麼都不欠缺的完整世界。我發現，這就是我一直在尋找的地方。如果我擔心死後，其實這是多餘的。這裡也有一個可以舒適仰臥看天的墓地。老貓阿盛也都躺在這裡哪。」（黃春明，《鑼・自序》，台北市：遠景出版社，1979 年 3 月）

〔註 26〕梅家玲，〈孤兒？孽子？野孩子？：戰後臺灣小說中的父子家國及其裂變〉，《文化、認同、社會變遷：戰後五十年臺灣文學國際學術研討會論文集》，頁366～367。

的母親，懷抱著希望，找回了正當的社會地位。

又例如環保題材的〈放生〉(1987)，整篇內容主要架構於離鄉喪生、或是認命留駐家鄉撈捕魚苗的大坑罟村民。故事裡以主角文通出獄後是否回家？營造出全篇的緊張感。返家的最終，我們同時窺見了「田車仔」復返天地之自由，也感慨主角如何在千瘡百孔下、重拾起對於家園的偉岸意志。

這種深刻的流浪或追尋，或許其來有自。前面我們提及 1966 年的小說〈跟著腳走〉，三十多年後，黃春明又發表了篇名相似的散文〈用腳讀地理〉（1999），他說起自己如何因為母親的辭世變得桀驁不馴，進而從逃家遠遊的過程中，找尋到鄉土的慰藉：

> 我八歲那一年暑假，母親感染霍亂病逝。她拋下我和四個弟妹，……照顧我們五個小孩，是一個很沉重的擔子，它分秒不放鬆地壓在祖母的肩膀。但是重擔裡面，最有分量，最重最煩人的算是我。……我知道祖母只是說說氣話，但是，我也覺得頂冤枉。怎麼冤枉又說不上。當時會一邊拭淚，一邊撫摸身上的傷痛，一邊在心裡下決心告訴自己：好！我要出去，不要再回來了！這樣的決心已經下過不下百次，我也一直在浮蕎仔的地方長大。兒時我的挨打，也有示眾殺一儆百的作用。讓弟妹他們看了，心想，那麼厲害的大哥領袖，碰到祖母還不是孝男一個，只有哭和求饒「叫不敢」的份。因此，能在外面多玩就多玩，非不得已要吃飯和睡覺才回家。就因為這樣，我用我的雙腳讀遍了我出生地羅東，還一再地複習。讀爛了，也讀讀外沿的地理：北到蘭陽濁水溪為界二結，東到近海的補城地、利澤簡，南到九份仔、砂仔港冬瓜山，西到廣興、邊仔頭。到那些地方去，不是捉魚就是找鳥巢，有時候抓昆蟲和拾穗，或是撿番薯和花生。經常去認識一些新的東西回來。……
>
> 我曾經在家是壞孩子，在學校是壞學生，被四所學校退過學，民國四十七年屏東師範畢業。那時候的屏東對我們宜蘭人來說，遙遠得很，連做生意的人也沒踏腳到。事後我並沒怎麼變好，但是也沒變壞下去，因為在坎坷的成長過程中，在心底的深處，我聽到呼喚。這一聲，或是聲聲的呼喚，像母親終於把迷途浪子喚回頭了。〔註27〕

〔註27〕黃春明，〈用腳讀地理〉，原載於 1999 年 3 月 18 日《聯合報》，後收錄於《大

因此，童年時期離家對於鄉土的閱歷，在成長過程中每每安撫了黃春明的感傷與怨懟，彷彿像是母親的召喚，鼓舞他提早學會了獨立與堅毅〔註28〕。類似的文學隱喻，又如黃春明初中時期的作文〈我的母親〉：

> 母親剛死不久，年小的弟妹天天哭著吵著要母親。每當他們這麼吵著的時候，祖母就說，你母親都到天上做神了，哪有母親可討？我說我不像弟妹他們那樣吵著要母親。但是偶爾我也會想起母親。
>
> 當我想起母親，祖母對弟妹說母親已經到天上做神的那一句話，就在耳邊響起。這時我不知不覺就隨著祖母的話，抬頭往天上望。如果在晚上，我會看到星星，有時候也會看到月亮，但是始終沒有見過母親。〔註29〕

正因為想要追尋離去的母親、解開生命的謎題，所以黃春明不斷把眼光投射出家庭之外，從白日的遠行歷險、到深夜的星月眺望，哀傷的小孩在那裡尋找非凡的安慰與意義。

五、轉移與替代

如前所述，《龍眼的季節》此作最初之構想，黃春明未必只是想寫母親，應該還包括了家鄉裡「充滿了生命意志力的人物」。從黃春明的寫作歷程來看，其離家追尋的旅程中，除了發現鄉土的豐饒瑰麗之外，至少還有兩個生命階段是特別值得一提的。

首先應該提到的，就是他在羅東讀初中時的國文老師王賢春。黃春明曾經在許多文章或訪談裡，提及王老師如何啟蒙了他對於文學的見識，使他的哀傷不只找尋到寄託，更發現了寫作的力量：

便老師》（台北市：聯合文學，2009 年 5 月），頁 142～144。

〔註28〕黃春明在接受蔡詩萍專訪，也提及「土地就像母親一樣」，（〈空氣中的哀愁〉，《放生》，台北市：聯合文學，1999 年 10 月，頁 247）黃春明於演講曾說：「……日後，學校的老師問他，知不知道媽媽是哪一天走的？他想一想，答，龍眼很多的那一天。老師和同學取笑黃春明這麼重要的日子也不記得，但他怎麼會不記得，他記得，每到龍眼開花的季節，媽媽的忌辰就快到了。對黃春明來說，那是比日曆上的數字更深刻的生命印記，也是他詩的發掘，寫作的啟蒙。」（〈等待龍眼的季節──黃春明的文學生活〉，許正平記錄整理，《聯合報》，2007 年 8 月 25 日）黃春明是把對媽媽的思念，與家鄉季節風物之輪迴生滅，疊合起來感受銘記的。

〔註29〕黃春明，〈王老師，我得獎了〉，《大便老師》，頁 116。

我這麼叛逆，怎麼沒有變成壞孩子呢？因為文學救了我。

……作文交上去之後，老師跟我說：「黃春明，你寫得很好。」老師抬頭時，我看到這位 26 歲的女老師眼眶紅紅的。為了鼓勵我多閱讀，這位老師送我兩本書，一本是沈從文的短篇小說集，一本是契訶夫的。這兩位作家，作品中常會描寫貧困的、不幸的小老百姓，也會寫可憐的小孩，我看著看著就哭了起來。

我以前常常覺得自己沒有母親很可憐，有時會躲在棉被裡哭。看了老師給我的小說，為了書中人物不幸的遭遇，我難過得哭了起來，但說也奇怪，從此以後，我再沒有為自己的任何不幸遭遇而哭過，也就是說，我不再自憐，不再自己可憐自己。〔註30〕

老師一定是看人抓藥，知道我可以捱過。我是捱過了。但是那是多麼地難過，多麼地痛苦啊！……現在想起來，老師的評語：「形容過度。」這句話，它不但沒殺傷我，使我的文體走上樸素寫實。這麼一來，寫任何東西要感人的話，必定要言之有物，同時也培養出我對文學藝術的誠懇態度。如果收集在這本集子裡的幾篇文字，還能引起讀者共鳴，這完全是上述的方式和原則給我的力量。當然，更要感激的是，這位遠逝了的，當時抱著理想來南方工作的王老師。〔註31〕

有了師長的看重與支持，黃春明因此獲得自我肯定；後來他在《聯合報》副刊上刊出〈城仔落車〉，受到素未謀面的主編林海音慧眼青睞，「彷彿也給了我的人生一個定位」〔註32〕。自從青少年時期開啟了寫作興趣，又在報刊

〔註30〕〈黃春明給台灣孩子的一席話〉，劉梓潔紀錄整理，《中國時報》，2007 年 9 月 3 日。王老師當時介紹他看巴金‧契訶夫和沈從文等作品，她所給予黃春明的寫作影響，顯然是社會主義的理想，王老師後來不幸遭受白色恐怖，為當權者以匪諜身份論處殺害。（黃春明，〈王老師，我得獎了〉，原載 1998 年 9 月 22 日《聯合報》，收錄於《大便老師》，頁 114～117）這種影響使得黃春明在 1998 年獲得第二屆國家文化藝術基金會文藝獎，於發表得獎感言時，並不是感謝自己的亡母，而是特別抬起頭向天上的王老師感慨高呼：「老師，我得獎了。」此舉不只是表達感恩，也可以看見黃春明如何把自己的寫作成就，透過向王老師的感謝，向社會宣告自己畢生信守的寫作路線。

〔註31〕寫定於 1989 年 6 月 20 日，收錄於《等待一朵花的名字‧自序》（台北市：皇帝出版社，1989 年 7 月），頁 8～9。

〔註32〕〈空氣中的哀愁〉，蔡詩萍專訪，《放生》（台北市：聯合文學，1999 年 10 月），

發表小說找到了生涯定位，對黃春明而言，這些支持多少會讓他彌補童年時的哀傷。

至於第二個重要的生命階段，則是他身為「人父」的體驗。長子黃國珍出生後（1967 年），突然之間，他發現自己不能再「吸奶嘴」，而必須「抽煙斗」，「男人」必須強化意志，扛起家庭的責任〔註33〕。

反映在創作方面，轉換為人父身份的這一年（1967 年），黃春明發表了〈看海的日子〉，小說中的妓女白梅以「生育」做為轉換自身命運的策略，在回歸原鄉的旅程中終於找尋到真實意義。這篇小說從主角生產所衍伸出來的堅卓意志、對於未來命運的樂觀期待，特別令讀者感受到一股崇高的激勵。隔年（1968 年），黃春明又發表了〈兒子的大玩偶〉，同樣也是以人父身份進行反思，想找回自己為了謀生所扭曲的原來面貌。

1971 年，次子黃國峻出生，1972 年，黃春明擔任中國電視公司《貝貝劇場——哈哈山樂園》及《小瓜呆歷險記》等節目編劇，這幾年的創作主題乃發生了微妙的轉換：當初隨身攜帶小刀刻劃母親身影的蒼白青年，放下刀子卻扛起了廣告看板，要肩負起家庭的責任，享受天倫之樂。同時，我們不難發現。從這以後，黃春明在鄉土題材上的小說發表算是暫時告了一個段落；也許受到 1970 年代初期台灣退出聯合國、美國、日本與我國斷交等時局影響，他開始寫作起〈兩個油漆匠〉（1971）、〈蘋果的滋味〉（1972）、〈莎喲娜拉·再見〉（1973）、〈小寡婦〉（1975）及〈我愛瑪莉〉（1977）等城市或殖民題材的批判作品。

儘管持心操切，這些改變卻也引起文學評論者質疑〔註34〕，黃春明對此

頁 249。

〔註33〕「吸奶嘴」、「抽煙斗」，使用的是黃春明的隱喻，詳其〈改掉吸奶嘴的習慣吧！——抽煙斗就是抽煙斗〉一篇。黃春明於 1966 年因〈男人與小刀〉一篇，標題「男人」被擅改為「他」字，與《幼獅文藝》朱橋有所爭執，「鬧得他說找警察來」（〈羅東來的文學青年〉，《大便老師》，頁 97）。那一年，黃春明結婚，隔年（1967）生了兒子成為人父，此刻的他確實不復是當年那個孤苦無依的八歲男孩。

〔註34〕例如呂正惠提出此期作品「因為『氣不過』而罵出來的敗筆，似乎要比『鄉土小說』時期多得多」、「逐漸喪失藝術家所應有的耐性」（〈黃春明的困境——鄉下人到城市以後怎麼辦？〉，《文星》，第 100 期，1986 年 10 月，頁 133～138）彭瑞金也批評：「文學的本質並不適宜做這麼激情式的行動化。我寧可認可早期黃春明對社會道德探索的努力，也不願看到黃春明打著文學的小旗幟汨沒在吶喊聲中。」（〈我不愛瑪莉——試論黃春明的變調〉，《前

現象曾經提出解釋：

> 自從我看清自己的過去，認識了自己與整個社會的關係，我的心靈
> 才有一點成長，也開始會多做思想，無形中，作品也慢慢地有了轉
> 變，寫的東西不再考慮文學通的掌聲，也不投好文學通的趣味，於
> 是從〈魚〉一變，就變成〈蘋果的滋味〉、〈莎喲娜拉‧再見〉這類
> 作品了。當我有了轉變之後，我聽到好多過去鼓勵過我的讀者說，
> 我的小說這麼一轉變，社會性加強了，藝術性反而減弱。……
>
> 所謂文學藝術，應該也是推動社會向前邁進的許多力量當中的一股
> 力量吧。在這個功能上來看，我過去的創作心態是卑鄙的、該被唾
> 棄的。我希望我今後的寫作，能找到一條更開闊的道路，跟大家，
> 跟更廣大的讀者，跟我們整個社會連在一起。可能我今後的作品，
> 不能像瓷磚那麼討人喜歡，然而，社會的建設，像十大建設，是不
> 需要瓷磚的，偉大的工程，偉大的建設，永遠是需要大量的鋼筋和
> 水泥。我只希望我是一把水泥，或是一截鋼筋。〔註35〕

可見黃春明此期有意識地批判資本主義與殖民主義，以小說或電視等媒
體做為他的刀斧，想要對於社會進行實效的針砭及改革。

正是在這樣的情況下，1974 年黃春明提出《龍眼的季節》此部長篇小說
之書寫計畫，當時並不把此書視為當務之急，黃春明在那幾年除了寫文章批
評壟斷剝削之外，還優先投身於眼前的社會改造工作。他當初應該料想不到，
此書的寫作計畫隨手一擱，竟會擱置了這麼許久。

六、社會關懷與生命回顧

「只有為行動而行動才能拯救自己」，閒不下來的黃春明，旋即在 1980

衛叢刊》，第 2 期，1978 年 10 月，頁 114～122）

〔註35〕黃春明，〈一個作者的卑鄙心靈〉，原載於 1979 年遠景出版社出版之《我愛瑪
莉》附錄，後收錄於《大便老師》，頁 91。李瑞騰曾經提出：「八、九〇年代
黃春明對社會工作所投注的心力，其實早在他初識黃春明的七〇年就已奠下
基礎。」李氏以黃春明有意識以攝影與田野調查的臺灣關懷作品《我們的動
物園》一書（現已絕版）、1970 年代在中視製播的《貝貝劇場》、紀錄片《芬
芳寶島》和整理臺灣歌謠的《鄉土組曲》為例，說明黃春明日後的宜蘭鄉土
重建工作、田野調查工作及兒童劇的編導，皆有可尋之跡（參見梁竣瓘，〈他
不只是一個鄉土作家——「新世紀再讀黃春明」研討會側記〉，《文訊雜誌》，
2001 年 5 月，頁 62）。

年代參與了台灣新電影熱潮，將幾部著名小說如〈兒子的大玩偶〉、〈看海的日子〉、〈莎喲娜拉·再見〉及〈兩個油漆匠〉，重新加以編導，此舉確實引發了普羅大眾更多的迴響。1985 年，黃春明在皇冠發行《黃春明小說集》（出版了《青番公的故事》、《鑼》及《莎喲娜啦·再見》），算是一個階段性的整理。

事實上，1980 年代的台灣社會正處於劇變的政治局勢：1986 年，黨外運動方興未艾、民主進步黨成立，1987 年 7 月 15 日，蔣經國總統正式宣佈解嚴，1988 年蔣經國過世，台灣的強人政治自此結束。

也就在這樣的社會脈動下，黃春明自 1986 年起開始陸續發表他的「老人系列」，直到 1999 年集結相關主題作品，出版了小說集《放生》，被視為是「世紀末台灣文壇的一件大事」〔註36〕。李瑞騰曾經特別指出此書幾篇小說的寫作時間，主要集中於兩個時間點上，首先是八〇年代後期（1986～1987），其次則是九〇年代後期（1998～1999）。〔註37〕如果我們仔細閱讀這些作品，會發現黃春明在兩期書寫中有不同的感慨。

前期的書寫，或許可以〈放生〉（1987）作為代表。這篇小說花了相當篇幅來說明主角文通為了環保抗爭而入獄，提及「村幹事特別提出戒嚴法戡亂時期臨時條款，還有有關叛國、擾亂社會公共秩序的種種罪行」恐嚇村民、「全莊頭都中了選舉病」〔註38〕，也控訴化工廠、水泥廠對於環境的污染破壞，政商利益結構如何戕害民眾，使得底層漁民因為漁獲減少必須遠赴外地打拼。尤為重要的是全篇題目「放生」，除了透過田車仔的飛翔以象徵自由，也暗示了解嚴的可貴，讓出獄的主角文通得以重返家園，繼續為鄉土奮鬥。

從這樣的書寫，我們不難發現在前期作品中，黃春明仍然有強烈的社會意識叩合著時代脈動，此期的寫作精神，基本上仍延續他自 1970 年代以來的社會關懷與批判。

〈放生〉發表之後，「老人系列」的寫作又被擱到一旁去，要直到 1998 年才重新拾起這題材。1980 年代的黃春明為什麼不持續把這主題寫完？主要原因，我想他還是掙扎於「社會改革實務」與「寫小說」之間。

與〈放生〉的主角文通相似，黃春明在 1990 年代初期做了一個重大決

〔註36〕李瑞騰，《放生·序》（台北市：聯合文學，1999 年），頁 7。
〔註37〕同前註，頁 6。
〔註38〕《放生》，頁 91。

定,他返回家鄉為宜蘭縣主編本土語言教材（1992）、又成立「吉祥巷工作室」、創設「黃大魚兒童劇團」（1994），實際投身於在地「社區總體營造宣導」及社造規劃（1995～1997），這些非凡成就皆足以見證黃春明的意志與實踐力。然而,原訂的小說寫作計畫,也不得不在這層考慮下,退居其次了。〔註39〕

至於《放生》這本集子後期（1998～1999）的書寫,則可以〈死去活來〉（1998）與〈最後一隻鳳鳥〉（1999）作為代表。一個值得關注的現象是,黃春明從 1980 年代以來的老人題材持續發酵著,到了 1990 年代中期,黃春明開始出現了一種對於時間的焦慮感,寫作老人如何對時間絕望的感受。〔註40〕在這兩篇作品中,很殘酷地是以等待後事為主題,而其敘事觀點,不再是以老邁雙親等待壯年的子女返家,相反地,黃春明開始以人子身份去摹寫老邁的母親。

〈死去活來〉當中的粉娘高齡 89 歲,小說中兩次從彌留狀態中迴光返照、死而復生,卻對從各地趕回等待辦理後世的子孫輩,造成了尷尬與麻煩。這是一篇情節極簡約的小說〔註41〕,卻表現出黃春明慧點的絕望與反諷。當然,這邊的母親粉娘,不只是代表鄉間的老人,也可以象徵美好的鄉土記憶與鄉土書寫。

〔註39〕這段期間關注於兒童教育,也創作了不少兒童文學教材,原來擅長的老人主題只能退居其次。黃春明自述:「到七〇年代末,台灣的經濟離陸起飛了,農村的剩餘勞力,四五百萬人開始都向都市做國內的移民,社會結構開始變化,價值觀、文化的秩序亂起來。窮過來的人,初次嘗到物質的感官享受,一頭就栽進去了。小說人口被聲光的電視搶走了,一部分的小說評介也隨波逐流了,不然就是不知所云。我早就對小說寫作感到無力感。……到七〇年代台灣,小說沒地位了,大眾化（不等於庸俗化）的傳統,被一些學者專家否定了。所以我就轉而去拍電視的記錄片影集『芬芳寶島』。」（〈羅東來的文學青春〉,《中國時報・人間副刊》,1994 年 1 月 6 日）

〔註40〕因此會有〈沒有時刻的月臺〉、〈有一隻懷錶〉這些散文作品的出現。〈沒有時刻的月臺〉據黃春明所述,是在 1995 年 11 月赴日本採訪有感,而後發表於 2005 年 9 月 19 日《自由時報》,當然從「有感觸」到「發表」還是有距離的。

〔註41〕1999 年,面對蔡詩萍詢問「回過頭去看您在七〇年代的小說創作,您認為有什麼缺點,在今日重新創作是否能有更多的超越？」黃春明答覆:「……年輕時的創作彷彿泉湧,一氣呵成的感覺很好,那正是生命力的表現。不過,當時的創作中個人的感性較多,不似年紀大了,懂得將情感收斂壓制,且不煽情,多留給讀者一些想像的空間。」（〈空氣中的哀愁〉,《放生》,頁 244）

　　至於〈最後一隻鳳鳥〉，則是一篇具有歷史隱喻的家族故事，涉及複雜的身世與認同。93 歲的吳黃鳳罹患了失智症（或「後半生遺忘症」），一心想返回記憶中的茅仔寮。然而，老太太也在無意中透露了過去的家族恩怨——敘事者吳新義的父親吳全，原來是被繼父花天房給下藥毒死的，因此把吳黃鳳自吳新義身邊奪走，卻又不珍惜她。然而，吳新義面對這段醜惡的過去，並不銜恨記仇，他選擇放下恩怨，與異父同母的弟弟國雄和解。這篇小說的結局儘管仍是絕望（吳黃鳳的離家迷失、做為老太太隱喻之鳳鳥風箏的消失），卻透露出一種對於生命的寬容與釋懷（做為吳新義隱喻之無敵鐵金剛風箏，原本因為「無敵劍」太過沉重而與鳳鳥風箏糾纏在一起，墜落於河裡；經過修改之後，拿掉了「無敵劍」的風箏，可以輕巧而高穩地飛翔於天際）。

　　值得玩味的是，同樣是「尋母」的主題，從年少時的〈男人與小刀〉，到晚近的〈最後一隻鳳鳥〉，黃春明雖然同樣寫「迷失」與「找尋」、同樣寫麻雀風箏的墜落或高颺，當初以「小刀」自剖自憐的感傷男孩，卻蛻變為「放下無敵劍」〔註 42〕的勇毅長者，讀者可以看到在這些書寫當中的「自我完成」。

　　此外，八、九〇年代的老人系列，顯然跟 1974 年〈屋頂上的番茄樹〉提及「整個夏天打赤膊的祖母、喜歡吃死雞炒薑酒的姨婆，福蘭社子弟班的鼓手紅鼻獅仔，還有很多很多，都是一些我還沒寫過的人物。……想到這裡，看看我桌子上的稿紙。一邊心裡想，就寫了他們吧。一邊又告訴自己說，這是以後想寫的長篇《龍眼的季節》裡的情節。」題材上頗見相似，雖然同樣是以鄉土人物為題材，但是「老人系列」之發想，其初原帶有社會意識而作〔註43〕，而根據近期黃春明接受彭蕙仙的專訪文，《龍眼的季節》或許將偏

〔註42〕楊照說他「有一個觀念一直沒有改變：還是把文學看得很大，把社會、國家看得很大，把所有的東西都背在個人身上」。黃春明也自承：「你說的那種使命感或包袱，我的確感到自己一直到現在也還不能放掉。」（魏可風整理，〈作家、時代、本土——黃春明ＶＳ楊照〉，《聯合文學》，第 10 卷第 5 期，1994年 3 月，頁 174）

〔註43〕黃春明在《放生》的自序中說：「小說在文學裡面也是多元的文類，它可以放在藝術的範疇裡面去欣賞，放在社會裡面去看時代，放在文化裡面去看人的價值，它可以放在等等等裡面、或者統統涵蓋，《放生》這本集子，它多少也糅雜了多元性的東西在裡面。可是，我想清楚的表示，我要為這一代被留在鄉間的老年人做見證。」（《放生》，頁 16）

向於個人生命史之層面。

七、結　語

老實說，這整篇論文根本是無中生有，最主要還是從一位讀者的立場，期待看到黃春明《龍眼的季節》及早面世。儘管拉拉雜雜，然則行文至此，依理該要做個結語。

或許不妨從黃春明的一首小詩說起，2005 年 3 月 21 日發表於《自由時報》副刊的〈圓與直的對話〉：

在宇宙間，圓與直偶然在一處切點交會。

直輕視圓說：

「縱然一圈是百年千年，你還是在那裡繞圈子。」

「我有一個圓心，也叫作中心的東西啊。」

「什麼圓心中心不中心的，在宇宙中只有無限的前頭。」

「無限的前頭是什麼？」圓問。

「永恆啊！這你也不懂。」

「你看看四周的星星，那些星座。」

「是啊，她們始終在那裡繞圈子。」

圓突然叫起來：

「看！十點的方向。」

「是一顆流星。」直淡淡的說。

「看他飛得多快，一直向前頭……」

直線一離開切點就沒聽清楚圓跟他說了什麼。

他心裡頭嘲笑著圓：

「這個圓，連流星也要大驚小怪。」

今日我們召開研討會、出版論文集專刊來論析黃春明的書寫成就，大致上也可以看到他生命裡，關於圓形與直線的圖式。

所謂「直線」，筆者以為是他未曾停歇的向前「腳步」、在旅程中追尋與踐行的奮勇意志，即使文學書寫上，黃春明的創作也總能令人耳目一新，不斷探究更深刻的題材與形式。

至於「圓形」呢？我們看到黃春明的創作核心，最初是由「母親」的主題開始，目前似乎又將以母親做為一個總結。以此為「中心」，這個圓形圖式

向外推一層，則是對於羅東、宜蘭的鄉土關懷；若再向外推，則是他對於社會議題、未來教育與善良人性的關心。

時光不曾停滯，「流星」終將是短暫的燦爛，童年時期望向天際尋找母親的黃春明，從他作品中所編綴出的家園及宇宙，卻總能引領讀者墜入對於「無限」、「永恆」的浩瀚沉思。

八、重要參考文獻

（一）作者單篇

1. 黃春明，〈清道伕的兒子〉，《救國團團務通訊》，第 63 期，1956 年 12 月 20 日。

2. 黃春明，〈胖姑姑〉，《聯合報》，1963 年 2 月 26 日。

3. 黃春明，〈男人與小刀〉，《幼獅文藝》，1965 年 1 月。標題未經作者同意被改為「他與小刀」），後又刊於《臺灣文藝》，1966 年 4 月第 11 期。

4. 黃春明，〈跟著腳走〉，《文學季刊》，第 1 期，1966 年 10 月。

5. 黃春明，〈屋頂上的番茄樹〉，《中國時報》，1974 年 8 月 6 日。

6. 黃春明，〈羅東來的文學青年〉，《中國時報》，1994 年 1 月 6 日。

7. 黃春明，〈巨人的眼淚〉，《聯合報》，2007 年 6 月 20 日。

（二）作者選集

1. 黃春明，《鑼》，臺北：遠景出版社，1979 年 3 月。

2. 黃春明，《我愛瑪莉》，臺北：遠景出版社，1979 年 3 月。

3. 黃春明，《等待一朵花的名字》（臺北：皇冠出版社），1989 年 7 月。

4. 黃春明，《放生》（臺北：聯合文學），1999 年 10 月。

5. 黃春明，《沒有時刻的月臺》（臺北：聯合文學），2009 年 5 月。

6. 黃春明，《大便老師》（臺北：聯合文學），2009 年 5 月。

（三）作者訪談

1. 黃春明演講、許正平記錄整理，〈等待龍眼的季節——黃春明的文學生活〉，《聯合報》，2007 年 8 月 25 日。

2. 黃春明，〈黃春明給台灣孩子的一席話〉，劉梓潔紀錄整理，《中國時報》，

2007 年 9 月 3 日。

3. 黃春明，〈聽者有意——「黃春明作品集」總序〉，《聯合報》，2009 年 5 月 14 日。

4. 黃春明，〈在龍眼樹上哭泣的小孩〉，《聯合報》，2010 年 8 月 31 日。

5. 黃春明，〈黃春明：我要專心寫小說〉，彭蕙仙專訪，《台灣光華雜誌》，2015 年 6 月 15 日。

（四）期刊

1. 彭瑞金，〈我不愛瑪莉——試論黃春明的變調〉，《前衛叢刊》，第 2 期，1978 年 10 月，頁 114～122。

2. 呂正惠，〈黃春明的困境——鄉下人到城市以後怎麼辦？〉，《文星》，第 100 期（1986 年 10 月），頁 133～138。

3. 魏可風整理，〈作家、時代、本土——黃春明 VS 楊照〉，《聯合文學》，第 10 卷第 5 期，1994 年 3 月，頁 171～181。

4. 國家文化藝術基金會編，《國家文化藝術基金會會訊》第 10 期（臺北：國家文化藝術基金會，1998 年 10 月）。

5. 梁竣瓘，〈黃春明《放生》〉，《1999 年臺灣文學年鑑》，《文訊雜誌》，第 180 期（2000 年 10 月），頁 35～36。

6. 梁竣瓘，〈他不只是一個鄉土作家——「新世紀再讀黃春明」研討會側記〉，《文訊雜誌》，2001 年 5 月號（2001 年 5 月），頁 61～64。

（五）研討會論文集

1. Rosemary Haddon，〈拉皮條與順從：黃春明小說中被出賣的身體〉，《文化、認同、社會變遷：戰後五十年臺灣文學國際學術研討會論文集》，何寄澎主編（臺北：行政院文化建設委員會，2000 年 6 月），頁 423～461。

2. 梅家玲，〈孤兒？孽子？野孩子？：戰後臺灣小說中的父子家國及其裂變〉，何寄澎主編，《文化、認同、社會變遷：戰後五十年臺灣文學國際學術研討會論文集》（臺北：行政院文化建設委員會，2000 年 6 月），頁 248～260。

（六）學位論文

1. 劉早琴，《原鄉、北進、回溯——黃春明小說研究》，東吳大學中國文學研究所碩士論文，2000 年 5 月。

（七）專　著

1. 劉春城，《黃春明前傳》（臺北：圓神出版社），1987 年 6 月。

神話編織與拆解
——從〈望春風〉文本衍異談起

提　要

　　〈望春風〉歌謠具有象徵台灣性的神聖意義，深入民心。本論文分為幾個層次釐清：首先以 1933 年的歌謠為基礎，試圖拼湊出李臨秋當初的書寫情境，說明他作品中的抒情、通俗與商業性。其次，從商業性進而衍論他在 1937～1938 年的兩個戲劇改編版本，說明文本如何因消費而大眾化，從而為大眾消費需求所改寫。再者，文中說明〈望春風〉如何受到先期作者、進口電影、或當代社會事件的影響；介紹〈望春風〉文本如何回應後期社會與時代的脈動。論文最後主張，我們可以透過仔細剖析，認知躲藏於文本當中的複雜歷史性，從而有機會解構「神性」，不再輕易受外在影響，能夠真正樹立起自己的詮釋。

關鍵詞：望春風、李臨秋、神話學

一、前　言

　　筆者近期因為協助新北市文化局調查五股守讓堂相關文史資料，偶然間觸及日治時期蔚為流行的本土歌謠〈望春風〉（1933），與後來改編的同名電影（1937），對於〈望春風〉幾十年來不同文本的互涉與改寫現象，深感興趣。

　　1933 年，25 歲的李臨秋將〈望春風〉的歌詞交給 27 歲的鄧雨賢譜曲，兩個二十幾歲的青年，首度合作就造成轟動，傳唱迄今，儼然成為代表臺灣

這片土地的民族歌謠。例如葉啟田著名的閩南歌謠〈故鄉〉（1991）云：

> 有幾間厝　用磚仔砌　看起來普通普通
> 時常出現　我的夢中　彼就是我的故鄉
> 住一群人　真正善良　面上攏帶著笑容
> 安分守己　士農工商　彼就是我的故鄉
> 暗時呀廟口聽大人澎風　叔公講日本時代他尚界勇
> 姨婆唱著〈望春風〉　彼就是我的故鄉……

即是以〈望春風〉作為故鄉的指標記憶。又如 2000 年，一項由台北市政府與聯合報主辦，超過 220,000 人參與的《歌謠百年台灣》活動中，〈望春風〉獲得最受歡迎老歌的第一名〔註1〕。而 2007 年由國家文化總會所舉辦「臺灣之歌」的票選活動中，〈望春風〉又獲選為歷史上的「十大臺灣之歌」，及「日治時期最具代表性」的台語歌曲〔註2〕。

　　此外，如長榮航空公司以〈望春風〉作為航班抵台時的歡迎歌曲，引發旅客歸鄉的強烈情感〔註3〕。以及近期廖克發導演解釋他為什麼拍攝跟〈望春風〉有關的電影《睏眠》（2018）時說：「我在網路上看到一個台灣流浪人的日記，他去東歐背包旅遊好久，也不想家，就想離開台灣去走走。有一天他走到東歐的一個廣場，在廣場上有街頭藝人，他在演奏音樂，突然開始演奏〈望春風〉，那個台灣人平時也不想家，可是聽見〈望春風〉的時候就哭了，他不知道為什麼他哭。我看到這篇『心得』的時候，我很有感覺，想拍這樣的故事。」〔註4〕

　　這篇小文章想探尋的是：看似直觀感人的〈望春風〉，這首歌謠能夠上綱至國族象徵的神話意義，是否文本從一開始即具備如此深刻的意蘊？或者其實是經由什麼樣的過程逐步建構出其「神性」？我們有沒有可能、抑或該不該，把文本中的神話加以解構〔註5〕？

〔註1〕《聯合報》，2000 年 10 月 23 日，第 29 版，〈望春風〉以 22520 票拔得頭籌。
〔註2〕參照國家文化總會網站 http://www.ncatw.org.tw/portal/PortalHome.asp（2010.9.30）及黃信彰《李臨秋與望春風的年代》（臺北：北市文獻會，2009），頁 76。
〔註3〕「聽到傳統民謠《望春風》的音樂及台語廣播，旅客哽咽地說，這是台灣的航空公司！現任長榮航空服勤本部教官胡曉君回憶在首航班機內服務的情景，心情仍相當激動。」（中時電子報，2011 年 5 月 8 日）http://news.chinatimes.com/focus/11050101/112011050800100.html
〔註4〕https://www.twreporter.org/a/interview-director-ten-years-taiwan
〔註5〕「神話學（Mythology）」用來描述個別且奧秘的編碼象徵或象徵性敘事系

二、李臨秋〈望春風〉最初文本（1933）的完成

　　本論文想要指出李臨秋〈望春風〉如何受到之前文本的影響而創作，日後又如何受到其他文本的改寫，而形成我們今日對於此一文本的認知／感受。這裡所使用的「文本（Text）」定義，不妨參考羅蘭‧巴特（Roland Barthes，1915～1980）的觀點：

1. 文本不同於傳統「作品」。文本純粹是語言創造活動的體驗。
2. 文本突破了體裁和習俗的窠臼，走到了理性和可讀性的邊緣。
3. 文本是對「能指」的放縱，沒有匯攏點，沒有收口，「所指」被一再後移。
4. 文本構築在無法追根尋源的、無從考據的文間引語，屬事用典，回聲和各種文化語彙之上。由此呈紛紜多義狀。它所呼喚的不是什麼真諦，而是拆碎。
5. 「作者」既不是文本的源頭，也不是文本的終極。他只能「造訪」文本。
6. 文本向讀者開放，由作為合作者和消費者的讀者驅動或創造。
7. 文本的指向是一種和烏托邦境界類似性快感的體驗。〔註6〕

雖然巴特認為文本構築在「無法追根尋源的、無從考據的文間引語，屬事用典，回聲和各種文化語彙之上。由此呈紛紜多義狀」，其說未必不然，但做為一篇研究論文，筆者還是希望能夠多少由零碎的文獻爬梳下，考察文本如何紛紜歧出的發展可能性〔註7〕。

統，……根據巴特的說法，文化批評家的任務是要替鑲嵌於活動和再現中，塑造與結構了日常生活的意義『解除神話』，顯示它們隱藏的階級和文化態度如何被『自然化』」。彼得‧布魯克（Peter Brooker）作，王志弘、李根芳譯，《文化理論詞彙》（臺北市：巨流，2003），頁260。

〔註6〕汪耀進〈羅蘭‧巴特和他的《戀人絮語》〉，《戀人絮語》（汪耀進、武佩榮譯，臺北市：桂冠，1991），頁15～16。

〔註7〕以德希達的觀點，「文本的線索無可避免會跨越單一文本界線而交織在一起，一切思想都經由文本再現。他的痕跡概念表達了這種運動。『這種交織是指文本唯有在其他文本的轉換中產生』誠如香賓（Roland A. Champagne）的評論，『文本總是一種刮除重寫，也就是說，被另一文本所部分覆蓋，而該另一文本也只是隱約可見』如此觀照下，文本性顯然包含了互文性關係，並且破壞了（但並未消除）一切傳統的（德希達會說『形上學的』）先存之物質世界，與其文本上的呼應或再現之間的區分。正是在這一點上，文本性及意義之文本建構的觀念，挑戰了前述那些學科。具體而論，這概念挑戰了受教於馬克

（一）〈望春風〉（1933）的創作

這首作品最早的寫成，是先由李臨秋作詞，鄧雨賢譜曲〔註8〕，由歌手純純所演唱。歌詞如下：

獨夜無伴守燈下／清風對面吹／十七八歲未出嫁／見著少年家

果然標緻面肉白／誰家人子弟／想要問伊驚呆勢／心內彈琵琶

思欲郎君作夫婿／意愛在心裡／等何時君來採／青春花當開

忽聽外頭有人來／開門該看覓／月老笑阮憨大獃／被風騙不知

〔註9〕

從歌詞來看，內容相當平淺通俗，寫出了一位女子想像她所愛慕的男子，對於她的相思有所回應的心情變化：包括孤單、愛慕、志忑、期盼與落空。

關於這首歌詞的意境發想，有些研究嘗試從「中國風」來解釋，例如莊永明說「筆者（莊永明）曾請教他（李臨秋）是在什麼情形下寫了〈望春風〉，他告訴我，元曲西廂記的詩句『隔牆花影動，疑是玉人來』激發他寫這首歌詞的靈感。」〔註10〕強調其用典出處。又如劉兆恩強調李臨秋的中國古典文學淵源：「李臨秋幼年雖然家境富裕，卻因家道中落而中斷學業，是以學歷只有公學校畢業，受日本教育的影響相當有限。然其勉力自修，更於當時同為作詞人的「歌人醫師」林清月處學習古典詩詞。林清月的生父鍾國棟乃清朝官吏，養父又是漢學私塾的老師，處於這樣的學習環境，其國學素養自是不凡。在林清月的帶領下，李臨秋終於得以一窺中國古典文學之堂奧。」〔註11〕

但是，莊永明所採訪的論點，後來卻受到李修鑑（李臨秋之子）反對，特別為文解釋：

……1977 年林二教授當年由美學成返台從事台語老歌重唱活動，與

思主義、女性主義或反種族歧視的政治思想傳統，這些傳統都致力於激進的變革，並認為構成阻礙的是社會與經濟狀況，而非僅是文本性或論述。」（彼得・布魯克 Peter Brooker 作，王志弘、李根芳譯，《文化理論詞彙》（臺北市：巨流，2003，頁 380～382）換句話說，政治思想、社會與經濟狀況，也可能滲透於文本建構及其詮釋。

〔註8〕據蕭恬媛，《鄧雨賢作品研究》（臺北：國立臺北師範學院國民教育研究所碩士論文，2003 年），鄧雨賢的作品幾乎都是先有詞、後有曲。

〔註9〕歌詞參考黃信彰《李臨秋與望春風的年代》（台北：北市文獻會，2009），頁72。

〔註10〕莊永明，《台灣歌謠追想曲》（台北：前衛出版社，2006 年 3 月），頁 90。

〔註11〕劉兆恩，〈古典文學的鎔鑄與創生─論李臨秋〈望春風〉的中國風〉，《問學集》，（19），2012，頁 87。

　　簡上仁先生陪同中國時報記者訪問先父時，曾問及「望春風」創作
靈感來源，該記者先生以自問自答的方式提及與「隔牆花影動，疑
是玉人來」情節隱隱相符。自以後「望春風」便與「西廂記」結了
不解之緣，一般人也道聽途說信以為真。其實這只是記者先生附和
風雅之辭，「望春風」的創作靈感與「西廂記」毫無關係。

　　其實「望春風」的創作與我家近淡水河，淡水河黃昏時誘人的美景，
父親由少年成長至青年的社會文化、生活環境皆有重大關連。父親
成長時期，正值台灣社會文化劇烈變動時代。一次世界大戰後，全
世界充滿「自由、民主、平等」思潮。1921 年，在中國有「胡適」
等人倡導「五四運動」，提倡白話文、打倒孔家店；在台灣則由蔣渭
水、林獻堂等成立「台灣文化協會」，從事台灣新文化運動，整個社
會瀰漫著「自由、民主、平等」的前衛思潮。父親時值年輕時期，
特別容易受到感受到前衛思潮的脈動，加上居家環境的情趣感染，
淡水河河面晚霞日落美景，觀音山倒影，河邊青年男女「人行黃昏
後」攜手河畔散步美景，催生了「望春風」。「西廂記」所描述的「隔
牆花～～～」是封建社會，女權不受尊重情境下的描述，不等同於「望
春風」所描繪的女性在感情生活的取捨，擁有自我追求的主權。兩
者創作背景截然不同，豈可混為一談。〔註12〕

根據李修鑑的解釋，其父創作〈望春風〉實與《西廂記》無關，而應該從台灣
新文化運動的前衛思潮說其源頭。又特別指出兩個文本之不同處，在於《西
廂記》寫的是女權不受尊重的封建社會，無法等同〈望春風〉所描繪女性「擁
有自我追求的主權」。附帶說明的，則是此一前衛思潮的啟發，也受到居家環
境淡水日落美景的情趣感染。

　　綜上，這兩種解釋的路向，或者可以說「文本的文化淵源」，截然不同，
孰是孰非？頗值留意。

　　至於李臨秋自己有沒有解釋呢？1975 年，高齡 67 歲且中風不便的李臨
秋，曾經親手謄寫〈望春風〉的歌詞，並寫出當初創作的靈感來源與影響：

　　此歌為 1933 年春余散步於淡水河畔遠眺觀音山所作之詞也。十七
八歲的少女對青春的禮讚，正如那山那水，豈可計量。我被羞恥壓

〔註12〕李修鑑，〈我的父親李臨秋〉，2010 年 10 月 29 日，大同大學通識教育中心，
　　　　《第肆屆俗文學與通識教育學術研討會論文初稿彙編》。

抑，只能靜靜地暗中在心裡，藉此思春之苦歌，向世上男子表白。
此歌經向日本古倫比亞唱片公司臺灣營業部栢野氏提出後，被採用
供灌製唱片發行。其後亦寫出甚多電影主題曲或流行曲之歌詞，風
靡於東南亞。〔註13〕

不過，如從這段文字來看，確實沒有淵源自《西廂記》的典故說明，又「我被
羞恥壓抑，只能靜靜地暗中在心裡，藉此思春之苦歌，向世上男子表白」的
婉轉心聲，與其說向世人表白，倒不如說是女子的自嘲，很難稱得上有鮮明
的女權意識。至於歌詞裡所寫的場景（孤燈、房中），也似乎與「淡水河畔遠
眺觀音山」未必相關。筆者以為，李臨秋所說的「十七八歲的少女對青春的
禮讚」，倒是可能在前面兩種詮釋方向之外，另開出一條關於青春流行的主題
方向。

（二）從敘事到抒情

事實上，〈望春風〉並不是李臨秋最早的詞作。我們如果根據 1933 年初
古倫美亞公司所發行曲盤編號，可發現李氏搭配蘇桐為電影所填詞之〈懺悔
的歌〉與〈倡門賢母的歌〉，才算是他真正出道之作。那麼，在〈望春風〉之
前，李臨秋是否表現出「中國風」或《西廂記》的書寫特徵？或是受到台灣新
文化運動思潮影響，反映女權自主的意識呢？不妨看看這兩首歌詞〔註14〕：

〈懺悔的歌〉

懺洗前非來歸正 / 去暗投明是正經 /

人無墜落呆環境 / 不知何路是光明

前甘後苦戀愛路 / 千万不可做糊塗 /

若有尪婿咱都好 / 一馬兩鞍起風波

後悔莫及是梅氏 / 臨渴掘井有較遲 /

牡丹當開糖蜜甜 / 花落無人相看見

悔悟回鄉尋尪婿 / 不幸尪婿在墓內 /

自知有過入佛界 / 今生無望花再開

〔註13〕李臨秋〈望春風〉手稿，1975 年 6 月。本件歌詞及手稿文獻，係目前已知李
臨秋生前最後一次親筆撰寫之文獻；由於李氏在 1963 年因腦部微血管破裂
導致中風，稿件中字體頗見斜曲。本段文字以日文撰寫，中譯文由蔣智揚先
生翻譯。（黃信彰，〈李臨秋創作濫觴及〈望春風〉版本研究〉，頁 7）

〔註14〕黃信彰，〈李臨秋創作濫觴及〈望春風〉版本研究〉，頁 4。

〈倡門賢母的歌〉

倡妓賣笑面歡喜 / 哀怨在內心傷悲 /

妙英為子來所致 / 寡婦墜落煙花坑

門風不顧做犧牲 / 望子將來能光明 /

投入嫖院雖不正 / 家庭義務是正經

賢明模範蓋世稀 / 出生入死為子兒 /

可惜小鳳無曉理 / 反責她母做不是

母心愛子是天性 / 艱難受苦損自身 /

教子有方人可敬 / 倡門賢母李妙英

〈懺悔的歌〉主要是為香港默片〈懺悔〉〔註15〕（1925）編寫的歌詞，至於〈倡門賢母的歌〉，則是為上海默片〈倡門賢母〉〔註16〕（1930）所寫歌詞，兩首歌同樣是為了電影在台播映時的宣傳所需。

單從歌詞形式與內容來看，誠如黃信彰說法：「以詞作型態論之，此二曲均為 7 字 16 句共 112 字規模，每 4 句為一行，各行內句尾末字相互成韻，毫無例外；據此演唱，符合曲盤錄製長度（約三分多鐘）之需求，而此長度也成為日後流行歌曲不成文的因循規範。以詞義內容論之，整首歌詞均為標準敘事語調，詞人以說故事方式理出電影劇情概要，聽完歌曲，也大致瞭解了影片梗概，顯見斯時臺語流行歌尚未脫離傳統臺語民間戲曲與歌謠之影響。」〔註17〕這邊值得說明的有幾點：

1. 兩首歌詞都採 7 字 4 句為段落（換韻），接近傳統詩詞或戲曲詞調的做法〔註18〕；

〔註15〕《懺悔》是 1925 年上映的香港默片，講述一名富家少婦，受拆白黨誘惑，紅杏出牆，背夫棄子，捲席潛逃。卒而金盡床頭，窮途落魄，紅顏老去，秋扇見捐，不幸復羅法網，慘遭冤獄。幸而最終水落石出，苦盡甘來。因此看破紅塵，削髮為尼姑，進入佛寺隱居，懺悔前非。https://zh.wikipedia.org/wiki/%E6%87%BA%E6%82%94_(1925%E5%B9%B4%E9%9B%BB%E5%BD%B1)

〔註16〕《倡門賢母》是 1930 年播映的上海默片，由程步高執導，宣景琳、夏佩珍等主演。影片講述了李妙英為撫養女兒出賣肉體受盡了凌辱，女兒得知母親出賣肉體不諒解為自己而犧牲的母親，反而埋怨母親自甘墮落離家出走。https://www.itsfun.com.tw/%E5%80%A1%E9%96%80%E8%B3%A2%E6%AF%8D/wiki-4583275-2495845

〔註17〕黃信彰，〈李臨秋創作濫觴及〈望春風〉版本研究〉，頁 4～5。

〔註18〕當時古倫美亞公司會找演唱歌仔戲的歌手純純（劉清香）來演唱「流行歌」，

2. 這種作法，亦見於詹天馬 1932 風行一時的電影流行歌詞〈桃花泣血記〉〔註19〕；

3. 歌詞中強烈的敘事鋪陳，主要是為了行銷電影，係繼承自 1930 年代默劇電影中辯士慣用的說故事功能，所以劇情的倫常道理與人生波瀾幾乎佔據了詞作的全部意旨，未能表達李氏稍後大放異彩的情愛刻畫能力。

4. 關於「曲盤錄製長度」的考慮，顯然是李臨秋與詹天馬〈桃花泣血記〉不同之處，前引李氏〈懺悔的歌〉與〈倡門賢母的歌〉，都只有四小段（每段4句7字），可在三分多鐘唱完，得以完整錄製於唱片單面；但詹氏〈桃花泣血記〉卻有十到十二個段子，需要分半錄製於唱盤的正反面〔註20〕。可見此類以電影情節敘事為主的歌曲，到李臨秋參與此類商業詞曲創作時，整體形式上仍未穩定。電影情節並不是到了李臨秋時突然變得簡單，而是他因應唱盤錄製上的條件、或是消費市場的需求，做了一個改變，這種改變可以說使得歌謠的戲劇性減低，轉為更容易記憶與傳唱。

仔細思考，〈望春風〉與〈懺悔的歌〉、〈倡門賢母的歌〉二作之不同，主要也在於商業需求的不同；李臨秋同年發表的這三首作品，後二者需依附於電影而創作或行銷，所以內容上主要在敘事，到了〈望春風〉，則似乎擺脫了外加的敘事框架，能夠以抒情方式說出個人式的愛情體會，風格上顯得較為小品清新。

除了歌詞篇幅日趨短小，為了流行市場的消費需求，古倫美亞公司顯然

可以看到當時台灣的消費需求或習慣型式，主要還在於傳統戲曲。

〔註19〕《桃花泣血記》，是 1931 上映的香港默片，由卜萬蒼導演，阮玲玉與金焰主演。描述青梅竹馬的富家子德恩和村姑琳姑，由於當時社會的保守及封建禮教的束縛，相愛卻不能成婚，最後琳姑早逝。1932 年台灣進口播映此片，由詹天馬與王雲峰創作詞曲，原唱純純，該曲被許多學者認為是目前已知台灣最早的現代商業性流行歌曲。黃信彰指出，1933 年李臨秋由於甫受古倫美亞公司委以重任，創作過程顯然格外小心，除了歌詞的長度縮短近半外，幾乎完全依循著前輩詹天馬等人的風格而作，黃信彰，〈李臨秋創作濫觴及〈望春風〉版本研究〉，頁4～5。

〔註20〕〈桃花泣血記〉整首歌需要近 8 分鐘來收錄，其它某些歌曲甚至需要更長的收錄時間。例如〈雪梅思君〉或〈愛玉自嘆〉，約需 15 分鐘才可將整首歌曲完全收錄，等於 1 張 10 吋的 78 轉唱片的雙面只能完整收錄一首桃花泣血記；2 張 10 吋 78 轉唱片共需 4 面，才可以完整收錄〈雪梅思君〉或〈愛玉自嘆〉。詳林太崴，〈日治時期臺語流行歌的商業操作——以古倫美亞及勝利唱片公司為例〉，《台灣音樂研究》，第 8 期，2009 年 4 月，頁 94。

也強調歌詞的「淺顯易懂」，例如 1933 年擔任該公司文藝部長的陳君玉說：

> 他（柏野〔註21〕）知道，要在台灣擴大唱片的銷路，非灌製台語片
> 不可。……初期曾委託過舊詩人作詞，可是所作來的詞，把它唸給
> 公司裏的職員聽，不但都聽不懂，給他們讀亦不能十分明白。原因
> 是太深了，不是舊學有素的人是不懂的。……因此他不得不另換了
> 方向，在老詩人以外，去發見他所需要的作詞家，條件是不要深奧
> 的描寫，只要淺顯易懂的就可以。〔註22〕

這種通俗性的市場特徵，確實具見於李臨秋的創作中，不妨參考李修鑑所親
耳聽聞的庭訓：

> 先父創作涵蓋社會各層面，但他曾告訴我，他是為眾多中下階層人
> 們寫歌，不為達官貴人賦詞而行錦上添花阿諛之舉。台語歌就像路
> 邊攤上的拿手菜，貨真價實，童叟無欺；不像廟堂上所謂典雅之作，
> 曲高和寡，演員比觀眾多。他的作品以「三分雅、七分俗」為主體，
> 既能表達台語之美感，又能兼顧一般社會大眾的接受程度，是典型
> 的常民文學作品。
>
> 當先父完成創作初稿後，隔天必定唸給不識字的妻子與母親聽以聽
> 取她們的意見，直到她們瞭解歌詞所要表達的意境才算完稿。父親
> 常告訴我，若是連不識字的都聽得懂你所寫的歌詞，那麼識字的必
> 然懂。這也許就是先父作品廣受台灣社會大眾喜愛的原因。〔註23〕

從引文可留心，李臨秋想把創作讀給不識字的妻子與母親聽，這多麼接近
於劇場裡轉譯默劇或日語影片情節的辯士？至於說台語的美感，並不偏重
於雅或俗，而是主張「三分雅、七分俗」，能兼顧中下階層的常民需求，筆
者相信這不純粹是個人的文學信念，更反映出 1930 年代流行市場的消費需

〔註21〕關於「臺灣古倫美亞」的負責人，紀錄片《Viva Tonal 跳舞時代》裡的古倫美
亞的員工及李坤城或是過去的研究皆提到是「柏野」，事實上從通知書可証實
並非「柏野」，而是「栢野」（Kayano），全名為栢野正次郎。根據葉龍彥及李
坤城指出，「臺灣古倫美亞」在出張所的時代的負責人原本是岡本樫太郎，
1925 年才由岡本的妹夫「栢野」承辦。（劉麟玉，〈從選曲通知書看臺灣古倫
美亞唱片公司與日本蓄音器商會之間的訊息傳遞——兼談戰爭期的唱片發
行（1930s～1940s）〉，《民俗曲藝》，第 182 期，頁 67～68）

〔註22〕陳君玉，〈日據時期臺語流行歌概略〉，《台北文物》4 卷 2 期，1955 年 8 月，
頁 23～24。

〔註23〕李修鑑，〈我的父親——李臨秋〉，頁 5。

求〔註24〕。

三、李臨秋兩部〈望春風〉（1937～1938）的改編

前面說過，〈望春風〉大受歡迎，對於李臨秋而言，可能是因為這首曲子能夠擺脫了依附於電影的敘事格套。但有趣的是，從消費邏輯來看，這首曲子既然流行了，不妨可以來個同名電影，看看能夠怎麼行銷電影，創造更多的消費？於是就有了 1937 年吳錫洋、李臨秋等人的自製電影。

泰山望族守讓堂吳愚家族四房次男吳錫洋（1917～1990），自小獲外公（大稻埕著名茶商陳天來）家族疼愛有加，而李臨秋（1909～1979）母親陳扁，其娘家也來自於陳天來家族，因此吳錫洋與李臨秋從小無話不談、惺惺相惜。

1933 年李臨秋與鄧雨賢詞曲合作，完成古倫美亞唱機唱片公司膾炙人口的歌謠〈望春風〉。1935 年陳天來等人為配合舉辦日本領臺四十週年臺灣博覽會，耗資十萬日圓興建了「第一劇場」，1936 年，吳錫洋代理舅舅陳清汾（陳天來四男）為陳氏家族「第一映畫公司」之公司代表。1937 年，吳錫洋集資成立「第一映畫製作所」，拍攝臺灣人第一部有聲電影《望春風》；1938 年 1 月 15 日於永樂座首映，叫好叫座，轟動一時〔註25〕。

〔註24〕李政亮指出台灣自 1920 年代以來時興的左翼思想：「在日本媒介迅速資本化與大眾化的過程當中，台灣的文化空間也直接受到影響。例如 1920 年代末期，前述的古倫美亞（即哥倫比亞）也在台灣進行本土化的經營，聘用台灣本土的作詞作曲家進行本地流行歌曲的生產。此外，隨著 1920 年代中期以來日本本土與台灣之間郵便航空次數的增加等因素，日本本土的報紙開始進入台灣；另一方面，也隨台灣讀者大眾的出現，標榜為台灣人發聲的《台灣新民報》開始面臨強烈的市場競爭，連載小說的出現成為《台灣新民報》爭取讀者的方式之一，而連載小說也孕育了日治時期最受歡迎的通俗小說《可愛的仇人》。另外，一個作為運動所嘗試召喚的『大眾』也同時出現。其一是以階級為軸線所嘗試動員的『大眾』，例如深受日本『全日本無產藝術聯盟』（簡稱『納普』NAP）影響，力倡與群眾結合的普羅文學者。其二則是 1930 年代鄉土文學論爭當中，無論是台灣語文派或是中國白話文支持派，其背後的企圖則是嘗試進行『文藝大眾化』。」（李政亮，〈日治時期台灣人的電影實踐——通俗空間下的《望春風》與《可愛的仇人》〉，行政院文化建設委員會，《國家認同之文化論述學術研討會會議論文》，2006 年 6 月 11 日，頁 2）這邊應該說明的是：「文藝大眾化」的通俗思潮，未必是個別作家自己能夠創造的概念，可以說是台灣社會受世界新變所召喚出來的回應。

〔註25〕《望春風》電影在上映之後，迅速引起轟動，如同當時署名 C.K.B（1938：256）的影評所說的：「三等座席賣 30 錢對大稻埕之戲院而言，可說不算便宜

電影票房與暢銷歌曲的流行，本來為一回事。李政亮指出此期台灣「電影實踐」，有「資本化」與「大眾化」的現象，摘要說明如下〔註26〕：

1. 1920 年代末期美國有聲電影出現，意味著電影技術與觀看形式的重大變革，日本也開始出現「電影的立體化」現象，結合三種元素：以大眾文學為題材、電影呈現、再加上主題曲。

2. 當時台灣文壇，一方面受日本「全日本無產藝術聯盟」影響，力倡與群眾結合的普羅文學；另一方面則是 1930 年代鄉土文學論爭嘗試進行的「文藝大眾化」。

3. 據詹天馬說，始於 1924 年廈門引進的上海電影，至 1936 年止，進口電影多達 630 多部。

4. 1920 年代末期台灣流行音樂生產機制的建立，與古倫美亞公司社長栢野正次郎進行本土化經營策略有密切關係，1930 年代有許多流行歌曲是用以介紹電影內容行銷之用。

至於吳錫洋成立「第一映畫製作所」，曾經聲明其申請宗旨為：「以往我們在台灣拍攝出一些關於本島之風俗、習慣、人情等之電影。那些都是受不熟悉本島之內地諸製作所託的成果。……所以從今以後我們希望原作、導演、演員、攝影等均仰賴本島自己全力以赴，努力描繪與我們生息相關的台灣，以充實內外電影之不足。」〔註27〕

其說誠然，電影《望春風》在日治時期很重要的特色是，參與此片演出的不再是被社會視為下流的藝旦或非主流的藝人，而是刻意邀請了中上層社會名流演出。除了曾演出教育片《嗚呼芝山巖》（1936）的演員陳寶珠擔

的入場券。然而上映首日觀賞的人數幾乎把永樂座擠破，可見台灣電影是多麼受到期待。」（李政亮，〈日治時期台灣人的電影實踐——通俗空間下的《望春風》與《可愛的仇人》〉，頁 11）

〔註26〕李政亮，〈日治時期台灣人的電影實踐——通俗空間下的《望春風》與《可愛的仇人》〉，頁 1～16。

〔註27〕吳錫洋著，張昌彥譯：〈台灣第一製片所成立聲明書〉，收錄於張昌彥、李道明主編《紀錄台灣：台灣紀錄片研究書目與文獻選集（上）》（台北：財團法人國家電影資料館，2000 年），頁 195。吳錫洋等強調本土化的意志，也見於當日的宣傳，如〈風月報〉「劇場消息」記載曰：「臺北市吳錫洋氏，籌創臺灣第一映畫製作所，被推為所長，經牌新劇一齣，名為『望春風』，乃全發聲，現正攝影製片。……務使此臺灣鄉土映畫，有聲有色，十分光彩。夫風俗、習慣、人情，本島自有特殊者。鄉土攝影、鄉土製片，乃能實而不虛。」（〈風月報〉，1937 年 7 月 20 日）

任女主角外，男主角則是新竹出身的撞球好手彭楷棟（當時是世界有名的撞球選手山田浩二的門生），以及客串演出的大稻埕名醫兼臺灣基督教青年會的會長李天來、神戶女學校畢業的板橋林家姑娘林玉淑，以及東京大學法政系出身、曾在日本「新興電影」擔任演員的臺中清水望族蔡家的公子蔡槐墀等。〔註28〕至於這些社會名流的參與演出，當然會為此片帶來更多的社會資源與主流社群的關心。〔註29〕此外，電影編劇鄭得福為大稻埕富商後代，與吳錫洋家世背景相似〔註30〕，至於李臨秋，除共同編寫電影台詞〔註31〕，更參與了演出。

　　《望春風》電影的故事梗概為故事主人翁清德，與故事女主角之一的秋月情投意合，欲結伴終生。不過，視財如命的秋月繼母，卻從中阻撓。清德於是負笈東瀛求學。不過，此時的秋月，因父親遭逢不測，精神異常，於是住院療養。龐大的醫藥費迫使秋月只好賣身台北。清德返台之後，任職大東會社。於大東會社十五週年慶園遊會，青樓女子也在邀請之列，清德與秋月偶然相逢。不過，此時清德已深獲大東會社社長的青睞，有意將其女惠美與之結為連理。惠美在得知清德與秋月的舊情後，臥病在床，而其母輝子夫人則勸慰惠美：我日本女性之精神，不該奪人所愛，應有成人之美。不過，秋月為了清德前途，仍絕意離開清德。清德不解，大嘆女性無情。某月夜慘澹之際，秋月臥軌自殺未果，病床中的秋月，臨終希望清德與惠美結為夫婦。故事結尾則在清德與惠美的結合當中，悠然唱起〈望春風〉；而終告人世的秋月，最後亦加入這首歌的吟唱。〔註32〕

〔註28〕詳李道明，〈永樂座與日殖時期臺灣電影的發展〉，《東西脈絡中的早期台灣電影：方法學與比較框架國際研討會》論文，2014年。

〔註29〕李道明認為，從1919大稻埕仕紳興建戲院，直到1939吳錫洋退出永樂座的經營，20年間見證了日治時期經營臺灣電影產業的興衰與發展脈絡，顯示戲院娛樂由有錢有閒階級的傳統京劇與票戲，轉向具有現代思想的新劇，再轉向婦孺與中下階級的需求，出處同前。

〔註30〕鄭得福，《台灣官紳年鑑》（1934年10月8日，頁75）說他資產為「巨萬之富」。其父鄭萬鎰主持順成商行，經營炭礦、米穀、及土地出租業，鄭、吳兩家都是大稻埕的顯赫富商，鄭得福之女鄭麗玉又與吳錫洋的弟弟吳錫祿結婚。

〔註31〕依據呂訴上的記載，他同時參與了片中角色的演出，更與村貞美共同擔任全片演員臺詞的編寫，日後並有個人的電影劇本創作，足見其多樣的文字創作能力。（呂訴上，《臺灣電影戲劇史》，臺北：銀華出版部，1961年9月，頁12）

〔註32〕李政亮，〈日治時期台灣人的電影實踐——通俗空間下的《望春風》與《可愛

　　雖然電影情節如此悲情，前面提過，這部電影一直拖到了 1938 年 1 月 15 日於永樂座播映，可是根據康尹貞於大阪國立民族學博物館的訪查，發現該館竟保留有古倫美亞於 1937 年 6 月所發行的 4 片《望春風》曲盤，這套標為「新歌劇」的作品，編劇為李臨秋，作曲為古倫美亞文藝部，推出時間可說和電影劇本創作幾乎同時，但兩者情節全然不同，新歌劇版本故事為富家女和小提琴師的戀情。〔註33〕其分場情節如下：

分場	形　　式	情　　節
第 1 場	1.開場漢樂器演奏 2. 女主角唱〈望春風〉 第 1 段：「獨夜無伴」 3. 進入對白	女主角（名不詳）之父某晚喝酒醉醺醺回家；女怨嘆父親每日在外晃到三更半夜才回來，卻不准女兒晚上出門半步，感到此身之不自由。
第 2 場	1. 漢樂器演奏 2. 女主角唱一曲 3. 進入對白 4. 男女對唱 5. 對白繼續 6. 對白結束，西樂器演奏 7. 女主角唱一曲結束本場	女主角當晚作噩夢，隔日醒來後身體不適，女僕素蘭為其去請一位小提琴師前來拉琴安慰。樂師名清俊，平時在跳舞場拉琴。清俊常常前來，二人愛苗漸生。
第 3 場	1. 演奏華爾滋圓舞曲 2. 女主角唱〈自由船〉 3. 進入對白 4. 插入西樂器演奏背景音樂，對白繼續 5. 女主角插唱一曲 6. 對白繼續 7. 對白結束，演奏音樂，女主角唱〈望春風〉第 2 段：「想欲郎君」結束全劇	某日二人正在一起時，素蘭前來報知女主角父已將女主角許配與南北油行老闆。清俊誤以為女主角因愛錢而與他人結婚，女主角要清俊別誤會，並提議兩人一起去向父親說明。女主角向父親表明非清俊不嫁，父親便告訴清俊，等他有成功的事業後便將女兒嫁給他。清俊於是決定離開到外地打拚，女主角許諾不論十年八年一定等到清俊成功回鄉。清俊離去，女主角難忍不捨的淚水，在素蘭安慰下，期待清俊早日成功回來。

的仇人》〉，頁 11。另據 1937 年 7 月 20 日《風月報》，有刊載此劇駢文版情節「梗概」，可一併參看。

〔註33〕康尹貞，〈新劇、新歌劇、文化劇、文化歌劇──古倫美亞曲盤所反映的日治時期現代戲劇形式與主題〉，《戲劇學刊》（臺北：國立臺北藝術大學戲劇學院），第 26 期，2017 年，頁 21～58。古倫美亞曲盤在銷售時會附上歌詞卡，這些歌詞卡並不只有歌詞，人物對白也俱全，其實就是劇本的形式。

針對李臨秋此一曲盤版本，茲根據康文稍作摘要：

1. 大約從 1920 年代文化劇問世，以戲劇鼓吹自由戀愛便成為此後的潮流，此點已為人熟知。……而《望春風》的女主角在一開場埋怨：「阮爹的人，自己到三更暝半，暝時半步都毋予阮出門，這個不自由的身軀，不知著繼續到佇當時咧？」女性這種對於自由的呼喚，並不見於傳統戲曲，而在現代戲劇中則成為劇中人迫切的需求。之後女主角與男主角清俊展開戀情時，中間曾插入女主角詠唱〈自由船〉一曲，其中所展現的愉悅情緒，顯示感情方面的順遂滿足和擁有自由空間是一體的兩面。（頁 39）

2. 現代資本主義社會「金錢至上」的價值觀較往昔農業社會更加強烈，金錢已成為影響個人抉擇和命運的重大因素，程度超越了傳統的倫理教條。因此情感與金錢的衝突、對抗是這些戲不約而同喜愛強調的主題。……《望春風》則是重視金錢的父親也以此為標準來安排女兒婚事，即女僕素蘭所說：「大頭家自己主張金錢，將你也做是金錢的主意。你的親事乎，欲配南北油行的頭家了！」（頁 41）

3. 這些戲的戀愛觀採取了較為折衷的態度，不算保守，但也非革命性。雖有諷刺或批判，但也多半較為溫和含蓄。這或許是因為古倫美亞所製作為大眾娛樂的商品，採取的姿態較貼近大眾心理，意欲讓多數人能接受；這和當時志在以戲劇啟蒙大眾，觀念跑在大眾前面欲指引進步方向的劇作家自然不同。然而這並不表示古倫美亞作品流露的思想較「啟蒙派」、「革命派」平庸，由以上所舉之例可知，李臨秋、陳君玉、周添旺、蔡德音、吳得貴等幾位作家對於自由戀愛的反思是多方面的，也指出了：當一種革命性觀念引進社會之後，化為個人實踐時和既有環境可能會產生種種衝突。而劇作家並無意為大眾寫下解決的答案。志在啟蒙的劇作家的氣質與姿態較屬領導者，而這幾位作家則較屬觀察者。若說傳統戲曲所流露的思想屬於忠孝節義的傳統道德教化，這幾位作家所展現者自然是新的、現代的，所關切者為現代社會男女戀愛所產生的種種問題，但比之欲在思想方面與傳統衝撞的劇作家，這些作家則是試圖在傳統與現代觀念之間折衷。（頁 44）

如果從曲盤劇情及其台詞來看，確實李臨秋在 1937 年的劇作中，嘗試去討論女權不平等、自由戀愛的主題。此外，相較於鄭得福版本的悲劇情節，李臨秋仍保留了未來戀情的希望。誠如康尹貞所評論，李臨秋的社會關切無

意於激烈衝撞體制，採取態度是比較貼近「大眾的」、折衷的方式。

此外，如從 1933 年以來的三個〈望春風〉版本來看，雖然作品名稱一樣，但內容可說是天差地遠，吟唱〈望春風〉流行歌曲的，可能是夕照河畔的感觸、可能是苦命自盡的青樓女子秋月，也可能是愛上了小提琴老師許諾等待的富家女孩。作品內容的主體差異，表現出商業消費的多元可能。

四、文本之前的文本

即以戲劇而言，1937 年的曲盤版《望春風》，實際上與 1933 年的歌曲沒有太大的關係，只是在三場次的場景安排中，於第一場以〈望春風〉歌謠前半段開場，於第三場以〈望春風〉歌謠的後半段結束全劇。換言之，在此類「新歌劇〔註 34〕」曲盤中，早已流行市面的主題曲，於此係用以召喚觀眾的記憶與關心，主要還是作為促進消費之用。

正因為有商業消費的需求，類似故事結構會在不同電影或新歌劇曲盤中重複出現，這邊可以舉例說明，如李臨秋 1935 年 4 月所寫的新歌劇《二重春》〔註 35〕：

分場	形　　式	情　　節
第 1 場	1. 開場西樂器演奏 2. 男女主角對唱一曲 3. 進入對白 4. 對白結束，演奏配樂	妹妹月娥與姊夫福全談戀愛，被姊月嬌發現，月嬌向婆婆投訴，婆婆責罵福全。

〔註34〕康尹貞說：「進一步追溯源頭，發現『歌劇』這個名詞，其實流露強烈的現代化現象，而且和日本淵源相當深，換言之，顯然是一種殖民現代性的呈現。西方 opera 於 1890 年代中期傳入日本，或直接音譯為片假名『オペラ』，或意譯為漢字『歌劇』，其意義及內涵也發生改變，所指已非嚴格定義之西方古典音樂中之 opera，而可泛指各類以音樂、演唱為主要因素的戲劇或綜藝表演。……從日治時期的報刊可知，當時歌仔戲、客家戲劇團已普遍使用『歌劇團』為名，筆者以為當是受此影響無疑。另一方面，從歌仔戲之特色觀察，亦可能看到少女歌劇團之影響。如：以女性演員為重，女小生為全劇之靈魂人物。雖然歌仔戲在諸多方面學習京劇，但這點特徵其實和京劇相去頗遠，而和日本的少女歌劇團頗為類似。」（〈新劇、新歌劇、文化劇、文化歌劇——古倫美亞曲盤所反映的日治時期現代戲劇形式與主題〉，頁 27）可以察覺文類上的既舊又新，並以女性為敘事主體。雖然如此，應該指出的是，這類作品中歌與劇的內容，關係並不大。換了一個情節完全不同的故事，其表現形式仍舊可以成立。

〔註35〕同前註，頁 52。

	5. 男主角與女配角（月嬌）對唱一曲，結束本場	
第2場	1. 演奏背景音樂 2. 男女主角對唱一曲 3. 進入對白 4. 對白結束，演奏配樂 5. 男女主角對唱一曲結束全劇	月娥與福全打算殉情，月嬌趕到阻止，為了解決三角關係自己投河而死。福全悔恨，打算追隨其後，福全母趕到攔下。月娥見月嬌為己犧牲亦深感悔恨。月娥幫忙辦理完月嬌喪事後，本要離開，福全挽留，月娥向福全母表示願代替月嬌孝養其終身。福全母與姊妹之父都同意，於是福全再娶月娥。

　　描寫三角戀情、女主角自盡以退讓的情節，其實與1938年電影版的《望春風》頗為相似；又如1938年1月陳君玉所寫的新歌劇《不落花》〔註36〕，第一場情節為「企業家邱台英之女素欣和常出入其家的兄長友人俊傑發生戀情。但邱父嫌棄俊傑出身貧寒，不准二人婚事，素欣因此到運河邊欲尋短，俊傑即時追到運河邊挽回。素欣認為父親無法溝通，俊傑便決定二人一同私奔往別的都市生活。」寫自由戀愛與社會階級的衝突，故事內容也與李臨秋1937的曲盤《望春風》極為雷同，如此故事題材，更可以追溯到1931年賣座的香港電影《桃花泣血記》。這些商業作品不宜與強調獨創性個人性的菁英文學相提並論，即此可見一斑。

　　或許，也可以換個觀點思考，其實是消費的讀者／社會在創造這些文本，而李臨秋與陳君玉等人，在市場機制中比較像是代筆的供應商。因此，當時也有很多由社會事件所改寫的新歌劇作品，例如《運河奇案》、《蓮英托夢》、《河妹慘史》都取材自真實的社會新聞。《運河奇案》是以臺南為背景的知名殉情故事，1937年日警東方孝義〈臺灣習俗・台灣の演劇〉（臺灣習俗・臺灣的演劇）即記載了《臺南運河奇案》的本事。〔註37〕這些涉及

〔註36〕〈新劇、新歌劇、文化劇、文化歌劇——古倫美亞曲盤所反映的日治時期現代戲劇形式與主題〉，頁56。

〔註37〕同前註，頁32。大正15年（1926年）台南運河完工後，許多男女因為感情問題投河自殺。根據昭和七年（1932年）的《台南新報》和《台灣日日新報》，當年是台南運河「情死」事件的高峰期，不分日本內地人或台灣人，男女投河「情死」的事件層出不窮，台南警察署甚至新設派出所，並在運河邊設立「地藏王菩薩」坐鎮，但是仍無法遏止「情死」的風潮。1930年代出現以「台南運河奇案」為題的歌仔戲，內容大致上是女主角「陳金快」出身貧寒，幼年時因為遺失財物，怕回家之後被責打，在運河邊痛哭，吳皆義路過，慷慨解囊，隨即離去。金快長大後在新町成為紅牌藝妓，卻巧遇了來尋歡作樂的吳先生，兩人想起當年，立刻私定終身，因環境所不許，兩人最後跳河殉情。二次大戰後

自由戀愛〔註38〕、階級差異、投河殉情的社會事件，也就很自然地滲透進劇作家的文本中，與消費讀者互相詮釋，成為文本前的文本。

五、文本之後的文本

在李臨秋電影《望春風》獲得初步票房成功之後，此文本又因社會需求與政治的變動，歷經不少改寫。以下試以年代分期說明。

（一）1938 軍歌版本

前面說過，文本詮釋社會，社會也回過頭來改寫文本，此一現象自然無可避免會受到政治波及。

1910 年代蓄音器與曲盤唱片傳入台灣，1920 年代為宣揚社會運動理想、凝聚抗日意識等，所創寫之相關運動歌曲，皆成台灣創作歌曲蓬勃發展之基石。如 1920 年間，謝星樓所撰之〈臺灣議會設置請願歌〉，是台灣第一首社會運動歌曲，其中倡導自由平等，希望設置議會的請願與對日本殖民政府的抗議，均可見當時之社會脈動與民風訴求。台灣人所創作的歌曲，包括社會運動歌曲、或台語流行歌曲等，於 1930 年代達至鼎盛，堪為台語流行歌曲的第一個黃金時期（1932～1939），此時約值日本殖民統治中期，也可稱台灣民間力最蓬勃時期，亦即印證了流行歌曲的發展軌跡貼近著廣大社會，更是庶民生活的真實寫照。

1936 年，台灣總督府發佈「台灣蓄音機取締規則」，管理監督臺灣進口唱片，若審定為「妨害治安、傷風敗俗」之作品，則禁止販賣與公開歌唱，此一禁令與當時日本逐漸朝軍國擴張主義相關，並於皇民化時期禁止漢文使用，

的 1950 年代，有以此題材改編的電影「運河殉情記」和「運河奇緣」。

〔註38〕自由戀愛在過渡社會是具有現代性的重大話題，施慶安說：「《民報》發表關於自由戀愛的疾呼，反對運命戀愛，鼓吹戀愛為『至高無上道德』，剖析自由戀愛的真諦為『人道的正宗』，也有針對將複雜戀愛隱涉加罪於自由戀愛的惡用批評。凡此種種都是鼓吹觀念改革的『現代性』，運命戀愛造成不幸福的婚姻，而人應該要掌握選擇自己未來婚姻的權利，思圖改變舊有的模式。由此看來，選擇上的自由與理性，是現代性的表徵之一，具體表現則在終身大事的決定或是開放男女公開交遊等。這股追求自由戀愛的風氣在臺灣社會中獲得許多迴響，例如此時臺語流行歌曲的產量中，便以『情歌』為主要部份，可見得流行歌曲的創作確實必須符合市場需要，而『男女情愛』的現象也是時代趨勢。」（施慶安，〈陳君玉與日治時期臺灣的流行音樂〉，《政大史粹》，第 14 期，2008 年，頁 59～60）

甚至將台語歌曲改編成軍國主義歌曲，藉以鼓吹戰爭與皇民化。由於政府箝制，台灣創作流行歌又漸趨邁向沉寂。〔註39〕

至此，為收軍事動員之效，李臨秋風行一時的抒情版〈望春風〉，也被越路詩郎於 1938 年改寫為明朗輕快的軍歌版〈大地在召喚〉，其歌詞曰：

亞細亞に狂ふ風もいつしか止みて仰ぐ陽に

五色の旗も照り映えて青空高くひるがへる

果てなき大地萌え出づる吾等の力今見よと

綠の野邊に鍬とればうれしや土もほゝえみぬ

伸び行く國の若人と生れし甲斐にこのかろだ

御國に捧げいざ行かん大地は招く氣は勇む

在亞細亞狂吹的冬風已停止了仰望的太陽

五色旗照耀著在高高的藍天上飄揚著

一望無際的大地萌芽現在看我們的力量！

在綠色的原野拿起鋤頭很開心的土地也微笑起來

出生在正在成長的國家的年輕人之意義

將這個身體奉獻給國家大地在召喚勇氣振奮〔註40〕

即是希望藉由台灣社會熟悉的旋律，把政府想要倡導的軍事動員政令，以舊瓶裝新酒的方式灌輸行銷〔註41〕。

（二）1957 電影歌仔戲

戰後，國內復於 1950 年代時興起「電影歌仔戲」，據陳飛寶的統計，1956～1960 是台灣地方戲曲片——歌仔戲曲片的黃金時期。這段時期，台灣共拍攝古裝歌仔戲曲片 54 部，佔全部台語片 208 部的 26%，平均每年十部多，所以在整個台語片中，歌仔戲曲片成為一個重要的片種〔註42〕。

〔註39〕請參考魏緗慈，〈日治時期「翻唱」歌曲現象研究——以李臨秋及其他作品為例〉，《大同大學通識教育年報》，第七期，（未編頁碼）。

〔註40〕魏緗慈，〈共調不共款——日治時期「外來曲台語詞」歌曲現象研究〉，《第肆屆俗文學與通識教育研討會》會議論文，2010 年 10 月 29 日，頁 14。

〔註41〕隨著中日戰爭爆發，日本政府對於電影製作的干涉日漸緊縮，吳錫洋與李臨秋於 1938 年製作了第二部影片《榮譽的軍夫》，只能自掏腰包配合政令拍成了配合皇民化運動的宣傳片，把鄧雨賢譜曲早已風行一時的〈雨夜花〉（1934），重新填上日文歌詞作為主題曲〈譽れの軍夫〉。

〔註42〕陳飛寶，《臺灣電影史話》（北京：中國電影出版社，1988 年），頁 93。

當時有一股風潮是利用台語歌曲、流行歌曲內容為題材，編成故事，如《雨夜花》、《河邊春風寒》、《夜來香》、《心酸酸》、《月夜愁》與《望你早歸》等等，皆是其例。〔註43〕而 1957 年聯昌影業公司與香港畢虎影業公司合作，所拍攝的《望春風》，正是此類歌仔戲電影。

這部電影之劇情，描述才子（鷺芬飾）上京趕考，在旅途中遇見盜匪洗劫財物，並因而受傷，所幸被雪琴（林燕燕飾）所救，並將其帶回妓院醫治，兩人情愫漸生，立下盟誓。才子為救佳人脫離妓院，決定進京求取功名為其贖身。而後，雪琴發現懷有身孕，茹苦含辛生下一子，卻被奸人陷害入冤獄十年。然狀元及第的才子衣錦還鄉後卻找不到雪琴，心灰之餘答應另娶她人。而被迫與子分離的雪琴，在牢中飽嘗骨肉分離之苦，傷心過度而失明。而雪琴子（杜玉琴飾）則留在妓院中，飽受老鴇虐待。雪琴終獲自由，救回其子，並開始尋夫。最後奸人自知法網恢恢，投河自盡，而夫妻誤會冰釋，重新團聚。〔註44〕

可見此歌仔戲電影雖名曰《望春風》，事實上與前面介紹過的《望春風》文本毫無相關，唯一關連可能在於片中也唱了〈望春風〉（1933）的歌謠。我們可以從當年的報紙廣告上，看出梗概。

（1957 年 2 月 21 日《台灣民聲日報》第 6 版）

以廣告單所揭示，有幾點頗值注意：

1. 載明「本省的流行歌曲 12 支，支支哀艷動人」、「流傳東南亞家喻戶曉，淒艷愛情歌唱大巨片」；

2. 演出陣容為：香港台語影后鷺芬、星洲首席艷后林燕燕、台灣美豔新星歐陽麗虹，與聞名全省「新臺灣劇團」全體演員；另註記「本市醉月樓名花小鳳小姐特別客串脫衣場面」；

〔註43〕同前註，頁 77～79。

〔註44〕張椀謹，《歌仔戲藝人杜玉琴演藝生涯研究》，國立政治大學中國文學系碩士論文，2010 年，頁 37。

3. 關於劇情宣傳：「偷窺少女脫衣？曲線畢露。名妓含冤十載！苦盡甘來。幼女慘遭酷刑！死去活來。鴇母心腸狠毒，骨肉分離。」

可以知道此片雖然標榜為民間戲曲電影，實則為遊走於情色尺度[註45]的胡撇仔戲，影片之採用《望春風》為名，與日本殖民政府改寫其為軍歌並無相異，同樣是以對於歌謠（1933）的熟悉記憶，轉換為娛樂消費的動機。而這個文本的情節，與前揭日治時期相關文本主題，看起來沒有相似性，倒是返回了傳統戲曲如《張協狀元》[註46]之類的情節。

附帶一提的是，1957 過年前上映的這部歌仔戲電影與李臨秋並無關係，根據同年《聯合報》的報導，李臨秋帶了女星小豔秋前往香港拍攝台語片：

> 小豔秋這次去香港，她本人方面並不十分願意，只是因她的舅父林
> 木發已和香港閩聲公司簽訂合同，答應她去香港拍片兩部，小豔秋
> 礙於舅父的面子，不得已答應去香港。而林木發為什麼要和閩聲簽
> 合同呢？那是受了李臨秋和日月園劇團的導演周文泉的勸說，而
> 李、周兩人是有他們自己的打算的，因為李臨秋認為他劇本寫得很
> 好，……隨小豔秋同去香港的李、周兩人，在香港到處碰壁，李的
> 劇本賣不出去，周也不能一展所長，失望之餘，覺得香港「淘金夢」
> 醒了，同時他們著實被香港人諷刺一番，連帶小豔秋也受了不少閒
> 氣。[註47]

[註45] 此片相關報導，當時頗刻意側重在這一方面，以作為宣傳。例如 1957 年 1 月 8 日《台灣民聲日報》4 版的報導為「在農教電影公司開拍中的『望春風』一片，日前特聘醉月樓酒女小鳳拍攝仙女脫衣的一幕。素來被譽為心臟最強而有『瑪麗蓮夢露』型之肉感的特色，而被選中的小鳳小姐，想不到一臨場時，因她被強力電光照射下，周圍有數十人的工作人員圍看，要脫的時候怕羞不脫，害得導演大喊數次的『卡迷拉』，花了不少的膠片，聽說此悲劇片很成功，將來觀眾可能人人流淚的。」

[註46] 《張協狀元》編撰於南宋，作者不詳，收錄於明代《永樂大典》中，是現存最早的南戲劇本。張協上京應舉，在五雞山遇強盜受傷，投宿古廟，幸得貧女相留，在廟中結為夫婦。婚後張協仍上京應試，得中狀元。樞密使王德用的女兒勝花想招他為婿，張協拒絕，勝花鬱鬱而亡。貧女知道張協中了狀元，上京尋他，誰知張協翻臉不認，貧女只好回到五雞山。後來張協到梓州上任，途中經過五雞山，適逢貧女，張協拔劍將她刺傷。幸貧女被人救活。後來，王德用也到梓州赴任，在五雞山古廟中認貧女為義女。王德用到梓州去，原是要當張協的頂頭上司，以報拒婚之怨的。當張協表示願意娶他的女兒時，王德用便把貧女嫁給他。

[註47] 1957 年 1 月 2 日《聯合報》3 版。

可惜這個階段的發展，未如李氏預期順利〔註48〕。

（三）1978電影版

又過了20年，就在李臨秋幾乎要被世人遺忘之際〔註49〕，1977年音樂家林二幸運地打聽到李臨秋的下落。4月16日林二帶領李臨秋上了中視「蓬萊仙島」節目，介紹由李臨秋作詞、林二作曲的新歌〈相思海〉〔註50〕。4月17日於《聯合報》發表了李氏三首詞作；4月27日說台視歌星吳秀珠將把李臨秋與林二合作的〈相思海〉灌成唱片。林二當時說：

> 台灣雖然沒有「黑奴」，但只要是中、小學生，大都會哼唱「老黑爵」、「蘇珊娜」，而且也多少知道這是美國的民歌。同樣的，我們這兒的小學生和「老阿媽」也多半會唱「望春風」和「雨夜花」，而且只要有中國留學生的地方〔註51〕，也多少可以聽到「望春風」的歌唱，可惜的是，「望春風」一直被認為是台灣民謠——也就是

〔註48〕根據《聯合報》的報導，1957年5月6日李臨秋主持的永樂影業社，與香港益成影業公司合作，由港方丁蘭、台方李玉娟聯合主演台語片《桃花鄉》，「前日在永樂戲院舉行開鏡典禮，在本市拍攝幾個外景後，即赴港拍內景及外景片中歌唱歌詞，多為台灣民謠，同時赴港者尚有民本廣播電台歌星紀露霞作幕後主唱。」1958年7月31日又報導他率領新星李綺，應香港益成影業公司之邀赴港拍片。1963年李臨秋不幸中風，直到1977年前不再有相關報導。

〔註49〕這二十年間仍有些〈望春風〉的相關報導，保留了對於歌謠的記憶。例如1969年9月26日《台灣民聲日報》4版說有某電影公司於台中市南夜舞廳拍攝《望春風》電影，例如1971年11月5日《台灣民聲日報》5版說中視新節目「寶島歌聲」，首集將介紹台灣民謠〈望春風〉，又幫這歌曲編了一劇，找了八位演員演出：「內容是敘述清朝末期一位名門閨秀，因為思慕一位僅有一面之緣的少年，經歷悲歡離合際遇，嚐盡酸甜苦辣滋味的經過。」1972年4月14日《台灣民聲日報》5版說中視「金曲獎」以〈望春風〉為主題曲。1972年10月26日《台灣民聲日報》5版報導歌星甄妮於華視音樂節目「晚安曲」中演唱〈望春風〉等等。

〔註50〕《聯合報》，1977年4月16日第3版。

〔註51〕林二（1934～2011）是李臨秋晚年重要的知音，他會刻意找尋〈望春風〉作者，至少有兩點是應該留意的：一是林二所以會成為世界知名音樂家，主要是因為他年輕時創作的《台灣七景》、《台灣組曲》，受到了時任美國總統顧問的約翰笙（Thor Johnson）青睞，認為「最有新生命的東方作曲代表」，並將林二的作品《臺灣組曲》及《繪畫的音樂》寄到美國出版，以美國國務院名義分贈世界各國演奏，日本海內外新聞稱他「開創音樂史上的新紀元」，所以林二留學以後更被鼓勵發展此種東方／民族曲風；二是林二原就讀台灣大學電機系，這個時期（1952～1968）台大是以〈望春風〉代替校歌。

作者不可考的歌曲。〔註52〕

> 提到李臨秋，相信非音樂界人士大概沒有人會認得他，音樂界人士我想也是十之八、九不知道他的大名；提到台語歌曲「望春風」，我確信只要是住在台灣的，可說是無人不知無人不曉，這兩件事有什麼關係呢？關係太大了！因為「望春風」的歌詞就是李臨秋所寫的，他雖然還寫了「四季謠」、「補破網」等歌詞，我想只要「望春風」一首，就夠他留名台灣的歌謠史了！

> 李臨秋的歌詞完全是順乎自然的創作，看來通俗讀來順口，我相信最苛刻的評論家也會承認他所寫的歌詞具有最直接性的表現能力，可是也就因為這樣，常常會被有些人認為他的作品低俗，尤其是看慣駢體文的人，如何能夠忍受他的「十七八歲未出嫁，看到少年家……」呢？〔註53〕

即特別標榜李氏〈望春風〉於台灣歌謠史上的地位。不過，林二此舉顯然仍遇到了一些政治上的批評聲浪，特別於報端發了幾篇文章解釋李臨秋〈補破網〉被列為禁歌之誤會〔註54〕。

該說是李臨秋的晚年幸運，或是時代的選擇〔註55〕，〈望春風〉既被輿論標舉為台灣民歌的象徵，中央電影公司也就順勢在1977年8月以〈望春風〉為名，邀請白鷹、嘉凌、楊麗花等影星主演，開拍新片。

至於此片的情節，根據報導：「是以二次世界大戰末期的台灣抗日活動為故事背景，描寫大陸情報人員和台灣同胞爆破日軍神風基地的轟烈壯舉。……該片攝製過程所動用的軍方資源，不論在人員和場面上，絕不亞於《英烈千秋》、《八百壯士》等同型影片。」〔註56〕而根據本人今（2020）年6月17日對於李修鑑先生的採訪，表示這部電影之劇本，當年也是他父親李臨秋所寫的。

因為中華民國在外交上的孤立，國內需要有民族精神的藝文旗幟，1978

〔註52〕《聯合報》，1978年1月30日第9版。

〔註53〕《聯合報》，1977年4月17日第9版。

〔註54〕《聯合報》1977年5月7日「補破網風波」、1977年9月10日「補破網、眼眶紅，失戀的寫照」、1979年2月15日「憶〈望春風〉作者李臨秋」等。

〔註55〕1970年代我國被迫退出聯合國、又逢1975蔣中正總統去世，政局飄搖、1976年底李雙澤發起「唱自己的歌」之主張。

〔註56〕《中國時報》，1977年11月21日，7版。

年《望春風》這部電影的完成，顯然也在提供這樣的（政治／消費）需求。有趣的地方在於，當林二帶著李臨秋上節目受採訪時，主要是想還給李氏一個「為失戀寫歌」的常民形象，然而其作品〈望春風〉終究不得不為政治服務，造成了文本與創作者的割離分裂。

（四）1979 黨外版

此外，政府能夠襲用的文本詮釋方式，反對陣營自然也能運用。例如邱垂貞原是在餐廳駐唱的民歌手，後來在臺北中山北路的「台灣小調」餐廳，認識了婦權運動者呂秀蓮，還有音樂教授林二〔註57〕。因理念接近，眾人鼓舞他返鄉為參選桃園縣長的許信良助選，而逐漸走進政治圈。

1977 年的桃園縣長選戰，許信良訴求「選舉不是件恐怖的事」、定調「歡樂氣氛」，在當時規範的選戰 10 天內，大打宣傳戰。當時有一首〈大家來選許信良〉大為流行，採用台灣民謠〈四季紅〉（當時稱為「四季春」）的譜，由淡江大學講師梁景峰填詞。透過進棚錄音、宣傳車放送，加上活動帶唱，讓這首歌大出風頭，最終許信良獲得勝選，黨外勢力大有斬獲。後來發展出「美麗島雜誌社」做為據點，匯聚成新政團。民歌手邱垂貞從呂秀蓮助選團開始，原負責活動帶唱的工作，而後被公推負責美麗島雜誌社的康樂節目。

1979 年 12 月 10 日高雄「人權之夜」遊行活動，現場情勢混亂，蘇治芬唱〈望你早歸〉、邱垂貞唱一段〈望春風〉，而後政府下令於現場公開演說、唱歌者一律被通緝，邱垂貞向警備總部投案後，被以「美麗島康樂幹事」的頭銜判刑 5 年。〔註58〕

因為黨外於遊行抗議活動的襲用，〈望春風〉此一歌謠文本，至此又被詮釋為可能具有顛覆政府的「本土」立場。

〔註57〕呂秀蓮曾討論林二的政治性立場：「當時已是舉國知名的電腦音樂家，他在1970 年代奔走整理本土歌謠，訪談創作前輩，曾號召組成『著作權人協會』，屢次出席黨外活動演奏小提琴；然而，他也參與過專門審查流行歌的『歌曲輔導小組』，還發起舉辦『閩南語愛國歌曲』演唱會，儼然是『愛國音樂家』。從政治光譜的兩端來看，林二教授活躍『黑白兩道』的歷史，實在耐人尋味。」（〈倚民謠而生——邱垂貞和他的社運歌曲〉，《聯合新聞網》，2019 年 8 月 10日）

〔註58〕此處參考呂秀蓮，〈倚民謠而生——邱垂貞和他的社運歌曲〉，同前註。

（五）兩部對岸影視版（1987、2007）

有趣的是，《望春風》除了政府拍攝電影希望激勵愛國情操、國內反對黨以歌謠號召本土意識以外，對岸也同樣想對此重要文本作出詮釋。

例如 1987 年北京電影製片廠的《望春風》。導演謝雨辰出生本省家庭，在台已是知名導演，1984 年經香港電影人潘耀坤牽線，舉家冒險歸化大陸，不只中共統戰部、文化部等高官親自接機，謝雨辰後來還當了三屆全國政協委員。北京電影製片廠讓他每年拍一部指標電影，《望春風》便是其中一部。〔註59〕劇情方面大致如下：

日美宣戰後，林晨輝停止了在日本的留學，返回自己的家鄉—臺灣。林同仁為歡迎兒子歸來，特意請來親朋好友一起慶賀。晨輝和未婚妻李秀蘭翩翩起舞，唱起臺灣民歌〈望春風〉。突然，保甲長帶著日本軍官闖進來，不容解釋就打。外甥衛國急忙點頭哈腰，日本軍官才離去。鞭炮齊響，晨輝和秀蘭正式訂婚了。人們為他倆祝福，只有衛國的笑臉上潛藏著陰影，原來衛國也愛慕秀蘭，幻想秀蘭做他的妻子。

衛國找到地痞侯君正，討來一著「高棋」。他們買通日本人抓晨輝去當兵，又假裝同情讓二人逃走。晨輝、秀蘭乘船剛走不遠，就被日本巡邏艇攔住，晨輝被抓走。衛國強迫秀蘭嫁給他，被斷然拒絕。侯君正霸佔了林家財產，林同仁一氣而死。管家阿勇伯也雙目失明。秀蘭被迫去「翠花樓」做女招待，在酒樓受盡凌辱，她憤怒之極紮死衛國。酒女阿花為掩護秀蘭逃跑，死於侯君正槍下。

晨輝被抓兵後派到菲律賓對美作戰。在一次戰鬥中，他身負重傷，幸虧土著老人和他女兒若男相救，才大難不死。日本兵要拉若男去軍營，晨輝和土著父女與日軍展開激戰，若男不幸死於日軍亂槍之中。夜晚，晨輝和土著老人炸掉日軍油庫，老人為掩護他撤離，與日軍同歸於盡。

晨輝終於回到家鄉，他決心報仇雪恨。侯君正在媽祖廟前看鄉劇。突然舞臺上出現的晨輝，他拔槍射出仇恨的子彈，台下人群大亂，侯君正在打手們的掩護下向外撤。晨輝雙槍齊發，打手一個個倒下去。侯君正跑進媽祖廟裡，晨輝追進廟內，終於結果了作惡多端的侯君正，為親人報了仇。

〔註59〕作者署名壁虎先生，〈《十年台灣》的議題敘事困境，以及〈望春風〉如何作為意識形態容器〉，《The Affairs 週刊編集》，第 19 期，2019 年 1 月 11 日。

夕陽落下，傳來〈望春風〉歌曲的口琴聲。秀蘭、李母二人扶著雙目失明的阿勇伯和林晨輝一起走來。昔日幸福美滿的家庭被拆散，那美好的一天何日才能到來？〔註60〕

這部影片情節上是以對於媚日、或勾串日本人，藉以加害自己同胞的兩位歹徒，施以報仇雪恨的故事。敘事不只發生於台灣本土，更一路延伸到菲律賓戰場，最後是對於美國日本皆敵對的孤軍奮戰，進而返台肅清內奸。電影最後，倖存的幾位主角走向海港，彷彿提供了一則渡海歸化的政治寓言。

除此片外，另有一部標榜由秦漢主演，由中華全國臺灣同胞聯誼會、中央新聞紀錄電影製片廠、杭州文化廣播電視集團、北京新陸地文化藝術中心等聯合攝製的電視劇《望春風》，此劇雖於 2007 年 9 月開拍，總計 42 集數，不過拍攝完畢後卻迄今未見播映。其劇情約為：

以日據時期臺灣為背景，描述了當時臺灣南水鎮上林家與顧家由名門望族走向衰敗的故事。林家老爺創辦的雲梯書院在日本人干涉下被迫關閉，其子林懷國從師範畢業後任教於學院，但也因日方干涉不堪壓力而選擇回鄉。顧家長子顧國忠自從做生意上了日本人的當後，立志要走實業救國之路。日寇德川貪圖婉瑩美貌而將其玷污，顧國忠為此殺死德川後自盡。林懷宗為照顧精神失常的婉瑩娶其為妻，但最終還是在日本人的迫害下，為救村民而獻出了自己寶貴的生命。〔註61〕

因為劇集未曾播映，難以說明此戲對於〈望春風〉文本有何闡述？若僅就原始故事框架來看，主要還在強調國族文化認同、反對殖民欺壓等議題。從文本改寫的議題來看，兩部作品頗有相近之處，故這裡放在一起討論。

（六）1997 流行歌曲

台灣出身、後定居加州的流行歌手陶喆，改編了〈望春風〉詞曲，這個作品很像是透過音樂與傳統經典對話〔註62〕。其歌詞為：

〔註60〕參考百度百科 https://baike.baidu.com/item/%E6%9C%9B%E6%98%A5%E9%A3%8E/3894003#1

〔註61〕參考百度百科 https://baike.baidu.com/item/%E6%9C%9B%E6%98%A5%E9%A3%8E/16023111

〔註62〕這首歌收錄於他 1997 年首張同名專輯《陶喆》，又例如 1999 年第二張專輯《I'm OK》所改編的〈夜來香〉（原作發表於 1944），也是類似作法。這種與經典對話的作法，也可能影響了後來的詞曲創作者，如徐佳瑩 2008 年〈我身騎白馬〉，即是與歌仔戲經典對話。

獨夜無伴守燈下	清風對面吹	十七八歲未出嫁	想到少年家
果然標緻面肉白	誰家人子弟	想要問伊驚歹勢	心內彈琵琶
誰說女人心難猜	欠個人來愛	花開當折直須摘	青春最可愛
自己買花自己戴	愛恨多自在	只為人生不重來	何不放開懷

歌詞分為兩段，第一段為傳統的羞澀情愛，第二段則為他詮釋的當代愛情觀，主張女性可以「放開懷」、「自己買花自己戴」、「愛恨自在」，具有現代女性的自主意識。

六、結　論

簡要言之，〈望春風〉無疑具有象徵台灣性的神聖意義，能夠不受時間淘洗遺忘，反而歷久彌新、深入民心。本論文主要想以〈望春風〉文本為例，嘗試操演羅蘭‧巴特所謂「文化批評家的任務是要替鑲嵌於活動和再現中，塑造與結構了日常生活的意義『解除神話』，顯示它們隱藏的階級和文化態度如何被『自然化』。」〔註63〕

論文中分為幾個層次來重新釐清：包括〈望春風〉文本之確立、以及日後不斷的「刮除重寫」與覆蓋。首先以 1933 年的歌謠為基礎，說明兩種詮釋方向的差異，從而試圖拼湊出李臨秋當初的書寫情境，說明他作品中的抒情、通俗與商業性。其次，從商業性進而衍論李臨秋在 1937～1938 年的兩個戲劇改編版本，說明文本如何因消費而大眾化，從而為大眾消費需求所改寫。

再者，從李臨秋的創作談「文本之前的文本」，說明〈望春風〉其實受到同期作者、進口電影、或社會事件的影響，背後有其具體的消費需求，因此商業作品不宜與講究獨創性的個人書寫相提並論，應該放到文化研究的社會情境下做觀察，庶幾近之。

介紹完李氏文本與前期／同期文本的互涉，論文繼之介紹李臨秋「文本之後的文本」，說明此一文本如何回應社會與時代的脈動，包括：二次世界大戰的軍事動員、五〇年代的市民情慾需求、七〇年代的身分認同危機與解嚴抗爭、八〇年代的兩岸議題、以及九〇年代的戀愛自主意識。

〈望春風〉的神聖性，對於當代的台灣聽眾而言，無疑是「自然化」而確實的現象。但我們可以透過文本互涉的追蹤、剖析，認知躲藏於文本當中

〔註63〕同註5。

的複雜歷史性，從而有機會解構想當然耳的「神性」，不再輕易受外在結構動員，而能真正樹立起自己的詮釋。

七、重要參考文獻

(一)專　書

1. 呂訴上，《臺灣電影戲劇史》，台北市：銀華出版部，1961 年 9 月。

2. 陳飛寶，《臺灣電影史話》，北京：中國電影出版社，1988 年。

3. 汪耀進、武佩榮譯，〈羅蘭・巴特和他的《戀人絮語》〉，《戀人絮語》，台北市：桂冠，1991 年 2 月。

4. 《台灣官紳年鑑》（1934 年刊本），台北市：成文出版社，1999 年 6 月。

5. 張昌彥、李道明主編，《紀錄台灣：台灣紀錄片研究書目與文獻選集（上）》，台北市：財團法人國家電影資料館，2000 年。

6. 彼得・布魯克（Peter Brooker）作，王志弘、李根芳譯，《文化理論詞彙》，台北市：巨流，2003 年 10 月。

7. 莊永明，《台灣歌謠追想曲》，台北市：前衛出版社，2006 年 3 月。

8. 黃信彰，《李臨秋與望春風的年代》，台北市：台北市文獻委員會，2009 年 4 月。

(二)學位論文

1. 蕭恬媛，《鄧雨賢作品研究》，台北市：國立臺北師範學院國民教育研究所碩士論文，2003 年。

2. 張椀謹，《歌仔戲藝人杜玉琴演藝生涯研究》，國立政治大學中國文學系碩士論文，2010 年。

(三)期刊與研討會論文

1. 陳君玉，〈日據時期臺語流行歌概略〉，《台北文物》，4 卷 2 期，1955 年 8 月，頁 22～30。

2. 李政亮，〈日治時期台灣人的電影實踐——通俗空間下的《望春風》與《可愛的仇人》〉，行政院文化建設委員會，《國家認同之文化論述學術研討會議論文》，2006 年 6 月 11 日，頁 1～16。

3. 施慶安，〈陳君玉與日治時期臺灣的流行音樂〉，《政大史粹》，第 14 期，

2008 年，頁 37～82。

4. 林太崴，〈日治時期臺語流行歌的商業操作──以古倫美亞及勝利唱片公司為例〉，《台灣音樂研究》，第 8 期，2009 年 4 月，頁 83～104。

5. 李修鑑，〈我的父親李臨秋〉，2010 年 10 月 29 日，大同大學通識教育中心，《第肆屆俗文學與通識教育學術研討會論文初稿彙編》，頁 1～13。

6. 魏緗慈，〈日治時期「翻唱」歌曲現象研究──以李臨秋及其他作品為例〉，《大同大學通識教育年報》，第七期，（未編頁碼）。

7. 魏緗慈，〈共調不共款──日治時期「外來曲台語詞」歌曲現象研究〉，《第肆屆俗文學與通識教育研討會》會議論文，2010 年 10 月 29 日，頁 1～24。

8. 劉兆恩，〈古典文學的鎔鑄與創生─論李臨秋〈望春風〉的中國風〉，《問學集》，第 19 期，2012 年，頁 79～91。

9. 劉麟玉，〈從選曲通知書看臺灣古倫美亞唱片公司與日本蓄音器商會之間的訊息傳遞──兼談戰爭期的唱片發行（1930s～1940s）〉，《民俗曲藝》，第 182 期，2013 年 12 月，頁 59～98。

10. 李道明，〈永樂座與日殖時期臺灣電影的發展〉，《東西脈絡中的早期台灣電影：方法學與比較框架國際研討會》論文，2014 年 4 月。

11. 康尹貞，〈新劇、新歌劇、文化劇、文化歌劇──古倫美亞曲盤所反映的日治時期現代戲劇形式與主題〉，《戲劇學刊》，台北市：國立臺北藝術大學戲劇學院，第 26 期，2017 年，頁 21～58。

12. 壁虎先生，〈《十年台灣》的議題敘事困境，以及〈望春風〉如何作為意識形態容器〉，《The Affairs 週刊編集》，第 19 期，2019 年 1 月 11 日。

（四）報　導

1. 呂秀蓮，〈倚民謠而生──邱垂貞和他的社運歌曲〉，《聯合新聞網》，2019 年 8 月 10 日。

周志文《黑暗咖啡廳的故事》研究

提　要

　　《黑暗咖啡廳的故事》這本小說集，是周志文教授近期（此書出版時已是 71 歲）書寫中比較特殊的作品，他利用小說體裁，表達個人對於社會、知識、命運及時代的深刻觀點，此書所收錄的十一篇作品，涉及內容駁雜豐富，其行文則使用了隱諱的「遮詮」手法，冷峻剖析台灣社會的功利頹唐、乃至於人性底層的疽腐陳瘡。「黑暗咖啡廳」取典自英國作家康拉德（Joseph Conrad，1857～1924）的代表作《黑暗之心（Heart of Darkness）》，深刻探討文明與人性的辨證；《黑暗咖啡廳的故事》亦然，內容不乏遊走於人類意識底層的本源性剖析、與對當代台灣社會的反省及質問。

關鍵字：周志文、黑暗咖啡廳

一、前　言

　　《黑暗咖啡廳的故事》是印刻文學於 2013 年 9 月出版的小說集，作者周志文，原籍浙江，1942 年生於湖南，1949 年底隨父母來台，成長於宜蘭縣羅東鎮。台灣大學中文系博士。大學教授，專長是明清學術史、明清文學、現代文學；亦是作家，寫作以散文、小說及評論為主[註1]。歷任《中

〔註 1〕周志文在訪談時曾說：「我在學院裡多半是講授思想史、學術史，但是我最有興趣的，是文學，是藝術，是詩。」（〈時間之水，記憶之刃——專訪周志文〉，馬翊航，《文訊》，329 期，2014 年 3 月 1 日，頁 44）

國時報》、《民生報》主筆，淡江大學、台灣大學教授，曾至捷克查理大學、荷蘭萊頓大學、北京師範大學、珠海聯合國際學院講學，退休後專事寫作。過去出版的文學作品有：《日昇之城》（圓神，1987）、《在我們的時代》（三民，1990）、《瞬間》（三民，1992）、《三個貝多芬》（九歌，1995）、《冷熱》（爾雅，1997）、《尋找光源：布拉格散步》（商訊文化，2003）、《布拉格黃金》（爾雅，2003）、《風從樹林走過》（爾雅，2007）、《時光倒影》（印刻，2007）、《第一次寒流》（大陸版，上海人民，2008）、《同學少年》（印刻，2009）、《記憶之塔》（印刻，2010）及《家族合照》（印刻，2011）等，其創作體裁涵括了小說、評論、攝影及散文。

　　由以上著作年表，可以得見周氏於 2007 年以來，有比較密集的書寫及出版計畫，其中尤以散文書寫的成績，令文壇矚目。作家朱天文曾經在《同學少年》的大陸版序文提及：「台灣《印刻文學生活志》的總編輯（案：即初安民）說，周志文的文章是十年來所見散文最好的（不是『最好的之一』，是『最好的』）。可為什麼我竟錯失沒看見？趕快找來看《同學少年》。才看不多，已覺得我真好比那位眼昏的漢元帝，《同學少年》是崑曲《昭君出塞》裡每看必叫我落淚的王昭君。年輕時我這樣寫：『那崑曲的笛子一吹起來，悲亢高遠，聞之此生也可以不要了。』」初安民與朱天文評論這些散文集時，認為周氏為近十年來台灣最好的散文作家，也為這位「幽人」〔註2〕長期未受文壇所注意，比喻如王昭君不被眼昏的漢元帝所看見、珍惜，深感委屈。

　　去年出版《黑暗咖啡廳的故事》這本小說集，是周志文教授近期書寫中比較特殊的作品，他利用小說體裁，表達個人對於台灣社會及時代的深刻觀點，此書所收錄的十一篇作品，涉及內容駁雜豐富，冷峻剖析台灣社會的功利頹唐、乃至於人性底層的疽腐陳瘡。書名「黑暗咖啡廳」係取典自英國作家康拉德（Joseph Conrad，1857～1924）的代表作《黑暗之心（Heart of Darkness）》，該書提出了對於文明本質與人性的辨證；《黑暗咖啡廳的故事》亦然，內容不乏遊走於人類意識底層的本源性剖析、與對當代台灣社會的深刻探問。

〔註2〕朱天文曾以「幽人」形容周志文，馬翊航說：「幽是幽暗，幽大概亦是深情。記憶吹起大風，唯有孤獨而深情者，能聽見時間的塵埃。」（〈時間之水，記憶之刃——專訪周志文〉，馬翊航，《文訊》，329 期，20140301，頁 49）

二、故事的貫串與散佚

讀《黑暗咖啡廳的故事》此書，讀者首先會關心的，或許是：這十一篇短篇小說有沒有什麼「一以貫之」的敘事脈絡？此外，小說裡的敘事觀點，如何表達作者對於事件的看法？

就前者而言，這本小說在形式上與一般讀者的習慣不同，在裡面的十一篇故事，沒有明顯可見的情節互相串連；因此，貫串了全書的，也許應是興寄的主題〔註3〕，在敘事結構上是別有關懷的。

在此書某些情節中，我們可以讀出一種熟悉的吉光片羽，因為小說裡的敘事者，與作為散文家的周志文，在想像或紀實上似乎可以疊合起來。例如〈兩個聽來的故事〉這一篇小說，此篇提及他（報社主編）曾聽朋友說過回鄉探親的經驗：朋友某年夏天帶著妻子從長沙坐火車到永州，途中遇到了三位乞丐「呼天搶地」來乞討，小說裡的先生一時心軟，正想從口袋裡掏錢，妻子卻警示先生應提防扒手，財不露白，乞丐注意到這對夫妻的反應，於是轉過臉孔對這位妻子說了「善惡終有報」的幾句話。在這篇小說的後面，又透過某位女性列車員的轉述，說了一個來自「無形的世界」的叫化子，同樣以「善惡終有報」的台詞，將「欺人太甚」的列車員與警察推落河底的情節。

〈兩個聽來的故事〉這篇小說雖然沒有進一步申論，但是以乘火車遇乞丐、或以「善惡終有報」作為一種哲學式的生命思考，卻經見於周志文的其他散文作品中，例如在《時光倒影·淪落》中，他曾提及有一年夏天與妻子從長沙乘硬座到永州「遇到三次乞討，都是呼天搶地式的。」〔註4〕又如在《家族合照·老兵唐桂元》中對於唐桂元問題的自省：

> 我當時不太能回答他，我只有婉轉告訴他，命運是不能只看當前的。
>
> 我說：你不是說過「不是不報，時候未到」嗎？前面還有兩句，是「善有善報，惡有惡報」，就是說你的善報現在還沒到，以後一定會到的呀。……
>
> 我到讀大學之後才開始讀《史記》，當我看到〈伯夷列傳〉裡面說：

〔註3〕周志文在這本書的〈後記〉說：「寫這類東西，……本來應該輕鬆視之的，但整理出來時，還是免不了有點寄託興感之念。」（周志文，《黑暗咖啡廳的故事》，新北市：印刻文學，2013年9月，頁270）

〔註4〕《時光倒影》，頁239。

「或曰：……天之報施善人，其何如哉？」才知道有關命運與施報的事並不是那麼簡單，這裡面夾纏著許多因果的糾葛，……就連中國最偉大的哲學家與史學家都懷疑的。我記得莎士比亞也藉王子哈姆雷特的口氣說過：

是存在還是消亡──問題的所在；

要不要衷心去接受猖狂的命運

橫施矢石，更顯得心情高貴呢，

還是面向洶湧的困擾去搏鬥，

用對抗把它們了結？

不論安於命運或者與命運相抗，都是英雄的困擾，尤其在生死得捨的關鍵時刻，這事情是沒人能解釋清楚的，凡人如我們，還是不要為此過慮吧。〔註5〕

可見，周志文其實是以「善惡終有報」此語，來作為一種命運（報應）與人性（善惡）的抽象概括。從這裡，讀者大致也可以窺見這十一篇故事，雖然從敘事觀點上看似互不相關，然全書確實有一個貫串終始的核心主題。

再者，就敘事者而言，這部小說僅給予主角一個簡單的身分說明〔註6〕，他作為一個旁觀者或轉述者而存在，然而此一旁觀者又傾向於散文的第一人稱，缺乏了一般小說或戲劇中對於敘事主角形象性格等的描述。例如，白先勇常會賦予敘事者一些扭曲的個性或描述，在周志文此書裡，比較接近於白先勇作法的，大概只有〈初戀情人〉一篇，該篇說明「被決定於基因裡的性格或命運」，然而莉莉畢竟還不是整篇小說裡的敘事者，因此讀者透過敘事者立場所參與的故事現場，毋寧是超然或抽離的。

這種常欲抽離於事件之外、或之上的「冷眼」，大概稱得上是周志文書寫特色之一。例如，張瑞芬曾經說：

《三個貝多芬》〈黑暗的角落〉曾具體點出，舞台其實是一個封閉且目盲的地方，表演者在強光中完全看不見觀眾，所有的藝術活動其實是在誤會之下進行的。台上台下兩種人生，因此一個藝術家終生都洄泳（或掙扎）在這種顛倒之中。作為一個創作者，時時回到黑

〔註5〕《家族合照》，頁213～214。

〔註6〕「大約三十年前，我在一個現已停刊的晚報上客串擔任藝術專刊的編輯。」，《黑暗咖啡廳的故事》，頁8。

暗的角落就觀察位置是必要的。〔註7〕

放下頭巾氣，周志文回顧自己身為大學教席，浩渺世間，知識仍
然有限，和一輩子不識字在菸廠當女工的母親「其實差別不大」；
……《同學少年》這本書因此不是建立在知識論或「我的朋友胡
適之」一類的思維之上的。你看他之前連在《風從樹林中走過》
寫師友也不是寫的臺靜農、鄭騫，而是張敬（清徽）。眾多有名者
中，寫了一個最寂寞的（身為上過張清徽老師生前最後數年課的
學生之一，誰能比我更理解）。〔註8〕

明確指出周氏在寫作「態度」上的疏離與寂寞，這種疏離的處世觀點，讓作
者自覺地放棄明亮舞台、或是大學教授的光環，提醒自己必須「時時回到黑
暗的角落」觀察。周志文在接受馬翊航訪談時，曾特別說到這個部份：

我盡量讓我的作品裡沒有自己，也許是一種逃避。……長期以來，
我有一種逃避的習慣，我害怕顯露自我。〔註9〕

不論是自覺地走下舞台俯窺世界，或是因為自己的害羞逃避，周志文小說中
的敘事者是一位到處採訪故事的記者，我們從他的眼中筆下聽聞這許多故事，
卻未必能夠簡單看清這位記者的面貌〔註10〕。

〔註7〕張瑞芬，〈貝多芬的後山童年——我讀周志文《同學少年》〉，《同學少年》，頁
9。
〔註8〕張瑞芬，〈貝多芬的後山童年——我讀周志文《同學少年》〉，《同學少年》，頁10。
〔註9〕馬翊航，〈時間之水，記憶之刃——專訪周志文〉，《文訊》，329期，20140301，
頁43〜44。
〔註10〕於此只是就這本小說中的敘事者而言，但就其散文集來看，周志文是很勇敢
坦誠地剖析自我：「我在這家裡一度覺得失落，我想不是他們的原因，而是我
自己的原因。我確實太怪了，孤獨讓我讀了太多不該讀的書，想了太多不該
想的事，我為很平常的事而感傷，又把很重要的事當成無事，我時而自卑，
時而又過分堅強，這使得我不只在家庭，甚至於在我要相處的社會都有點格
格不入。」（《家族合照·二姐》，頁66）（「一種極大的恐懼陰影籠罩在我的
身上。我三姐與我妹妹絕對是有問題的，這問題的來源如出自遺傳與環境，
就證明我也有同樣的問題，我跟她們在一個家庭裡長大，也來自同一個遺傳
因子。她們無法與人真誠相待，又太過情緒化，這是她們後來幾乎完全沒朋
友的原因，她們即使與幾個很少的親戚相處，也會懷疑與憂慮不斷。她們當
然傷了原本與她們相善的親友，而其中受害最深的，其實是她們自己。她們
只有裝出更堅強更不在乎的表情，不斷武裝自己、封鎖自己，深壁高壘的把
自己陷於孤獨的境地。我後來反省自己，我其實也有相同的個性，我個性孤
涼不喜與人相處，我不會主動發現別人的長處，從而讚許別人，我常嫉恨別
人，又把埋怨藏在內心，我常自陷幽獨，有時會自傷自毀，總之，在性格而

三、荒謬、死亡或自由

「世與我而相遺」，主體與世界本為相刃相靡，作者既採取疏離的態度來看待世事，其冷眼所見，難免充滿了荒謬之感。小說中的「黑暗咖啡廳」〔註11〕，主要取典於康拉德小說，強調其所身處世界的荒謬，這大概也是全書主要的基調。

整部小說起始的時空，與讀者閱讀的當下有些距離，是三十年前、現已「沒落」的台北西陲。「大約三十年前，我在一個現已停刊的晚報上客串擔任藝術專刊的編輯。那一段時間，台灣政治情勢動盪不安，一九七八年底，美國與台灣斷交，一九七九年冬，高雄又發生了美麗島事件，第二年二月，又發生反對運動者林義雄滅門血案，反正那幾年，政治事件一個接一個，弄到整個台灣社會一片緊張。但在這個氣氛下，人需要知道真相，也要在精神上得到疏解，……」〔註12〕8 這部小說到了最後一篇〈黑名單〉，寫設計台獨運動標章的韓台生在紐約跳樓自殺，故事中的女主角陳素姬說：「不知怎麼搞的，整個故事像夢一樣，夢醒了，發現身上一無所有，也許，這就是人生吧。」〔註13〕時光飄移，台灣社會隨之流轉，曾經所重若彼，如今輕忽渺茫，於是，荒謬感於焉而生。

小說就時空背景上，所注目的是這三十年來台灣社會的大變動，因此從〈林禮問先生〉寫羅素〔註14〕，就不免寄寓了一種高昂的時代理想〔註15〕。

言，我不是健康的人。我在她們身上，看到自己的陰影，這是我覺得恐懼的理由。」（《家族合照‧有裂紋的鏡子》，頁76～77）散文集中的主體性格是相當鮮明的，寫作能夠這樣自我剖析，是需要極大的勇氣與自信。

〔註11〕小說中的咖啡，為整個世界的荒誕添加了幾許溫潤與香氣，「我喝了一口，還沒涼，溫度剛好，曼特寧有一層特殊的油氣浮在表面，比較能保溫。喝曼特寧的時候，首先聞到的是有一點焦糊的氣味，當探過那層表面之後，底下的咖啡就十分溫潤綿密了。」（《黑暗咖啡廳的故事》，頁12）其實周志文在《記憶之塔‧口渴》曾提及在他讀大學的時候，在新公園附近有間「田園咖啡廳」擁有很好的音響，「經常擁著一群古典音樂的愛好者，在其間一邊聽音樂，一邊喝咖啡。」（頁211）另《同學少年‧紫荊花》也提及這間田園咖啡廳（頁196）。

〔註12〕《黑暗咖啡廳的故事》，頁8。

〔註13〕《黑暗咖啡廳的故事》，頁269。

〔註14〕整篇故事聚焦於羅素生平，博涉康拉德、懷海德、勞倫斯，乃至德國併吞捷克的歷史，自然與周志文曾經旅居歐陸的經驗有關。

〔註15〕對於周志文來說，羅素是具有啟蒙意義的偉大哲人，他在《記憶之塔‧關於羅素》一文，提到自己在台大聽殷海光講課：「要學他做個學術界的漢子！」周志文說：「我當時並不知道其中有微言大義，但那句話卻震動了我。」（頁

只是，該篇小說中透過「世家子弟」林禮問所編織的謊言，說羅素是因為林禮問給了他春藥（印度神油），藉此回春，後來才得到諾貝爾文學獎，娶了美國小說家 Edith Finch；又說林禮問善於「破除我執」〔註16〕，最後寫到林氏過世，暗喻整個美好時代與偉大理想的幻滅消逝。

　　進一步，作者還試圖從這樣的時代虛幻中，帶領我們思考真實、反省文明的盡頭。如〈林禮問先生〉這篇小說中提及：

> 天色已有些暗了，我回顧小店的招牌，上面 Darkness 的英文字似乎想向我揭示某些我尚不知的含意，也許有關生活，也許更深一層有關生命，但我始終還沒去揭開它。〔註17〕

> 叢林裡的善惡與文明社會裡的不同，因為在黑暗的角落，生存才是本質，道德不是。……假如人類本質中邪惡的成份比善良要大，或者至少是一樣大，那麼文明社會處處所見的善，豈不是刻意擴大或是偽裝出來的嗎？〔註18〕

> 文明與野蠻不是那麼好區別，從另個角度看，文明反而是野蠻的，而在一般認為的野蠻世界，也許還存有一點點文明。〔註19〕

作者仍試圖從黑暗中尋找光亮〔註20〕，從文明的幻滅與拆解後，重建起一些價值。正言若反，這種存在主義式的荒謬感受，就敘事方式而言，令人想起徐志摩的「你記得也好，最好你忘掉，在這交會時互放的光亮」，其實是一種

99）又《時光倒影・世界的新希望》也提及羅素《世界的新希望》一書：「一個下雨的晚上，我找出一本名叫《世界的新希望》的書，這本書是我三十年前看的。……這本書是英國哲學家羅素（Bertrand Russell）所寫的，英文原名是 *New Hope for A Changing World*，……自由主義與個人意識，是瓦解獨裁政權的唯一希望。說起來奇怪，每次看到這一段文字，我就想起孟子的那句話來，孟子說：『自反而縮，雖千萬人吾往矣！』」（頁 191～193）羅素於他，不僅在思想上是個啟蒙者，羅素理想中的新時代，也象徵了一種人類文明所企及的希望。

〔註16〕《黑暗咖啡廳的故事》，頁 32。

〔註17〕《黑暗咖啡廳的故事》，頁 15。

〔註18〕《黑暗咖啡廳的故事》，頁 16～17。

〔註19〕《黑暗咖啡廳的故事》，頁 19～20。

〔註20〕又例如在〈超能力〉這篇小說中，周志文寫主角曾寮生如何選擇太太：「鄭明卿為什麼吸引他，他也說不清楚，也許是她有一種特殊的氣質，讓曾寮生看到她就覺得安寧。鄭明卿算好看，但要說漂亮，她也說不太上，她不是明豔型的，簡單說她缺乏『亮度』，她的光和熱，是藏在暗處的。」（《黑暗咖啡廳的故事》，頁 89）

遮詮的手法。儘管說的還是光明，卻不得已採用了一種蒼涼的方式來形容。

如果說〈林禮問先生〉此篇講的是大時代的失落，那麼接下來的〈初戀情人〉、〈超能力〉及〈鳥類圖誌〉諸篇，繼之講述的則在於：個人如何受時代擺佈、如何掙脫一切以重獲自由的可能。

在〈初戀情人〉這篇故事中，女主角莉莉生長於一個問題家庭，山東老兵娶了一個本省籍妓女的典型悲劇。等老父親過世後，原來當過妓女的母親一心想把兩個女兒也賣給妓院，所幸莉莉與她姐姐相繼逃出家庭，改寫了自己的命運。關於命運，似乎是小說裡特別經營的一條主軸：「我的身體上，有一半是母親的遺傳，何況我又是女的，我豈不是有很大的機會繼承我母親的『家業』，做個妓女嗎？我知道母親做妓女並不見得是她的選擇，而是命運選擇了她，她無能為力來拒絕，但她屈從這個對她不是很公平的命運，表示她性格上是卑弱的。這卑弱的個性也許也遺傳給了我，我一直想著，假如當年我被送進了火坑，我會抵死不從嗎？」〔註21〕「問題是我從未懷有過希望。我是一個軟弱的人，也許跟我母親一樣，我沒有什麼意志。」〔註22〕雖然有可能會步上母親的後塵，但是莉莉卻經由兩次婚姻扭轉了自己的人生，第一次婚姻讓她對愛情的騙局感到幻滅，第二次則讓莉莉遇見了大她三十歲的上海人歐陽復，使她「慢慢能夠欣賞生命中的沉澱之美」〔註23〕。

此作與前篇〈林禮問先生〉有一相似之處，這篇故事中的莉莉在面對第二次婚姻時，有點「超齡」的早熟，好像比同伴更早地意識到衰老與死亡的到來，這一點與林禮問經常在年輕人面前「裝老」，其實是一致的。從這裡來看，作者也許對生命盡頭、或時代轉移，有一種預度的感傷。

〈超能力〉這篇的主角曾寮生，就是一個雖有預知能力，卻無法改變大局的悲劇人物。他說：「我們是無法阻擋命運的」〔註24〕、「能看到別人不能看到的東西，只是增加自己的負擔，……人要是有預見的能力就注定很悲哀了，因為預見了幸福，會想要確定擁有，預見不幸，總想要設法去避免，尤其

〔註21〕《黑暗咖啡廳的故事》，頁 60。
〔註22〕《黑暗咖啡廳的故事》，頁 64。這篇小說中莉莉的原型，可以參考《同學少年‧紫荊花》曾提及一位年少時的同學毛毛，她也讀會統科，「一次她說了些心裡的話，她說她是個慵懶又不認真的人，生活上只要能夠因循就因循下去，從來不求改變。」（《同學少年》，頁 195）又女主角同熟男相戀結婚生子，與逃脫家庭的故事，可以參考《家族合照‧竹敏》一篇（頁 182～183）。
〔註23〕《黑暗咖啡廳的故事》，頁 71。
〔註24〕《黑暗咖啡廳的故事》，頁 97。

是有關自己的事。但幸與不幸通常都是注定了的事，不是人所能左右的，就算是算準了，又有什麼用處呢，只是徒增煩惱罷了。」〔註25〕不幸的是，小說裡的先知者曾寮生，因為預見了六四天安門廣場的血腥鎮壓學運事件，終究為自己的無能為力而投河自盡〔註26〕。

這本小說集的前三個短篇中，曾寮生的死亡、與歐陽復的死亡，乃至於林禮問的死亡，讓這本小說讀起來充滿一股悼亡、或絕望的意味。到了〈鳥類圖誌〉此篇，卻難得地透出一絲絲溫暖的，在「天暗了，一天就將結束」〔註27〕前的，生命自由的可能。

〈鳥類圖誌〉裡的主角紀還素是一位歷史教授，小說中寫他遭到「台灣歷史教授協會」、與文學院黎再春院長的擺佈，玩弄政治遊戲，使他身陷統獨泥沼、以及文學院院長權位的爭逐困境。紀教授發覺自身被人設計，卻又難以跳脫，作者暗示對於人群社會爭權奪利的厭煩，欲退返至郊外的大自然中重尋「真意」。小說裡寫到紀教授的賞鳥心得：

> 「所有野生鳥類都有一個習性，就是規避人類。」這句話讓他聯想起很多，包括人與自然之間的許多事。他的結論是，人如果要找尋出他原本屬於自然的天性，似乎也要從規避人群做起。〔註28〕

> 鳥不記得以前，對未來也不會有憧憬，他們沒有歷史。……人要得到生命真正的自由，必須遺忘過往與未來，不論是自己的或是群體的，生命的意義僅止於當下。世界上幾百萬種植物沒有歷史，幾百萬種動物也沒有歷史，而所有的植物與動物都生活得好好的，所以歷史沒有必要。他心裡盤算，是不是回去就打電話給那位年老的出版家，說那本還沒寫好的書，可以停筆不再寫了。〔註29〕

從引文中可以得見，紀還素教授對於自由的思考，即是遠離人群；他對於人類歷史文明、乃至於著述立言的看法，也顯得負面而消沉〔註30〕。關於此篇

〔註25〕《黑暗咖啡廳的故事》，頁84～85。

〔註26〕周志文在〈《記憶之塔·報業》一篇提到，1989年他在北京曾以〈哭喊自由〉為題，報導自己在北京的見聞，文中提及對中共當局鎮壓六四學運的失望。（《記憶之塔》，頁235～237）

〔註27〕《黑暗咖啡廳的故事》，頁129。

〔註28〕《黑暗咖啡廳的故事》，頁127。

〔註29〕《黑暗咖啡廳的故事》，頁128～129。

〔註30〕此篇之發想，可以參見《冷熱》當中的〈誘鴨〉一文（頁26～29），該文同樣寫賞鳥事、法國鋼琴曲〈鳥類圖誌〉，同樣對於文明破壞自然感到絕望。

之避世思想，紀還素的哲學觀頗具有道家色彩，《道德經》中說：「絕聖棄智，民利百倍；絕仁棄義，民復孝慈；絕巧棄利，盜賊無有。此三者以為文不足，故令有所屬。見素抱樸，少私寡欲。」〔註31〕這一篇紀還素對於歷史本業的解構，不由使我們想起〈林禮問先生〉中敘事者的體悟：「世上的大部分事，都被假相所蔽。」〔註32〕一旦掀開這層假相，學術的本質或許只剩下鮮明的政治立場、或是權位利害之交易，又何從明辨是非？周志文所論，會是不是台灣社會的現況？

四、迷戀寂寞與音樂

「千山鳥飛絕，萬徑人蹤滅。」避世的人，應該是喜歡孤獨吧。前面說過，周志文在寫作態度上的疏離與寂寞，朱天文稱之為「幽人」。這裡不妨看看幾篇小說中，他對於孤獨的迷戀：

> 這時候那對 AR 喇叭，正放著一段低音薩克斯風主奏的藍調音樂，音樂的空間感十分遼闊，像有風從遙遠的山谷吹來，讓人覺得人在這世上，孤獨是很自然的事。（〈名字叫黑暗〉）〔註33〕

> 歐陽復走了，鸚鵡也走了，女兒不跟我來往，我現在一無所有，是真正的孤單一人了。（〈初戀情人〉）〔註34〕

> 他的結論是，人如果要找尋出他原本屬於自然的天性，似乎也要從規避人群做起。（〈鳥類圖誌〉）〔註35〕

似乎他小說中的人物，都有幾分寂寥。值得注意的是，周志文在他的散文集中，曾經作過一些解釋：

> 孤獨是自由的唯一條件，寂寞是自由的附贈品。（《記憶之塔‧溪山行旅圖》）〔註36〕

> 為什麼這樣寫出來的詩，竟成了千古傳誦的好詩呢？……重點在這首詩描寫的是人類生命中的一個共相，那就是孤獨。任何人都有孤獨的經驗，有的人經歷得很短，但那個經驗會令他終生難以忘懷，

〔註31〕《道德經》，第 19 章。
〔註32〕《黑暗咖啡廳的故事》，頁 32。
〔註33〕《黑暗咖啡廳的故事》，頁 20。
〔註34〕《黑暗咖啡廳的故事》，頁 76。
〔註35〕《黑暗咖啡廳的故事》，頁 127。
〔註36〕《記憶之塔》，頁 230。

有的人經歷的孤獨很長，甚至終其一生都陷於孤獨之中，對孤獨的
體會就是徹骨的深入。

> 尼采說人必須在孤獨中證明自己的存在，人也必須經孤獨來衡量生
> 命的價值，體會生命中最精微的意義。……孤獨真是無醫可醫、無
> 藥可救，但讓他人知道世上還有人是孤獨的，甚至比他還要孤獨，
> 那他的痛苦便可能減輕，這是陳子昂的貢獻。羅曼・羅蘭在他長篇
> 小說《約翰・克利斯朵夫》的首卷題詞中寫道：「戰士啊，當你知道
> 世上受苦的不止你一個時，你定會減少痛苦，而你的希望也將永遠
> 在絕望中再生吧！」（《時光倒影・登幽州臺歌》）〔註37〕

人是群體的動物，自我意識基本上也是從群體意識中演化而出的，古人會說：
「獨樂樂不若眾樂樂」，正是因為眾人在一起時，無論歡樂或悲哀都會被擴
大。周志文對於孤獨的迷戀，強調傲岸不媚於眾的人生抉擇，大概也是古今
中外許多文人哲士的心聲，這讓主體在滔滔濁世中仍保有自由的可能。

　　若從「迷戀孤單」的角度來看，〈夏日最後的玫瑰〉這篇小說的結構設計
就顯得出奇，不似〈鳥類圖誌〉幾乎全是紀還素的獨角戲，此作讓主角（主
編）在一趟臨時安排的訪友旅程中，增添了一位同伴女詩人蘭沁。藉由蘭沁
這個角色的設計，卻讓主角在一位重症已近彌留狀態的婦人面前，經驗了生
命最終的忌恨與怨懟。這則類似荒謬劇的故事，有一種陰氣森森的死亡意象，
主題上牽涉了情慾、經典〔註38〕，艱難的旅程、以及生命的重量。

　　這篇小說同樣也寫到了生命中無法確知的真相，「她以為活著的丈夫其實
早死了，她以為存在的故事是不存在的」〔註39〕，這篇作品比起前面的幾篇
小說，更進一步貼近了死亡的恐懼，故事中的性愛書寫，則為主角對抗死亡
之憑介、或逃避的出口，整篇小說讀來像是迎面一陣濃重的生命迷霧。

　　至於小說篇名為什麼是「夏日最後的玫瑰」？作者的用意，或許就在他
特別鈔錄出來的幾句歌詞：

'Tis the last rose of summer,（夏日最後的玫瑰）

〔註37〕《時光倒影・登幽州臺歌》，頁71～72。
〔註38〕會把經典與情慾並舉，似乎是周志文的書寫特色之一，除了〈夏日最後的玫
　　　　瑰〉這一篇特別寫到《論語》外，〈林禮問先生〉則把羅素後半生的重要成就，
　　　　歸功於印度神油；除此外，2012年9月13日發表於《聯合報》的〈四首海
　　　　的間奏曲〉，也把荷爾蒙及情愛，同年宗三與錢賓四先生的學問，相提並論。
〔註39〕《黑暗咖啡廳的故事》，頁156。

Left blooming all alone, （枝頭獨自綻放）

All her lovely companions, （所有美麗夥伴）

Are faded and gone. （都已凋零消亡）〔註40〕

見此美麗玫瑰獨立於「凋零消亡」之前，不無「臨風三嗅馨香泣」的感傷。除此外，這篇小說巧妙地嵌用了歌曲的名稱，其實與〈鳥類圖鑑〉一篇相同。我們發現，《黑暗咖啡廳的故事》這本書中對於音樂（當然還有咖啡）的使用，基本上做為一種情調或襯底，知識性比較強。〔註41〕

　　能夠這樣子介紹這是「法國作曲家梅湘寫的叫做〈Catalogue d'oiseaux〉的曲子，中文譯成《鳥類圖誌》」〔註42〕、那是「頂頂有名寫 Utopia 的湯瑪士・摩爾寫的」〔註43〕，自然與周志文對於音樂有特別興趣及研究〔註44〕是相關的。例如，他在幾本散文集中曾多次提起這種熱情：

> 在我年輕的時候，因為苦悶，閱讀了大量歐洲的文學作品，當然都是透過翻譯，其中以舊俄與法國的作品為多，也讀了不少英國文學經典，多以小說為主。大學雖讀的是中文系，我卻對如何思考產生了興趣，一度想轉讀哲學，後來功敗垂成，是因為自己放棄了。……生活中我還有一個習慣是聽音樂，這個習慣跟著我將近一生。小時候環境壞，沒有聽音樂的條件，但我會找音樂來聽，這純粹是天

〔註40〕《黑暗咖啡廳的故事》，頁142～143。

〔註41〕周志文喜歡在作品中談音樂，但是偏重於知識性。例如在其短篇小說〈四首海的間奏曲〉中，還特意加註說明：「英國作曲家布列頓（Benjamin Britten, 1913～1976）有組《四首海的間奏曲》（Four Sea Interludes, Op.33），四首分別是一、黎明（Dawn），二、星期日早晨（Sunday Morning），三、月光（Moonlight），四、暴風雨（Storm）。間奏曲也稱 Intermesso，原指在兩段表演中間的填補音樂，尤其用於歌劇換場時，比一般正式音樂要簡短些，後來作曲家也寫些短曲稱作間奏曲，不見得用來填補空隙。」（刊登於《聯合報・副刊》，2012年9月13日）法國存在主義小說家沙特（Jean-Paul Sartre，1905～1980）也曾經在其著名的《嘔吐（Nausea）》中寫了音樂，他似乎實驗性地採用了音樂的感性以抵禦世界的荒無。

〔註42〕《黑暗咖啡廳的故事》，頁107。

〔註43〕《黑暗咖啡廳的故事》，頁142。

〔註44〕周志文也在報刊發表一些音樂家、或經典曲目的導聆專文，例如2010年3月25日他在《中國時報》發表〈謎與海景——傾聽艾爾加〉：「艾爾加的作品，宏大優美，一點也不小家子氣，這是英國上自英皇下至一般販夫走卒都以他為榮的原因。聽他的音樂像一幕幕大幅的風景在眼前展開，海濤洶湧、旗幟飄揚，太陽從層雲中露臉，海鷗從低空掠過……」

性。〔註45〕

　　在我讀高中的三年中，突然對西方古典音樂產生了興趣。〔註46〕

　　我無法形容那奇異的經歷，聲音雖然從我的耳朵灌入，卻像火一般
　　的在我身上燃燒起來，終於沸騰了我的血液，原來那就是貝多芬的
　　第五號交響曲《命運》！……這段音樂給了我無與倫比的屬於生命
　　層面的激盪，它讓我覺得在我身體裡面即使是一些細微末節之處，
　　那些我從來不加顧惜的地方，也都充滿了力道與節奏，我像一張被
　　風漲滿的帆，我從來沒有如此「昂揚」過。〔註47〕

因此，周志文在其著作中所提及的音樂，往往與其看待生命有深刻的相關性。
例如，他用貝多芬第三號交響曲來形容自己考上大學時的心境：「這時候的
我，有點像寫第三號交響曲時的貝多芬，對未來充滿了意志與憧憬，前景將
無止境的在眼前一幕幕的展開。」〔註48〕又以布拉姆斯作品「嚴密得令人透
不過氣來」、「充滿了偽善和令人自毀的因素」，用以形容張敬教授的氣質與
晚年境遇。〔註49〕對周志文來說，音樂既銘記了苦難，音樂也同樣帶來救贖
的可能〔註50〕。如果忽視這些音樂，我們將很難讀出周志文筆下的感情與知
性。

五、從苦難中見證偉大

　　自第六篇〈夏日最後的玫瑰〉以後，小說集後半還有一個對於命運叩問

〔註45〕〈啟蒙材料〉，《文訊》，328 期，頁 88，2014 年 2 月 1 日。
〔註46〕《同學少年・散落與連結》，頁 109
〔註47〕《同學少年・遙遠的音符》，頁 31～32。
〔註48〕《記憶之塔・第三號交響曲》，頁 16。
〔註49〕《風從樹林走過・像蝴蝶般飄散的故事》，頁 46～47。
〔註50〕例如他從海頓弦樂四重奏說生命的苦難與神聖：「生命力，或者生存的價值，
　　　　有時需要透過苦難來呈現。在宗教上面，耶穌基督為別人的罪而犧牲自己的
　　　　生命，而且無怨無悔，這種精神無論從那一方面來看，都是動人的。每次聽
　　　　見海頓的弦樂四重奏〈十字架上救世主的最後七句話〉，心中無法不興起波
　　　　瀾。耶穌被人釘上十字架之後，據各福音書的記載，共說了七句話，第一句
　　　　話是：『父啊，原諒他們，因為他們不知道自己做了什麼。』第五句話是：『我
　　　　渴！』第六句是：『終於結束了！』我認為這三句是七句話裡面真正的核心，
　　　　尤其是第五句『我渴！』耶穌受難之令人感動並不在於他是神，而在於他是
　　　　人，因為他是人，所以他會痛會渴甚至會死，他的原諒人才顯得沛然莫之能
　　　　禦的偉大。」（《冷熱・自序》，頁 5）

的主題，這些小說裡所寫的人物也顯得更多元，從土水師傅、到剛退伍正在找工作的年輕人，再到旅程中遇到的乞丐、以及田徑選手的故事。看似脫離了黑暗咖啡廳的敘事，不過，主題經營上與前面幾篇其實有一致性。

例如，〈土水阿堯〉這篇嘲諷了政治的虛假與知識的無能為力，故事中的主角阿堯是一個沒什麼技術、專修化糞池的工人，卻因為一次沼氣中毒，被附近宮廟裡「曹府王爺的二太子」所附身，而擁有了某種得窺「真相」的超能力。周志文讓這位「恍神」的阿堯戳破了立委候選人的謊言，讓人覺得有幾分熟悉，他寫「超能力」的部份有點像是曾寮生，而寫社會虛偽處又近於〈鳥類圖鑑〉中的政治收編與鬥爭。這篇小說的結論很反諷，是讓「能判別真相」的阿堯來質疑敘事者（主編）「理性知識」的可靠性，周志文在這邊寫道：

> 當時我腦中湧出像《老子》裡面「智慧出，有大偽」那樣的句子，斯賓諾莎好像也說過，片面的知識與全面的感情，往往是「人的枷鎖」，我想到知識與智慧不見得到處都能暢行無阻，人生可能遭遇到的某些困頓，光靠理性是不能解決的。〔註51〕

這又與想要取消歷史、回返自然的紀還素教授，有一致的感慨。

〈退伍軍人之家〉同樣寫到「人的枷鎖」，這篇小說描述了當前社會年輕人所面臨的卡夫卡（Franz Kafka，1883～1924）《變形記》中的困境，外在的家庭與社會，都逼迫主角游守一必須扭曲自己以「跟人家一樣有出息」。主角遲遲無法（或者不欲）辦理「歸建」手續，是不願參與社會，一心想「獲得真正的自由」〔註52〕，這與〈鳥類圖鑑〉裡想要避世的紀還素教授亦無二致。〔註53〕不過，當游守一對母親說：「我心裡誰也沒有，不只沒有你們，也沒有自己」〔註54〕，這也並非真正的自由，只表現了他對於前途的茫然，一種清醒的苦悶。

〈兩個聽來的故事〉敘說主編聽來的兩個故事，第一則是聽朋友說他回大陸探親時坐火車時遇到乞丐的故事，前面已說過，這則故事在周志文心中，是以「善惡終有報」來作為一種哲學式的生命思考；第二則是說某位田徑選手與「神」交易的悲劇故事，這位田徑選手頗類似於浮士德（Faust），

〔註51〕《黑暗咖啡廳的故事》，頁179。
〔註52〕《黑暗咖啡廳的故事》，頁195。
〔註53〕乃至於「游守一」這個名字，都令人聯想及《道德經》中「載營魄抱一，能無離乎？」（第十章）這樣的句子。
〔註54〕《黑暗咖啡廳的故事》，頁194。

拿自己的生命來換取名次。對於這種交易，敘事者（田徑教練）最後感慨說：「……豈不證明世上的許多勝利與光榮，都是一場騙局嗎？主持騙局的騙子有大有小，小的是個人，大的甚至是神明，世上還有什麼真實值得我們堅信呢？」〔註 55〕兩則故事，前者說上天會給予我們善惡的評斷與報應；後者說不然，連上蒼都在跟人們開玩笑，一切的一切只是騙局，只是荒謬的交易遊戲。既然連天命之說都沒法再提供安慰，無所掛搭的結果，到頭來，也僅剩苦難是人生的真實了。

〈兩個聽來的故事〉中，有關於情慾的書寫，這也是周志文在此本小說中很特殊的寫作觀點。例如田徑教練說：「別的選手不管再好，都會有令教練頭痛的事，譬如男女方面的事，你知道這些運動員體能好，又都是青春時期，沒人不會不在這方面有問題的，只是有大有小罷了，但他說來奇怪，從來不會有這類的事。……他的心理狀況我覺得有點隱憂。」〔註 56〕是以情慾為人性的本能或特點，以對抗超越的理性（神、命運）。性愛是原初的生殖力，是一切創造的起點，其對反面則是文明與理性的壓抑、死亡的最後消解。同樣的寫法，又如〈夏日最後的玫瑰〉以性愛排解死亡的陰影、〈林禮問先生〉以春藥啟發偉大的學術思想。

〈貝多芬遺稿〉中也有類似的情節安排，小說裡的洪闓炎與藝術學院裡的女老師、及任教的幾個女學生發生了性關係，這樁桃色糾紛最後迫使他「自動請辭」，咖啡廳老闆的結論是：「看起來是幾個女的受害，其實受害最深的反而是他呢。感情這事，年輕人是船過水無痕，而有年紀的人一受傷，就可能是以後一輩子的事，因為沒有弭平補救的機會了。」〔註 57〕同樣是在死亡的前提下，談論性愛。

至於〈貝多芬遺稿〉裡寫到洪闓炎在布拉格舊書攤發現一套弦樂四重奏殘稿，亟欲證明這些殘稿與貝多芬晚年的《大賦格》有關，希望此舉能夠讓他順利升上維也納歌劇院副指揮的位置。這樣的情節安排，自然也與前面所述的「知識難辨真偽」、「權力位置的爭逐」等主題是相關的。

除此外，〈貝多芬遺稿〉此篇展現了周志文對於維也納樂團與古典音樂史的熟稔，似乎也有意探究貝多芬的晚年心境，小說裡是這麼寫的：

〔註 55〕《黑暗咖啡廳的故事》，頁 223。
〔註 56〕《黑暗咖啡廳的故事》，頁 214～215。
〔註 57〕《黑暗咖啡廳的故事》，頁 242～243。

> 這首是貝多芬鋼琴曲中最沒人敢彈的曲子，比較艱澀又不是很好
> 聽，有人說貝多芬晚年性格大變，所作的曲子不在乎別人能不能彈、
> 喜不喜歡聽，一副想與眾人為敵的樣子。〔註58〕

> ……這時巴克豪斯的琴鍵在空中震盪流轉，是彈到第三樂章那極長
> 又極紛亂的部分了，其中一段，強音的後面是一陣很悶的低語，很
> 少有人能解釋在這強弱的對照中，貝多芬究竟要說的是什麼，接著
> 又是一連串的由快板轉為慢板的樂音。終曲是極慢的慢板，但不很
> 平緩，帶著一點顛簸不安的情緒，這在貝多芬晚期的作品很常見，
> 把聽的人帶入半夢半醒似幻似真的世界。〔註59〕

與〈夏日最後的玫瑰〉寫臨死前的妻子相似，周志文試圖貼近貝多芬暮年狂
暴複雜的心境，或許他也想從這樣的問題裡，凝視自己的書寫。

　　與這本小說集的出版約略同時，周志文曾於報紙上另文提及貝多芬「晚
期風格」的討論，他引用了德國音樂哲學家阿多諾（Theodor W. Adono，1903
～1969）與托馬斯‧曼（Thomas Mann，1875～1955）的評論意見，作了以下
的陳述：

> 也就是說貝多芬在晚期的作品中（尤其是他的四重奏）透露出他生
> 命方向的大改變，以前朝向光明，現在面對黑暗；從以前作品中到
> 處充滿的自信，到後來到處見到的懷疑。整體說來，此時的貝多芬
> 從憧憬、明亮而深雄的生命基調，變成失序、錯亂甚至於沉淪不可
> 自拔的境遇。……

> 但因為有這些，貝多芬除了不朽之外，才有可能偉大。所有偉大的
> 藝術都是立體的而非平面的，光明之所以是光明是因為有黑暗，假
> 如沒有黑暗或黑暗的「暗度」不夠強烈，光明的價值便無從呈現或
> 者呈現不足。……在貝多芬的晚年，懷疑的成分永遠比堅信的要
> 多。……

> 總之這時的貝多芬複雜得很，他不想討人喜，寧願讓自己的藝術變
> 得晦澀難解，像一個雕塑家，他好不容易雕刻了一個人人稱羨的偉
> 大雕像，卻又不顧一切的把它毀了，他讓他的生命與藝術都變得殘

〔註58〕《黑暗咖啡廳的故事》，頁244。
〔註59〕《黑暗咖啡廳的故事》，頁245。

缺不全，他故意如此，一點也沒有顧惜的樣子。但多了這些殘缺與
陰影，才使他藝術上的偉大有了可能。……他晚期弦樂四重奏裡所
顯示的徬徨、猶疑與無枝可棲，也往往是我生命中常碰到的情調素
材。貝多芬的交響曲給人的是鼓舞，而弦樂四重奏給人的常常是安
慰，一種傷心人皆如此的安慰。〔註60〕

或許這曲子裡的「徬徨、猶疑與無枝可棲」，造就了偉大的藝術人格，這可以
是貝多芬的心聲，也可能反映出周志文的暮年理想與感慨。

六、銘記流逝的時代

如果說〈貝多芬遺稿〉，可以視為周志文寄託個人的暮年理想之作，那
麼此書的最後一篇小說〈黑名單〉，則不免像是一首「舊時代」的輓歌了。
〔註61〕海外「黑名單」原為戒嚴前後封閉台灣社會的理想所寄，沒想到若
干年後理想不再，「黑名單」反而成為一種時髦的革命宣傳，轉「黑」為「大
紅大紫」，使投機者腆顏粉飾。

這篇小說裡的女主角陳素姬，原有一位純真而充滿理想性的丈夫，「他
是個內向又溫柔的人，有一次我們在公園撿來兩隻毛還沒長齊的小麻雀，
一定是從巢中跌下來的，我們帶回家，用紙幫牠們做了個窩，餵牠們吃書上
查到的食物，……一隻麻雀順利長大，放牠出去，老不肯飛遠，另一隻也許
跌下時就摔傷了，隔了幾天死了，看著死去的麻雀，他沒有掉淚，但臉上憂
傷的表情，我到今天還不能忘。我才明白有一次在書上看到的，說在人身上
看到最偉大的表情是憂傷，十字架上的耶穌就是這樣。」〔註62〕

可是後來從事台獨革命卻改變了他的氣質，不同於陳素姬堅守人道主義
的立場，他先生則在革命的狂熱中愈見激進：「……在技術上玩革命遊戲的
人不是如此的，他們一定要製造強烈的敵我意識，把敵方的一切都形容成絕
頂的壞，對這個絕頂壞的敵方，是不可以施以同情的。……沒有期望的革命，
只是在利欲的渾水中爭奪一場，誰勝了誰敗了，有什麼意義呢？」〔註63〕因
此夫妻倆遂漸行漸遠，終於離婚。小說中概括說明的是，台灣在這三十年間

〔註60〕周志文，〈談貝多芬的弦樂四重奏〉，《印刻文學生活誌》，118 期，2013 年 6
月號。
〔註61〕這邊時間斷代，應該可以從全書第一篇〈名字叫黑暗〉的「三十年前」說起。
〔註62〕《黑暗咖啡廳的故事》，頁 252～253。
〔註63〕《黑暗咖啡廳的故事》，頁 255～257。

因為政權轉移，一黨專政終於垮台，但原有革命份子在享受了權力的滋味後，反而為勢利所趨，失卻了當初奮鬥的理想與原則。

因為喪失了最初的理想，有點骨氣還能自省的人，就像陳素姬的先生一般不再返台，或許還有可以遁世避棄的去處（去南美追尋卡斯楚與切‧格瓦拉？）；下焉者，則像小說中的女畫家隨波逐流、騎牆擺盪，迎合整個墮落的時代；最不幸的人，當為在紐約跳樓自殉的韓台生，其熱切的理想完全與墮落時代背道而馳，終不幸淪為一種屈原式的悲劇典範。

曾經熱情投入，後來卻在澆涼世道中驚醒，〈黑名單〉最後陳素姬道出一種空幻的哀傷感：「不知怎麼搞的，整個故事像夢一樣，夢醒了，發現身上一無所有，也許，這就是人生吧。」〔註64〕作為這本小說集的收尾，卻是見證了一個偉大時代的消逝〔註65〕，作者的感慨可見一斑。

寫完了這十一篇小說，周志文特地寫了篇後記〈雖然不會再來〉，想說說「此刻的心情」，他說：

> 我們生活在的這個時代，有種偉大事物都過去了的感覺，文學與哲學都冷了，還有真正的藝術。……還有很值得留戀的古典的感情也沒了，包括真誠的信任與愛情。〔註66〕

> 只有查拉圖斯特拉還在想人生究竟為何這問題。當然找不出答案，但尋找這個問題很莊嚴的，不是嗎？〔註67〕

> 像中國的漢唐盛世、西洋的文藝復興，雖然不會再來，但畢竟存在過，也夠了，紙上的輝煌總比沒有好。〔註68〕

作者提及偉大事物都過去了的失落，對於時代充滿了感傷。但是「紙上的輝

〔註64〕《黑暗咖啡廳的故事》，頁 269。

〔註65〕在〈鳥類圖鑑〉這篇小說中，紀還素教授對於新的世代感到絕望：「他認為現在的學生有一個致命的缺點，就是沒法集中精神，渙散得厲害，看一件東西，老是沒有焦點，當然更不可能有觀點了。再加上他們又短視近利得很，只圖現實的好處，沒有理想，就跟這社會完全一樣。」（《黑暗咖啡廳的故事》，頁106）或許正道出了周志文的心聲。周志文曾經說過他對於 21 世紀的時代感受：「五、六年前，當二十世紀即將結束，二十一世紀即將開始的那個『關鍵』年代，一切似乎都太如常了，人們對當下與未來，好像沒有什麼太高的想像，這一次的世紀之交，是在沉寂的、灰濛濛的氣氛下度過。」（《時光倒影‧新世界》，頁 197）

〔註66〕《黑暗咖啡廳的故事》，頁 270～271。

〔註67〕《黑暗咖啡廳的故事》，頁 271。

〔註68〕《黑暗咖啡廳的故事》，頁 271。

煌總比沒有好」，不由令人想起「後之視今，亦猶今之視昔」，這到底是歷來
文人所念茲在茲之事吧！整部小說寄託的不只是失落的風聲，在風聲中也可
以窺見某種傲岸與輝煌。

「人生如夢，一尊還酹江月」，周志文雖未必飲酒，卻想必是個多情之
人，對於時代與生命的感受，也經見於他的相關散文著作中。有時候，他會
對於這些美好事物的消逝，感到無比的殘酷與痛心：

> 有一年過年，老師把于右老給他的一幅草書中堂裱褙好了，掛在他
> 客廳兼書房的一面牆上，起首是「何年顧虎頭」的一首杜詩，真是
> 墨老筆酣、鐵畫銀勾，每筆每畫像是能在紙上游動的樣子，旁邊同
> 樣是他的行書大字對聯，……
>
> 我很難形容我初見這三個條幅時的感覺，我被點畫之間的力量震懾
> 住了，連呼吸都不敢出聲。春節前後陰霾的天氣，老師客廳旁的窗
> 玻璃被風吹得則則作響，窗外竹影搖曳，室內很暗，但有種光線從
> 冥冥中透過來，那光像基督教說的神的光，逼得你不太敢仰視又不
> 得不注視，原來藝術有這麼磅礴的力量。當時我確實是這樣想的，
> 在我的一生中，能與這麼宏大的事物相處，即使只有片刻，也就覺
> 得不虛此行了。……
>
> 老師尚未病故前，一次我從桃園回去看他，發現客廳一片零亂，字
> 畫書冊，隳敗一地，其中被撕得粉碎的，也包括了于右老的那兩件
> 書法。老師默然坐在一角，說多年所存的已毀於一旦，像對著我說，
> 也像自言自語。但老師說話時，表情出奇的平淡，好像他早就知道
> 生命中存在的一切，注定要在某一時刻，一件不存的消失了一樣。
>
> 〔註69〕

充滿了絕望的感慨，他對於神聖與美好有多高的傾慕，於其失落時亦如之。

〔註69〕《家族合照・書法的記憶》，頁277～278。周志文曾作這樣的省悟：「他現在的
問題是他看到了這個世界的陰暗，而這世界確實有陰暗的一面，因此不能說他
是錯覺。但這個世界除了陰暗，還是有其他的色彩的，只是他被當下的情緒所
掩，來不及發現、或者不願意承認它。他的內心，並不像被刀刮傷了那樣，出
血的傷口其實是比較容易癒合的，他的惆悵，有點像微風吹過、溪水流過，留
下輕輕的痕跡，卻找不到傷口，所以他對自己的處境，才會覺得徒勞。」（《冷
熱・像風一樣》，頁47～48）雖然分析的對象是某位教師同仁，卻也像是在說
自己。他對世界的絕望、與所看到的陰暗面，經常出於一種情感上的激憤不捨。

　　而在某些時候，周志文未必一概抹滅新時代之發展，而能看到新的希望、或幸福的可能。例如他曾說：

> 整體而言，我們置身的是個虛假與真相並存的世界，一個道德崩潰、又有新的道德在試圖重建的時代，反正亂成一團。失望的事很多，但也無須徹底絕望，總有一些事讓你不經意發現，在那裡也藏著不少的可能，包括希望。〔註70〕

> 我對我曾成長的環境，長抱著羞愧的心情。我在北師大客座的時候，一次夜闌，與師大的同事聊到青少年時的那些經歷，我以為是在台灣那狹小的地方才獨有的，那種教育為我帶來的創傷好像比滋養要多。想不到我的朋友聽了大笑，說我小題大作，他說出賣與噤若寒蟬對大陸人來說，有誰沒有類似的經驗呢？他跟我舉出許多我連想都想不到的事件，……

> 無論如何，全球氣候變遷有好有壞，對宜蘭的好處是雨季已經不再那麼長了，而台灣的政治氣候也變得開明，再也沒聽說有什麼不經法律程序的「私刑」了，萬一有，也有人站起來大聲嚷嚷，不論是為自己或者為別人。一次我在北師大演講，講完了，全場以開朗無比的笑聲回報我，我真高興，我想大陸的陰霾記憶，在年輕的一代也全沒了。不論從海峽哪一邊看，年輕確實是幸福的。〔註71〕

這又可以得見周志文在散文集中的理性態度，時代發展可能孕育新的希望、也可能驅趕昨日的陰霾記憶。

七、結　語

　　周志文《黑暗咖啡廳的故事》這十一篇小說，經由前此的析論舉證，論文最後當試著作些歸納：

　　一、這些作品涉及的人物角色相當發散，包括有開設咖啡店的退休水手、沒落的世家子弟、喪夫的富貴遺孀、有預知能力的財經記者、避世的歷史教授、浪漫的女詩人與彌留狀態的廣西寡婦、泥水工人、剛退伍的青年、三個乞丐、田徑選手、維也納歌劇院的中提琴手、以及曾為海外台獨運動黑名單的人道主義者，雖然從這些敘事對象上看似互不相關，然全書確實有

〔註70〕《記憶之塔・在我們的時代》，頁262。
〔註71〕《家族合照・稻田裡的學校》，頁238。

一個貫串終始的核心主題。

二、整本小說的核心主題，也許在銘記台灣社會這三十年來的轉變。周志文之所以命名「黑暗咖啡廳」，主要是引用康拉德（Joseph Conrad，1857～1924）的代表作《黑暗之心（*Heart of Darkness*）》來說明這些轉變的荒謬與滄桑。

三、全書論述上的主要特色，或可大致歸納為四點：（一）對於美好時代充滿一種絕望或悼亡的感受〔註72〕；（二）世道墮落為鬥爭、弄權與利用，令人難以忍受其虛假；（三）深切反省知識或文明作偽不切實際；（四）對於命運或時代的擺佈，思考逃脫以追尋自由的可能。

四、就寫作風格而言，（一）周志文迷戀一種疏離與寂寞的距離，他自覺地提醒自己必須「時時回到黑暗的角落」，觀察這個世界的明暗光影〔註73〕；（二）正言若反，他習慣於採取一種遮詮的敘事手法。儘管說的還是光明，卻不得已採用了一種蒼涼的方式來形容；（三）周志文在其著作中所提及的音樂，往往與其看待生命有深刻的相關性。音樂既銘記了苦難，也同樣帶來救贖的可能。〔註74〕

五、小說集最後藉由貝多芬暮年狂暴複雜的心境，從那些「徬徨、猶疑與無枝可棲」中，申論其偉大的藝術人格，間接反映了周志文此刻的寫作信念。

〔註72〕沈冬青曾特別提到周志文對於死亡議題無法喻之於懷的感傷：「然而《風從樹林走過》泰半是因為這死亡的氣味所撩起的心境吧！張清徽、張愛玲、研究所時代的師長、鄰居校長、小學同學、鋼琴大師李希特，死亡如影隨形。但是比死亡更令人難堪的是，年老要面對時代的消逝感，和隨之而來的格格不入。」（沈冬青，〈遲暮之感與格格不入──讀《風從樹林走過》〉，《風從樹林走過》，頁4）

〔註73〕周彥文論及作者這種絕望自毀的氣質：「他有一種經過大哀大樂之後的不哀不樂的淡泊，甚至有時有一種近乎自毀的沉鬱氣質。他給人的感覺──酒中像甜味中泛著一種深沉而苦澀的紅葡萄酒，茶中像味道含蓄的鐵觀音。世界的運行，有時對他來說，只不過是深山中的花開花落。」（周彥文，〈冷的智慧，熱的靈魂──讀周志文的《冷熱》〉，《冷熱》，頁184）

〔註74〕沈冬青曾經為周志文的「不諧於世」提出建議：「我倒希望他擁有宗教信仰的幸福！那麼許多今生的格格不入，或有新解？」（沈冬青，〈遲暮之感與格格不入──讀《風從樹林走過》〉，《風從樹林走過》，頁 7）信仰與哲學本為西方文化的兩大支柱，但我們從周志文論貝多芬可見，他的生命意態毋寧有接近於儒家的一面，常追求一種於苦難中超越成聖的悲壯博愛，相信其中亦有近於宗教情懷之處。

六、周志文多情善感〔註75〕，於感性層面，他常對於美好事物的消逝，感到無比的殘酷與痛心；而理性上，則周志文未必一概抹滅新時代之發展，也仍期待新的希望、或幸福的可能。

除此外，當然還有許多是尚待讀者以生命經驗與文本印證的部分。我們在閱讀這些短篇小說的同時，發現有不少可與其散文集互相對照之處，這或許說明了周志文正在反芻其生命當中的重要歷程。此間不諧於世之處，頗似之前散文集裡所提及的少年作風，仍有一股暢旺的批判精神於筆端存焉。

八、重要參考文獻

1. 周志文，《風從樹林走過》，台北市：爾雅，2007 年 1 月。

2. 周志文，《時光倒影》，台北縣：印刻，2007 年 6 月。

3. 周志文，《同學少年》，新北市：印刻文學，2009 年 1 月。

4. 周志文，《記憶之塔》，新北市：印刻文學，2010 年 2 月。

5. 周志文，《家族合照》，新北市：印刻文學，2011 年 3 月。

6. 周志文，《冷熱》，台北市：爾雅，2011 年 12 月再版（1997.08 初版）。

7. 周志文，《黑暗咖啡廳的故事》，新北市：印刻文學，2013 年 9 月。

8. 周志文，〈謎與海景——傾聽艾爾加〉，《中國時報》，2010 年 3 月 25 日。

9. 周志文，〈四首海的間奏曲〉，《聯合報》，2012 年 9 月 13 日。

10. 周志文，〈談貝多芬的弦樂四重奏〉，《印刻文學生活誌》，118 期，2013 年 6 月號。

11. 周志文，〈啟蒙材料〉，《文訊》，328 期，2014 年 2 月 1 日，頁 88～89。

12. 黃文倩，〈知人論世，事關痛癢〉，《文藝報》（北京），2013 年 12 月 27 日。

13. 馬翊航，〈時間之水，記憶之刃——專訪周志文〉，《文訊》，329 期，2014 年 3 月 1 日，頁 42～49。

〔註75〕例如黃文倩說：「講台下和散文裡的志文先生其實是極敏感又矛盾的人，他似乎對任何人、事、物都抱持著高度有情的態度，對人，尤其對小人物、弱者、或靠得太近以致易起磨損情結的朋友與家族中人，也是盡可能地同情理解與溫柔成全。」（黃文倩，〈知人論世，事關痛癢〉，北京市：《文藝報》，2012 年 12 月 27 日）

談〈色，戒〉的兩種演繹方式

提　要

　　本論文比較張愛玲小說〈色，戒〉，與電影導演李安對此作品的改寫，試圖經由兩相對照中，見出這個故事的不同敘說方式。作品敘說方式，自然是與創作者的時代背景、人格特質，及其所運用的表述媒介有密切關聯。

　　就小說原著而言，張愛玲擅長以巧妙情節來反射、或折射主角心理的幽微轉變，此篇書寫上包括了下列特點：（一）逆俗的人性關懷；（二）物化的心理驅力；（三）情慾的啟蒙及投射；（四）戲劇性的幻滅與領悟。

　　以電影來看，與原著不同，李安更多採取了直視及俯視的角度，這部片子對於文本的改寫，可以約分為下列六點：（一）比擬父愛置乏於國事之危墜；（二）大膽以性愛場景演繹情慾之緊張；（三）突顯戰火對於人性之扭曲；（四）鋪陳人性的複雜；（五）戲中有戲的文本互涉；（六）對於大時代的反省與感慨。

關鍵詞：〈色，戒〉，張愛玲，李安，戲中戲

一、文字的反射與折射：張愛玲小說〈色，戒〉

　　就張愛玲一生的發表情形觀察，她最精彩的作品大約在廿五歲之前，即已全然展現於世；〈色，戒〉是她五十歲時發表的短篇〔註1〕，精雕細琢一遍

〔註1〕此篇曾三次公開發表，首次是 1977 年 12 月《皇冠》台灣版第 48 卷第 4 期，其次是 1978 年 3 月《皇冠》美國版第 21 期，第三次是 1978 年 4 月 11 日《中國時報》人間副刊。

遍改寫了將近三十年〔註2〕，堪稱是她作品中精煉的寶石，而此篇內容隱約帶有作者情感投射之複雜性，尤其耐人尋味。

張愛玲小說裡對於人物心理狀態的描寫，是很迷離而動人的，〈色，戒〉這部小說收入的集子，名為《惘然記》，採用李商隱的詩句「此情可待成追憶，只是當時已惘然」。可見她試圖把一種曾經的「惘然」寫出來，因此讀她這篇小說，尤應注意主角人物在心理層面的剖析與演繹。

（一）正言若反的人性關懷

就這篇故事內容而言，作者有意將一椿暗殺事件失敗的主因，指向於事件中女特務的心理軟化。而造成她心理軟化的原因有二：一個在於掩藏字句之間的「色」（慾），另一則在形諸於敘事的（鑽）「戒」。

從故事脈絡來看，這正是小說家藉以剖析女人內在性格的一種自省；女子情感的投注，乃至於失落，其軟弱往往陷於此處。

然而無論是寫到「色」的性慾需求，或是「戒」的成色輕重，都是女子唯物的依戀，卻又不免是一種難以明言的庸俗〔註3〕。其更甚者，這分擺不上檯面的人性之曖昧，當面對國家危亡存繫的大時代背景下，尤為道德上所難容。換個角度看，貪戀物慾者之違逆於道德，與漢奸之敗壞國事，實有相似之卑鄙。

張愛玲竟是從這裡對於漢奸產生了「同情」，因此難免遭受不少「漢賊不

〔註2〕見張愛玲，〈惘然記〉，頁8；此篇為《惘然記》一書（台北：皇冠，1983年6月）序言，以下〈色，戒〉引文皆出此文本。例如，我們可以從收錄在《餘韻》（台北：皇冠，1987年5月，此書係張愛玲收錄其於上海時以「梁京」為筆名發表在報刊之作品）一書中的〈散戲〉，看到類似〈色，戒〉的故事雛型。

〔註3〕張愛玲常在她的小說中刻意表現一種空洞的物慾，比如細碎地寫出高貴華麗的穿著、或是價值不斐的首飾，寫出「一個徹底的物質主義者」（〈沉香屑——第一爐香〉，《張愛玲小說集》，台北：皇冠，1968年，頁318）；這些物質，或許「使她想起人生中一切厚實的、靠得住的東西」（頁332）。但她又不忘警醒這些是「枷鎖」（〈金鎖記〉，《張愛玲小說集》，頁202）、是「手銬」（〈沉香屑——第一爐香〉，頁316）。張愛玲自述：「說到物質，與奢侈享受似乎是不可分開的。可是我覺得，刺激性的享樂，如同浴缸裡淺淺地放了水，坐在裡面，熱氣上騰，也感到昏濛的愉快，然而終究淺，即使躺下去，也沒法子淹沒全身。思想複雜一點的人，再荒唐，也難求得整個的沉湎。」（〈我看蘇青〉，《餘韻》，頁82）她常常藉由對物的觀照凝視，反映出心靈的空虛失落。關於這方面討論可參考張小虹〈戀物張愛玲——性、商品與殖民迷魅〉，《閱讀張愛玲——國際研討會論文集》（楊澤編，台北：麥田，1999年10月，頁177～210）。

兩立」的道德攻擊〔註4〕。她在《惘然記》的序言裡為自己坦然辯護：「對敵人也需要知己知彼。不過知彼是否不能知道得太多？因為了解是原恕的初步？如果了解導向原宥，了解這種人也更可能導向鄙夷。缺乏了解，才會把罪惡神化，成為與上帝抗衡的魔鬼。」〔註5〕作者不以表象之道德與否來權衡人物，反而可能如實洞悉人性內裡，究明於事件始末、及其道德性之本質。

事實上，就張愛玲作品看來，她一向是有意違逆表象的「道德」，她厭惡偽善者，喜歡真小人。

比如在其有名的小說〈封鎖〉中，女主角吳翠遠是大學老師，因為學生寫出「紅嘴唇的賣淫婦……大世界，下等舞場與酒吧間……」〔註6〕這樣的句子，而給予其高分（她細思後，原因竟是：「這學生是膽敢這麼毫無顧忌地對她說這些話的唯一的一個男子」〔註7〕）。而男主角呂宗楨也是在電車上為了躲避「一個吃苦耐勞，守身如玉的青年，最合理想的乘龍快婿」〔註8〕的董培芝，有意逆俗地對吳翠遠調情。

這一切原本是對於封閉、偽善社會的無可奈何之違逆姿態，不過是一場逸出陳套的逢場作「戲」（特地標出，是為了突顯這與〈色，戒〉劇團的安排是一致的），然而張愛玲小說的特別正在於此處，她往往能從這種景況下發掘出人性內在的柔軟可能——某個當時的「惘然」，從而對於草芥一般的性命，突然生出存在主義式的荒謬體悟。

話說回來，張愛玲筆下之所以「厭惡偽善者，喜歡真小人」，或許是因為有見於時代問題太大，人性已隨之扭曲殘破吧〔註9〕。從這個角度來觀察張愛

〔註4〕 此篇小說很特別地未把漢奸醜化，並把事敗主因導向女特務對於漢奸的一時迷戀。因此 1978 年 10 月 1 日的《中時・人間副刊》，即刊出署名為「域外人」（即張系國）關於《色，戒》的批評：「歌頌漢奸的文字——即使是非常曖昧的歌頌——是絕對不值得，以免成為盛名之瑕了。」宋以朗後來提及張愛玲「其實內心有點怕那年代的政治情況，因為台灣等於她唯一的讀者市場，她怕文化界的攻擊，會影響讀者公眾對她個人的意見。」（馬靄媛，〈張愛玲色戒心結自辯手稿曝光〉，《亞洲週刊》，香港：亞洲週刊，第 21 卷第 37 期，2007 年 9 月 23 日，頁 32）

〔註5〕 《惘然記》，頁 8。

〔註6〕 〈封鎖〉，《張愛玲小說集》，頁 489。

〔註7〕 同前註，頁 490。

〔註8〕 同前註，頁 492。

〔註9〕 張愛玲喜歡在小說中借曲筆追究「人性」，例如〈金鎖記〉有「一個人，身子第一要緊。你瞧你二哥弄得那樣兒，還成個人嗎？還能拿他當個人看？」（頁

玲作品，她終究還是採用了特殊的修辭學進路來剖析道德，作家對於時代與人心的困境，顯然是非常關心的。

（二）色慾及鑽戒的驅力

就這篇小說中所鋪陳的「色」來看，首先在作者屢屢引導我們關注於女主角王佳芝的身體。

比如：「酷烈的光與影更托出佳芝的胸前邱壑」〔註10〕，「他是實在誘惑太多，顧不過來，一個眼不見，就會丟在腦後。還非得釘著他，簡直需要提溜著兩隻乳房在他跟前晃。」〔註11〕「一坐定下來，他就抱著胳膊，一隻肘彎正抵在她乳房最肥滿的南半球外緣。」〔註12〕這些書寫勾勒出主角王佳芝的身體自覺。

這份身體自覺與性的啟蒙是相關的，是（違反於道德）不斷膨脹的本能慾求。張愛玲在這小說裡很精彩的故事設計，在於她不只是單寫一個行動的時間點，卻把事件之起始整整往前移了兩年，如此造成王佳芝的性慾期待因為時間延長，而在心理層面上有了縱深發展的可能〔註13〕。

161）如〈沉香屑——第一爐香〉寫「這兒什麼都有，可是最主要的還是賣的是人。」（頁338）如〈沉香屑——第二爐香〉寫出「一個髒的故事，可是人總是髒的，沾著人就沾著髒。在這圖書館的昏黃的一角，堆著幾百年的書——都是人的故事，可是沒有人的氣味。」（頁341）又如〈封鎖〉寫到「世界上的好人比真人多……隔壁坐著個奶媽，懷裡躺著小孩，孩子的腳底心緊緊抵在翠遠的腿上。小小的老虎頭紅鞋包著柔軟而堅硬的腳……，這至少是真的。」（頁490、491）以上所論都是不健全的人（性）。寫人性的殘破，張愛玲透過呂宗楨眼睛，是這樣看待吳翠遠的：「『我看見妳上車，車前頭的玻璃上貼的廣告，撕破了一塊，從這破的地方我看見妳的側面，就只一點下巴。』……拆開來一部份一部份的看，她未嘗沒有她的一種風韻。」（〈封鎖〉，頁493）暗喻人性的支離瓦解。對於中國文化的反省，又如張愛玲曾經說：「郁達夫常用一個新名詞『三底門答爾』（sentimental），……自從郁達夫用過這名詞，到現在總有四十年了，還是相當陌生，似乎沒有吸收，不接受。原因我想是中國人與文化背景的融洽，也許較任何別的民族為甚，所以個人常被文化圖案所掩，『應當的』色彩太重。反映在文藝上，往往道德觀念太突出，一切情感順理成章，沿著現成的溝渠流去，不觸及人性深不可測的地方。實生活裡其實很少黑白分明，但也不一定是灰色，大都是椒鹽式。」（〈談看書〉，《張看》，台北：皇冠，1976年，頁212～213）

〔註10〕〈色，戒〉，頁15。
〔註11〕〈色，戒〉，頁22。
〔註12〕〈色，戒〉，頁30。
〔註13〕許多人曾提及這篇小說的構想確有所本，係改寫自1939年國民黨中統女特

又例如小說裡提到：

> 「兩年前也還沒有這樣嚜，」他（按：易先生）摟著吻著她的時候
> 輕聲說。
>
> 他頭偎在她胸前，沒看見她臉上一紅。
>
> 就連現在想起來，也還像給針扎了一下，馬上看見那些人可憎的眼
> 光打量著她，帶著點會心的微笑，連廓裕民在內。只有梁閏生佯佯
> 不睬，裝作沒注意她這兩年胸部越來越高。〔註14〕

所以，這兩年行動「失去目的」〔註15〕的懸宕，反而加深了故事中王佳芝性
慾的緊張（或成熟）。就技巧而言，可以看到張愛玲有意鋪陳出這份性慾的驅
力。

在小說中，同樣造成王佳芝難以抗拒之驅力的，還有那顆鑽戒。

作者一開始是這麼鋪陳的：「麻將桌上白天也開著強光燈，洗牌的時候一
隻隻鑽戒光芒四射」〔註16〕，「牌桌上的確是戒指展覽會，佳芝想。只有她沒
有鑽戒，戴來戴去這隻翡翠的，早知不戴了，叫人見笑——正都看不得她。」
〔註17〕可見王佳芝對於沒有一只像樣的鑽戒耿耿於懷，覺得很沒有面子。

尤堪玩味的是，王佳芝在咖啡館等待時一段漫長的內心獨白：「是他自
己說的：『我們今天值得紀念。這要買個戒指，妳自己揀。今天晚了，不然
我陪妳去。』那是第一次在外面見面。第二次時間更侷促，就沒提起。當然
不會就此算了，但是如果今天沒想起來，倒要她去繞著彎子提醒他，豈不太

務鄭蘋如謀刺汪偽特工頭子丁默邨未遂而壯烈犧牲之事蹟。根據朱子家（本
名金雄白）《汪政權的開場與收場》一書記載，1939 年冬，中統急於剷除丁
默邨，下令鄭女早日動手。一日，鄭曾邀丁氏至她家小坐，中統特工準備動
手，但座車駛至鄭宅門前，丁氏婉拒上樓，失去良機。1939 年 12 月 21 日，
丁默邨在滬西朋友家吃飯，電邀鄭蘋如赴會，吃完飯，丁說要去虹口，鄭女
與丁同車，在車上鄭女突要求丁氏陪她去靜安寺路與戈登路的西伯利亞皮貨
店買一件皮大衣，欲在該處下手，惜乎鄭在挑選大衣時，丁氏機警奔逃，謀
刺事遂失敗（轉載自陳之嶽，〈舊上海美麗間諜哀婉傳奇〉，《亞洲週刊》，第
21 卷第 37 期，香港：亞洲週刊，2007 年 9 月 23 日，頁 34～35）。雖然談論
文學作品最好純粹就故事的結構來考量，但張愛玲若真是採用這則史實為小
說之底本，那麼兩次刺殺事件的時間點無疑被她「有意」地拉長而擱置了。

〔註14〕〈色，戒〉，頁 22。
〔註15〕〈色，戒〉，頁 28。
〔註16〕〈色，戒〉，頁 15。
〔註17〕〈色，戒〉，頁 18。

失身分，殺風景？……他這樣的老奸巨滑，決不會認為她這麼個少奶奶會看上一個四五十歲的矮子。不是為錢反而可疑。而且首飾向來是女太太們的一個弱點。她不是出來跑單幫嗎，順便撈點外快也在情理之中。……今天等這麼久，想必是他自己來接。倒也好，不然在公寓裡見面，一到了那裡，再出來就又難了。……怕店打烊，要急死人了，又不能催他快著點，像妓女一樣。」〔註18〕對於易先生承諾她要買鑽戒的事念念不忘，且因為擔心珠寶店打烊而著急萬分。

　　等到好不容易兩人進了珠寶店，易先生提起了要買顆鑽戒，王佳芝先是「頓了頓，拿他無可奈何似的笑了。」〔註19〕放下了心裡的重擔，後來又嫌店鋪「不起眼」〔註20〕、「哪像個珠寶店的氣派？易先生面不改色，佳芝倒真有點不好意思。」〔註21〕待店主取出了粉紅鑽石，「她怔了怔，不禁如釋重負，看不出這爿店，總算替她爭回了面子……。其實馬上槍聲一響，眼前這一切都粉碎了，還有什麼面子不面子？明知如此，心裡不信，因為全神在抗拒著，……」〔註22〕寫出了王佳芝期待成真的虛榮，而隨即又患得患失的執著。

　　可惜的是，這鑽戒晶澈的光亮像一場夢、只是齣即將結束的戲，「她把戒指就著檯燈的光翻來覆去細看。在這幽暗的陽台上，背後明亮的櫥窗與玻璃門是銀幕，在放映一張黑白動作片，她不忍看一個流血場面，或是間諜受刑訊，更觸目驚心……」〔註23〕因為流血場面的恐怖，正隱伏於鑽戒的美好之下；「牆根斜倚著的大鏡子照著她的腳，踏在牡丹花叢中，是天方夜譚裡的市場，才會無意中發現奇珍異寶。她把那粉紅鑽戒戴在手上側過來側過去的看，與她玫瑰紅的指甲油一比，其實不過微紅，也不太大，但是光頭極足，亮閃閃的，異星一樣，紅得有種神祕感。可惜不過是舞台上的小道具，而且只用這麼一會功夫，使人感到惆悵。」〔註24〕對於這天方夜譚裡的短暫幻境，她感到異星一樣的神祕虛榮，難免深覺惆悵。

〔註18〕〈色，戒〉，頁23～24。
〔註19〕〈色，戒〉，頁32。
〔註20〕〈色，戒〉，頁31。
〔註21〕〈色，戒〉，頁32。
〔註22〕〈色，戒〉，頁34。
〔註23〕〈色，戒〉，頁34～35。
〔註24〕〈色，戒〉，頁35。

可以說，王佳芝其實是被鑽戒的色相給迷惑了，才會生出愛的幻覺。

（三）情慾的壓抑及啟蒙

尚值注意的，在於小說中三個男性角色的設計：易先生、鄺裕民與梁閏生。這三人皆是王佳芝情慾啟蒙中的重要對象〔註25〕。

就啟蒙先後而言，鄺裕民顯然是王佳芝所心繫的第一人，故事裡與其說王佳芝是因為愛國而加入劇團，乃至願意擔任特務賣命演出；倒不如說她是出自對於組織領導的鄺的曖昧情愫。例如小說裡曾提及，當易先生打來電話探詢口風，她自認為是「一次空前成功的表演，……自己都覺得顧盼間光豔照人」〔註26〕，她模糊地期待鄺裕民能對她嘉許、陪她跳舞、徹夜不眠。

很不幸的是，在情慾上，鄺卻屢次傷害了她。正當王佳芝對於鄺已然有水到渠成的情慾期待時，同學們竟「早就背後討論過」〔註27〕以她為誘餌、為犧牲品；讓歐陽靈文在劇中扮演她的先生，而讓「唯一嫖過妓」的梁閏生為她破處。因此，「有一陣子她以為她可能會喜歡鄺裕民，結果後來恨他，恨他跟那些人一樣。」〔註28〕就王佳芝而言，鄺跟其他人一樣，是同樣在於把她的身體〔註29〕當成祭品（物化了她），藉以神化自己愛國目之道德性正確。

梁閏生則不同，做為鄺的對照角色，梁是組織中唯一嫖過妓的「不道德」男子。王佳芝原本極不喜歡此人：「偏偏是梁閏生！當然是他。只有他嫖過。既然有犧牲的決心，就不能說不甘心便宜了他。」〔註30〕但畢竟還是不甘心，後來香港的行動未成，她則因為貞操被剝奪、懵懂的情感被出賣，和梁閏生鬧得很僵，因此在同學間更顯孤立〔註31〕。

〔註25〕比如小說裡引用辜鴻銘說「到女人心裡的路通過陰道」（頁36），又辯證茶壺與茶杯的關係後，即帶到王佳芝與梁閏生、老易及鄺裕民三人之關係。

〔註26〕〈色，戒〉，頁26。

〔註27〕王佳芝同張愛玲一般，對於公眾顯然是不感興趣的，甚至對於他們深覺疑懼，例如小說裡寫到：「偶爾有一兩個人悄聲嘰咕兩句，有時候噗嗤一笑。／那嗤笑聲有點耳熟。這不是一天的事了，她知道他們早就背後討論過。」（頁26）後來則「大家都知道她是懊悔了，也都躲著她，在一起商量的時候都不正眼看她。／『我傻。反正就是我傻，』她對自己說。／也甚至於這次大家起閧捧她出馬的時候，就已經有人別具用心了。」（頁27）

〔註28〕〈色，戒〉，頁37。

〔註29〕張愛玲在小說中用了一個特別的隱喻，她寫到鄺裕民笑著跟王佳芝說：「他們都是差不多鎗口貼在人身上開鎗的，哪像電影裡隔得老遠瞄準。」（頁29）

〔註30〕〈色，戒〉，頁26。

〔註31〕〈色，戒〉，頁27。張愛玲後來在〈談《色，戒》〉一篇「初稿」分析王佳芝

　　道德有時與邪惡似乎難以區分，性慾初啟的她後來覺悟到：「甚至於這次大家起鬨捧她出馬的時候，就已經有人別具用心了。」〔註 32〕小說中提及梁閏生「裝作沒注意」她的胸部越來越高〔註 33〕，而且於行動前撥電話時「怕是梁閏生」，又說他「很識相，總讓別人上前」〔註 34〕，似乎在不動聲色的道德避諱下，她的性慾與梁有種戲散之後，難以明言的彼此理解，因為對這份性慾的共謀理解而害怕。

　　性慾關係因此在梁與王之間，成為一種曖昧的心結，王佳芝也試圖說服自己不會因為與梁發生過關係，就開啟她的心。小說裡她問著自己：「像她自己，不是本來討厭梁閏生，只有更討厭他？／當然那也許不同。梁閏生一直討人嫌慣了，沒自信心，而且一向見了她自慚形穢，有點怕她。」〔註 35〕其實彼此所害怕的是，違逆道德的性慾想像。

　　梁閏生這個角色的設計，正是居於整篇小說在戲裡（易先生的性慾召喚）戲外（鄺裕民的道德號召）核心的樞紐〔註 36〕。

（四）情慾解放及其投射

　　比較起來，小說中的反派人物易先生，竟成為王佳芝唯一合理卻也荒謬的情慾出口（例如小說裡這樣描述王佳芝的感受：「事實是，每次跟老易在

的心態：「她的動搖，還有個遠因。第一次行刺不成，賠了夫人又折兵，不過是為了喬裝婚婦女，失身於一個同夥的同學。對於她失去童貞的事，這些同學的態度相當惡劣——至少給她的印象是這樣——連她比較最有好感的鄺裕民都未能免俗，讓她受了很大的刺激。她甚至於疑心她是上了當，被愚弄了，有苦說不出，有點心理變態。不然也不至於在首飾店裡一時動心，喪失了理智，聯帶的喪失了生命。」（轉載自《亞洲週刊》，第 21 卷第 37 期，頁 30～31）

〔註 32〕〈色，戒〉，頁 27。
〔註 33〕〈色，戒〉，頁 22。
〔註 34〕〈色，戒〉，頁 20。
〔註 35〕〈色，戒〉，頁 37。
〔註 36〕李安這部電影的編劇王蕙玲在接受影評人藍祖蔚採訪時，藍問到劇本在改編小說時所遇到的第一個瓶頸是什麼？王說是：「梁閏生。讀〈色，戒〉時，我最震撼，或說最過不去的就是梁閏生事件，我看到張愛玲筆下的冷酷。……張愛玲三言兩語就交代了王佳芝的心情起伏，我卻是看了如同芥末衝鼻頭皮發脹，始終過不了這一關，因為我寫不出如此天真的壞，我常常要問李安：『梁閏生到底長什麼樣子？她怎麼可以？他們怎麼可以？』……此處的艱難，對我而言是整個故事的痛點，也許要從最純真的友情開始摧殘起而後此去一路……」（藍祖蔚，〈重建張愛玲廢墟——專訪《色｜戒》編劇王蕙玲〉，《自由時報・副刊》，2007 年 10 月 8、9 日）

一起都像洗了個熱水澡，把積鬱都沖掉了，因為一切都有了個目的」〔註37〕）。說「合理」，是因為有政治道德的大旗（目的）遮掩王佳芝縱情聲色；說「荒謬」，則因為這情境太不真實，兩人之間無可信賴，致命聯繫僅止於肉體的誘惑交纏。虛情假意，歡愛到頭，不是你死，便是我亡。

　　張愛玲對於易先生形象的描寫不多，只說這位漢奸「顯得矮小」、生得「蒼白清秀」，有點「鼠相」〔註38〕，一個「四五十歲的矮子」〔註39〕，寫來頗見平凡〔註40〕。甚至於這角色在作者筆下亦未必多麼精明、好色，張愛玲代他自白：

> 本來以為想不到中年以後還有這樣的奇遇，當然也是權勢的魔力。那倒還猶可，他的權力與他本人多少是分不開的。對女人，禮也是非送不可的，不過送早了就像是看不起她。明知是這麼回事，不讓他自我陶醉一下，不免憮然。

〔註37〕〈色，戒〉，頁 28。

〔註38〕〈色，戒〉，頁 17。

〔註39〕〈色，戒〉，頁 23。這個歲數男人與王佳芝的情愛關係，不免令人聯想及張愛玲與胡蘭成的婚姻（張 25 歲、胡 39 歲）；又胡蘭成曾任汪精衛政權宣傳部次長、行政院法制局長等要職，其為公認之漢奸與易先生雷同；且張、胡於上海初次見面，臨別時，胡蘭成送她到弄堂口，兩人並肩走著，胡親切地對張說：「妳的身裁這樣高，這怎麼可以？」（胡蘭成，〈民國女子〉，收入《張愛玲卷》，唐文標編，台北：遠景，1982 年，頁 125）可知在身高上亦約略彷彿。

〔註40〕在〈色，戒〉中特地描寫老易「陪歡場女子買東西，他是老手了，只一旁隨侍，總使人不注意他。」（頁 38）不注意到他，卻因而突顯了她的明媚神采。張愛玲小說中的男性角色其實無足輕重，而且相對於女主角的深刻自省，這些男子多半成為一個模糊的客體、或背影，誠如她在小說中所察覺的：「她明明知道喬琪不過是一個極普通的浪子，沒有甚麼可怕，可怕是他引起的她那不可理喻的蠻暴的熱情。」（〈沉香屑——第一爐香〉，《張愛玲小說集》，頁 333）「我愛你，關你什麼事，千怪萬怪，也怪不到你身上去。……人與人之間的關係裡，根本談不到公平兩個字。」（頁 338）她習於採取一種極度自我的角度，來演繹女子心理層面之沉迷與覺醒。李昂亦認為：「〈色，戒〉少去張愛玲最為人稱道的景象渲染、華麗至極的文字，深入人物內裡的荒涼，反倒容易看到小說作家張愛玲對男女關係的原型。為了愛，紅玫瑰、白流蘇、葛薇龍，當然包括王佳芝等等張愛玲筆下傳誦一時的女主角，付出了代價。而那通常是不那麼能愛，或者說，只能愛一時片刻的男主角，更會將女主角推向悲慘境遇，甚至可能是死亡。有趣的是，這些女人們，在某個層面上，堪稱無怨無悔，或者，他們的人生也就是如此，沒有什麼好怨悔的。而這些女人，的確是走在女性自主的前鋒。」（《皇冠》，第 644 期，台北，2007 年 10 月，頁 25）

> 陪歡場女子買東西，他是老手了，只一旁隨侍，總使人不注意他。
>
> 此刻的微笑也絲毫不帶諷刺性，不過有點悲哀。〔註41〕

卻反而著墨於這位鼠輩的荒涼、孤獨與自欺。〔註42〕

奇特的是，被老易視為「歡場女子」〔註43〕、自覺「像妓女一樣」〔註44〕、「風塵女人」〔註45〕的王佳芝〔註46〕，因為入戲的情慾投射，到了致命時刻，竟對於那「鼠輩」一般易先生之荒涼、孤獨產生同情，這是一場兩人陶醉其中，卻已劍拔弩張，刻不容緩，然而還不應該落幕的戲。

王佳芝甚至在那光景下，仔細地凝視眼前的可憐人：

> 他的側影迎著檯燈，目光下視，睫毛像米色的蛾翅，歇落在瘦瘦的
> 面頰上，在她看來是一種溫柔憐惜的神氣。
>
> 這個人是真愛我的，她突然想，心下轟然一聲，若有所失。
>
> 太晚了。〔註47〕

從王佳芝的處境來看，在她與老易祕不可宣的性愛關係裡，早已產生了一種莫名而悲哀的情感投射。他與她同樣是時代的棄人，他是人人欲除之而後快的漢奸，猶如她為了一齣戲失去貞操被同學們所恥笑〔註48〕。

王佳芝心底明白，殺了老易，便等同於毀掉戲中麥太太「天方夜譚」一般綺麗的幻境〔註49〕，她的情感還怎能寄託？她不由自主縱身於這幻境中〔註50〕，

〔註41〕〈色，戒〉，頁37～38。

〔註42〕胡蘭成曾說張愛玲「從來不悲天憫人，不同情誰，慈悲佈施她全無，她的世界裡是沒有一個誇張的，亦沒有一個委屈的。……我的囿於定型的東西，張愛玲給我的新鮮驚喜卻尚在判定是非之先。」（〈民國女子〉，收入唐文標編《張愛玲卷》，頁128～129）、「愛玲對好人好東西非常苛刻，而對小人與普通東西，亦不過是這點嚴格，她這真是平等。」（同前，頁132）此所以她筆下的易先生，並非一般刻板定型之漢奸形象。

〔註43〕〈色，戒〉，頁38。

〔註44〕〈色，戒〉，頁24。

〔註45〕〈色，戒〉，頁37。

〔註46〕這種自卑感該從她被鄺裕民等人推給「嫖過」的梁閏生時，即已形成。應該指出的是，張愛玲小說中很經常地採用這個角度自省，如〈沉香屑——第一爐香〉（頁297）、〈封鎖〉（頁489）。

〔註47〕〈色，戒〉，頁38。

〔註48〕如小說中用了「特務不分家」（頁42）來說明彼此處境之類似。

〔註49〕〈色，戒〉，頁35。

〔註50〕說是「縱身」幻境，此所以張愛玲安排她前往「愚園路」，途間三輪車上有小風車團團飛轉，或許是象徵她經此抉擇後的自由感。

再一次，卻彷彿是自覺地，成了愛情的犧牲品〔註51〕。

（五）走出戲外〔註52〕：殘酷的領悟

尚值一提的是，此篇小說常常藉由戲劇情境以表現心理活動，如王佳芝透過咖啡館裡第三者的角度觀察自己：「估量不出她是什麼路道？戴的首飾是不是真的？不大像舞女，要是演電影話劇的，又不面熟。／她倒是演過戲，現在也還是在台上賣命，不過沒人知道，出不了名。」〔註53〕這種特殊的自我指涉方式，於此不妨稱為「反射」寫法。又如王與梁閏生被迫發生關係時感到：「今天晚上，浴在舞台照明的餘輝裡，連梁閏生都不十分討厭了。……於是戲繼續演下去。」〔註54〕這和王後來看待易先生時心想：「這個人是真愛我的」〔註55〕，同樣出自於一種自我投射的心理反映。

這種自我投射的觀察，有時成為曲折的剖析，如小說裡把這戲劇般的幻境，形容為像一場夢：「那沉酣的空氣溫暖的重壓，像棉被搗在臉上。有半個她在熟睡，身在夢中，知道馬上就要出事了，又恍惚知道不過是個夢。」〔註56〕作者已由簡單的「反射」，進一步狀寫兩重人格之分裂，姑且稱之為「折射」寫法。張愛玲透過舞台光炬般的反射與折射書寫，襯托了王佳芝演出時的自省、自戀〔註57〕。

作者並沒有讓女主角白白犧牲，她在人格分裂的兩難間（王佳芝面對鄺裕民在情感上的貧乏與危殆、「麥太太」陪伴易先生卻享有性慾鑽戒之虛

〔註51〕在小說〈沉香屑──第一爐香〉最後，張愛玲寫到灣仔市集上待價而沽的少女，張氏讓女主角葛薇龍有類似的反省：「我跟她們有什麼分別？……她們是不得已，我是自願的。」（頁339）

〔註52〕我們從收錄在《餘韻》（台北：皇冠，1987年5月）一書中的〈散戲〉，可以看見〈色，戒〉此篇較早的故事雛型，張愛玲即以「散戲」為名，作為全篇故事之基調。

〔註53〕〈色，戒〉，頁24。

〔註54〕〈色，戒〉，頁27。

〔註55〕〈色，戒〉，頁38。

〔註56〕〈色，戒〉，頁34。

〔註57〕盧正衍提到在這篇小說中：「佳芝的自戀傾向幾乎無處不存在，都經由『鏡子』（或類似的代替品）顯現出來。」（《張愛玲小說的時代感》，台北：麥田，1994年，頁148）鍾正道曾援引了法國精神分析學者雅克·拉康（Jacques Lacan，1901～1981）的「鏡像理論」以解釋張愛玲的作品（鍾正道，《張愛玲小說的電影閱讀》，台中：印書小舖，2008年3月，頁246）。蘇偉貞則認為：「與其說是易先生的權力、情感改變了她，不如說王佳芝是被自己感動到大神附體而忘我上戲放水。」（《皇冠》，第644期，頁25）

榮）〔註58〕，選擇了遁入戲中，就某個層面來看，竟使其自我具有了神話般的絢爛姿態〔註59〕。

那麼倖免於難的老易呢？王佳芝要他「快走」，也虧得他經年累月的恐懼操演，終歸是倉促脫了險。兔脫後的老易怎麼看待與處置他與王的這段關係呢？張愛玲對於他有複雜的描寫，首先是幾乎也入戲地對王心存感念：

> 想想實在不能不感到驚異，這美人局兩年前在香港已經發動了，佈置得這樣周密，卻被美人臨時變計放走了他。她還是真愛他的，是他生平第一個紅粉知己。想不到中年以後還有這番遇合。
>
> 不然他可以把她留在身邊。……〔註60〕

然而卻又冷靜自私地抽身忖度，身不由己的當下處境：

> 她臨終一定恨他。不過「無毒不丈夫」。不是這樣的男子漢，她也不會愛他。
>
> 當然他也是不得已。日軍憲兵隊還在其次，周佛海自己也搞特工，視內政部為駢枝機關，正對他十分注目。……〔註61〕

荒誕的是，易竟為了扮演好想像中的「男子漢」，冷酷地抽離七情六慾，回到了現實的算計。

王佳芝失敗，是她誤把那從璀璨戒指、與玻璃櫥窗中所折射出來的，迷離神祕的扭曲幻境（那個光豔照人的被飾演角色）當真〔註62〕。關於此點，曾經入了戲，即使冷酷的老易也不能無動於衷，然而他只能自欺：

> 得一知己，死而無憾。他覺得她的影子會永遠依傍他、安慰他。雖然她恨他，她最後對他的感情強烈到是什麼感情都不相干了，只是

〔註58〕小說裡刻意描寫女主角這種人格分裂的對話與角力，特別從 32 頁到 38 頁，皆為前述「折射」寫法。

〔註59〕所以小說稍後會這麼寫：「車如流水，與路上行人都跟她隔著層玻璃，就像櫥窗裡展覽皮大衣與蝙蝠袖爛銀衣裙的木美人一樣可望而不可即，也跟她們一樣閒適自如……」（頁 40）塑造了神話一般可望不可即的完美形象。

〔註60〕〈色，戒〉，頁 42。

〔註61〕〈色，戒〉，頁 42。

〔註62〕盧正衍採用佛洛依德《精神分析引論‧新論》裡關於「自戀症」的理論，認為王佳芝「只是將老易當成能反照自身的『鏡子』而已。……她的慾望集中在自我之上，完全忘了這面鏡子其實是一把殺人的利刃，她在幻覺中迎向老易，彷彿水仙子不顧一切地接近自己的重像，在慾望主體擁抱慾望客體的同時，利刃穿體而過，她得到了死亡。」（《張愛玲小說的時代感》，頁 151～152）

有感情。他們是原始的獵人與獵物的關係，虎與倀的關係，最終極
的佔有。她這才生是他的人，死是他的鬼。〔註63〕

性愛的原始慾求，死亡的終極泯沒，荒漠生命裡一閃即逝的愛情輝光。
〔註64〕是老易佔有了王佳芝的感情嗎？或是王之消殞帶給老易絕然的寂涼
呢？王佳芝背德的孤注一擲，為戲中永逝的情感憑添了亢奮無措之悲壯。

而這老辣的男人，為了安全，也只能永遠把自己戲裡的心扉緊閉〔註65〕，
親手抹滅所有美麗的幻影，在喧笑聲中，悄然走出一場荒謬的戲外〔註66〕。

二、影像的直視與俯視：李安電影《色｜戒》

如果說張愛玲巧妙使用了文字來剖析王佳芝的情慾——從那些折射或反
射的色相陰影裡；李安則試圖運用影像來重構這整個故事，由於影像的豐富
曖昧畢竟與文法之邏輯指涉有別〔註67〕，又或者是出自一位男性導演——李
安決定改用直視或是俯視的角度運鏡，來再現這個悲涼荒謬的故事。

〔註63〕〈色，戒〉，頁43。

〔註64〕張愛玲此作表現的還是感情，儘管是殘缺澆涼：「……前一個時期，大家都是
感傷的，充滿了未成年人的夢與嘆息，雲裡霧裡，不大懂事。一旦懂事了，
就看穿一切，進到諷刺。喜劇而非諷刺喜劇，就是沒有意思，粉飾現實。本
來，要把那些濫調的感傷清除乾淨，諷刺是必須的階段，可是很容易停留在
諷刺上，不知道在感傷之外還可以有感情。因為滿眼看到的只是殘缺不全的
東西，就把這殘缺不全認作真實。」（〈我看蘇青〉，《餘韻》，頁89～90）

〔註65〕事發後，張愛玲描寫易先生曾想過要把牆上的厚呢窗簾取下，「把整個牆都蓋
住了，可以躲多少刺客？他還有點心驚肉跳的。／明天記著叫他們把簾子拆
了。不過他太太一定不肯，這麼貴的東西，怎麼肯白擱著不用？」（頁41）老
易以這種厚重的封閉裏藏保護自己，當然是因為危險，但不免也是一種姿態；
寫王佳芝則說：「樓下兩邊櫥窗，中嵌玻璃門，一片晶澈，在她背後展開，就
像有兩層樓高的落地大窗，隨時都可以爆破。……她把戒指就著檯燈的光翻
來覆去細看。在這幽暗的陽台上，背後明亮的櫥窗與玻璃門是銀幕，在放映
一張黑白動作片，她不忍看一個流血場面，或是間諜受刑訊，更觸目驚
心，……只有現在，緊張得拉長到永恆的這一剎那間，這室內小陽台上一燈
熒然，映襯著樓下門窗上一片白色的天光。有這印度人在旁邊，只有更覺是
他們倆在燈下單獨相對，又密切又拘束，還從來沒有過。」（頁34～35）儘管
王佳芝不是不知道危險，她卻將明亮的櫥窗玻璃當成了銀幕，硬是把一齣流
血的諜報悲劇，演成了浪漫愛情喜劇，於此可見其枉顧現實的癡愚。

〔註66〕〈色，戒〉，頁44。

〔註67〕李安說：「我覺得電影和小說是不同的媒體，改編時常常從裏子到面子都得換
掉，以片子好看為主。」（張靚蓓，《十年一覺電影夢》，台北：時報文化，2002
年，頁272）

折射或反射，自是有心的規避，作者藉由委婉曲折的敘述，由事件表象的枝微末節處，逐漸深入於核心的內裡，乃至顛覆了原有對於內核的恐懼。

直視或是俯視〔註68〕，則無可避免必須放棄暗示的曲折曖昧，甚至得要補充許多原本藏在文字底下的線索，藉由對白加以襯托。

（一）父愛與家國

整部電影對於小說最明顯的改寫，應該是關於王佳芝父親的部分。事實上，在張愛玲原著中，並未有隻字片語提及王佳芝的父親，但在影片中卻多所著墨。比如王佳芝在隨嶺南大學遷往香港時，一直期望她父親能將她接往香港，但是她的父親卻無法做到，過了不久，她父親來信說是再婚了。三年後，王佳芝還是沒能前往英國，她決定變賣父親上海的房子，重新回到學校讀書。一直到她最後加入老吳的諜報工作，她還寫了封信給她的父親，算是訣別。

影片中王佳芝對於父親的感情，應該是很複雜的，她曾一心期望能夠遠離國內戰火的騷亂，前往英國。但是她父親把弟弟帶到英國，卻留下她的遺棄感，加上再婚的背叛感，該使得她對父親別有一種感慨〔註69〕；最後她決定離開香港，選擇重回上海讀書，不能不說是對於父親原有安排的失落與絕望。

王佳芝的父親，在片子裡也許帶有模糊的家國想像，影射一個永不在場的背影。戰火中的香港人或許對於英國（或國際社會）曾抱過不切實際的憧憬；但事實上，影片裡曾特別帶到，外國人在戰亂中也只能卑躬排隊領硬麵包吃，影片中日本政府號召「讓Asia回到Asia」的二次世界大戰口號，使得這整部影片，具有了更寬廣的時代背景。

這份對於父親的期盼，最後投射到鄺裕民這個角色（話劇團導演）的身

〔註68〕俯視鏡頭似乎是李安電影中喜歡採取的角度，在「臥虎藏龍」一片曾多所使用，在本片中的俯望，如雨中六位同學跨著大步高唱「畢業歌」的街景、如事敗後六人臨刑前深淵似的黑暗，彷彿皆具有深刻的時代意識。

〔註69〕如李安於影片中曾特地設計王佳芝在香港劇院邊看《寒夜琴挑》（Intermezzo，1939）一邊掉淚的情節。據李歐梵考據，《寒夜琴挑》主要是敘述一個年輕貌美的女鋼琴教師，教導另一位小提琴家的女兒彈鋼琴，沒想到兩人日久生情；私奔之後，男主角終因不捨而返回了家庭（〈《色，戒》與老電影〉，《蘋果日報》，2007年10月7日，不過李歐梵稍後解釋說李安可能藉以「影射張愛玲此後愛上一個有婦之夫的命運」，其推論有誤）。王佳芝看此片淚如雨下，也是一種「戲中戲」的呈現，以表露她對於父親有同樣的恐懼與期待。

上，影片中賴秀金說他是「典型的導演，誰的意見都不聽」，以後都得「聽他的話」。鄺因為大哥死於戰火，父親不要他再去送命，所以鄺想為大哥報仇，只能積極借由演出愛國劇碼募款。影片中，李安很巧妙地安排了一場嶺南話劇團在香港大學演出時的戲中戲，在舞台上，鄺演出一個受傷的國軍軍官，王則演出一個受困於家裡照顧生病母親的女孩，女孩的哥哥已經戰死，女孩生病的母親則誤認這位受傷軍官正是她的兒子。劇中，王佳芝扮演的角色流著淚說：「哥哥扛起了這個家」，把鄺當成了（替代父親）扛起家（而非逃出國）的大哥；這裡所必須扛起的「家」，自然是影片中高呼的「中國不能亡」。而鄺則在這種角色扮演中，獲得慟失大哥與無法親自作戰的補償。

　　二十出頭的王佳芝與中年的易先生，二人實存有年齡上的差距，其情感關係是否具有「戀父情結」，影片中並不明顯。然老易這個角色大權在握，這種情感的轉移也是可能的。〔註70〕

─────────────────

〔註70〕嚴紀華已指出張愛玲小說中「似乎是借屍還魂的道出了張愛玲過去與胡蘭成的情感試煉與創傷。亦即將王佳芝的情慾釋放與張氏本身的情慾釋放連結，從這個角度觀察，整個間諜故事的主謀兇手或可遙指到『父愛的癥結』：也就是張愛玲所曾經歷過的又愛又恨的缺陷童年，以及她一直深深企盼卻終於落空的感情（親情、愛情）。」（〈一篇小說的構成──以張愛玲的〈色，戒〉為例〉，《中國文化大學中文學報》，2002 年 3 月，頁 249）又藍祖蔚曾就電影問及編劇王蕙玲：「有關王佳芝的身世和心情，你就自行加了不少料，讓我們看到了她和父親的矛盾心情，也暗示了她想要前往英國的心理，為什麼？」王的回答是：「我們增加的部份有許多是張愛玲個人的生命脈絡。當我們在摸索王佳芝，尋找她的身影時，幾番尋思，感覺在這世界上，似乎沒有比張愛玲更像王佳芝的人了。……小說中沒有交代王佳芝和家人的關係，所以我就把張愛玲的身世揉進王佳芝生命裡，張愛玲的母親從小就離開她到法國去唸書，她也感受不到父愛，父親的再娶也讓她痛哭，她一直想要去英國唸書，但是命運總是唾手可得的時機就翻盤不見了，先是通過了倫敦大學的入學考試，卻因為歐戰爆發，去不成英國，只能轉往香港大學就讀，就在她爭取到全額獎學金，甚至可以保送到英國念大學時，又因為太平洋戰爭爆發而泡了湯，參考張愛玲的故事，替王佳芝添加入她對父親的愛恨情結，也找一些她對易先生這樣的男人某種心理上的投射。」（藍祖蔚，〈重建張愛玲廢墟──專訪《色｜戒》編劇王蕙玲〉）李安於接受採訪時曾提及他對張愛玲此篇的看法：「我覺得，其實張愛玲也是非常缺乏愛的一個人。……正是因為張愛玲對父愛和愛都是很欠缺的，並且在成長時期受了許多虐待，所以，胡蘭成的才氣和對她的提拔，能對她造成巨大吸引力。……我覺得胡蘭成這個人的人品也是有一些問題的，不是特別的高尚，所以張愛玲這一輩子對情感和愛情是有欠缺的，很難講她對愛情有什麼樣的看法，所以〈色，戒〉這個小說寫得如此殘酷，而這也是令我難以自拔的原因──從這個既真實又殘酷的小說裏，怎樣找到我們的情感賴以存活的東西？……張愛玲跟胡蘭成其實很短

另外一個類似的重要角色，則是影片後來出現的老吳，老吳既代表重慶政府的特務首腦，因此也具有家國的正當性。他在影片中曾告誡王佳芝要「忠於黨，忠於領袖，忠於國家」，即為顯例；而他在受鄺、王質疑何不迅速採取行動時〔註 71〕，更義憤填膺地說到自己的妻子與兩個孩子死於易的手上，強調做為父親身份的他，比誰都更具有正當性。令人傷感的是，當王佳芝寫下一封訣別書給她父親時，老吳竟然趁她不在把信給燒了，還跟王承諾說事成後將送她去英國見她父親。在此，滅族亡種的救國正當性，已凌駕且取代了任何私人的父女情誼。

就某個層面來看，這部影片中的結局是令人感傷的，鄺裕民曾因為家國的正當性，暫時擱置了私人的情慾，而使得王佳芝為此感到迷惘、被出賣〔註 72〕。後來，當鄺動了真情，希望能迅速採取行動，說「要保護她」，但是卻要向誰保護？向老易或老吳？〔註 73〕事發後，在南郊石礦場臨刑前，鄺看待王的眼神是極其複雜的，一方面因為他的不慎以致被張祕書等人所捕，是愧咎；一方面是對於老吳兔脫，沒能保護這一幫同學，是被出賣；一方面是終因怯懦使兩人走到這地步，是憤恨；另一方面對於王竟動情於老易，是被背叛。

所謂「愛國」或「叛國」，因此在這片中成為一種艱難的人性辯證，充滿了瘋狂的愛恨交織，忠誠或欺騙成為一把兩刃的刀，沒有人能全身而退。片尾拍攝六個大學生臨刑，李安以遠鏡頭俯瞰廢礦場的黑暗湖水，正表明整個

暫、很欠缺、很不完美。」（李達翰，《一山走過又一山——李安、色戒、斷背山》，台北：如果出版，2007 年 9 月，頁 441～442）

〔註 71〕這一點與王佳芝的親生父親極相類。

〔註 72〕王佳芝等於是被「導演」鄺裕民推給了老易和梁閏生的，鄺與梁稍前曾為接近易先生，而與其副官老曹應酬，梁更因此而嫖了妓，鄺在此則有道德潔癖。王奉命與梁上床後，心中如小說所提的，感到自己像是個妓女，這種感受不完全是來自於同學間的批評，實與身體及心靈的衝突有關。後來在與易先生於虹口區日本餐館見面時，王也向易說到：「我知道，你要我做你的妓女。」始終寫有一種身不由己的道德性自譴。

〔註 73〕電影在此有一段巧妙的情節安排，王佳姿拿了易先生給她的名片與老吳、鄺裕民商討是否行動，待吳下樓後，鄺在樓梯間情不自禁擁吻了王，兩人手上所拿裝有易先生名片之信封掉落於地面，王激動地說：「三年前你原可以的！」鄺則仍將信封撿起交給了王。其實在這以前，鄺已經感覺到老吳只是把王當成誘餌、無傷的犧牲品，鄺如足夠真誠，他大可拋下易的名片，立刻帶著王遠走高飛，那麼後來的悲劇或許就不必發生。可惜鄺終究過分軟弱，錯失全局。

大時代的晦暗，葬送了所有的單純。

（二）以性愛演繹

其次，電影與小說更大不同處，尤在於二者處理性愛的手法。張愛玲在小說中只以第一人稱文字作曲折的暗示，比如說：「每次跟老易在一起都像洗了個熱水澡，把積鬱沖掉了……」〔註74〕、「跟老易在一起那兩次總是那麼提心吊膽，要處處留神，哪還去問自己覺得怎樣？」〔註75〕性愛成了王佳芝意識底下祕而不宣的感受，她不欲明白承認〔註76〕，卻時時縈繫於心扉。

然而原作中這種自言自語似的曲折暗示，當要轉變成攝影畫面時，卻不好再用事後回想的意識流動來表現；李安轉而選擇以直視的角度如實呈現二人性愛過程，加入了三場性交情節，卻因此舉惹出不少衛道者之非議〔註77〕。

如果文字有助於細緻表現第一人稱的意識流動，那麼以鏡頭正視原本主角所閃避的情節現場，則不得不呈現出第三人稱的冷靜客觀。基本上，這種客觀敘述的角度，成為李安說這故事的基調〔註78〕。

戲劇表演與文字之不同，在於文字的魔力是經由持續編織，才能逐漸拼湊出一個可資想像的氛圍；而戲劇所重視的卻是在肢體表演〔註79〕，強調畫

〔註74〕〈色，戒〉，頁28。

〔註75〕〈色，戒〉，頁37。

〔註76〕如小說裡提及「英文有這話：『權勢是一種春藥。』對不對她不知道。她是完全背動的。」（頁36）又王佳芝自忖：「有人說：『到女人心裡的路通過陰道。』……至於什麼女人的心，她就不信名學者說得出那樣下作的話。她也不相信那話。……那，難道她有點愛上了老易？她不信，但是也無法斬釘截鐵的說不是，因為沒戀愛過，不知道怎麼樣就算是愛上了。」（頁36～37）

〔註77〕因為原著只是一筆帶過，批評者多半質疑此片拍攝床戲之必要性。張小虹則認為：「有的導演拍床戲是為了噱頭與票房賣點，有的導演拍床戲是前衛反叛的一種姿態，《色｜戒》中的床戲卻是讓《色｜戒》之所以成立的最重要關鍵。」（〈大開色戒──從李安到張愛玲〉，《中國時報·人間副刊》，2007年9月28日）

〔註78〕比較特殊的例外，是影片中李安曾讓王佳姿直視鏡頭前的觀眾，有下述獨白：「他不但要往我身體裡鑽，還要像條蛇一樣，往我的心裡愈鑽愈深。我得像奴隸一樣的讓他進來，只有『忠誠』的待在這個角色裡面，我才能夠鑽進到他的心裡。每次他都要讓我痛苦得流血哭喊，他才能夠滿意，他才能夠感覺到他自己是活著的；在黑暗裡，只有他知道這一切是真的。」這一段刻意設計的後設對白，既是故事角色王佳芝的告解，也是演員湯唯與導演李安的告解。

〔註79〕如梁朝偉在受訪時提到，他曾花了許多時間揣摩當時的人如何走路，演員是從肢體動作進入角色的內在心理演繹。

面即時性的視覺張力；正因如此，李安重現這故事時，透過鏡頭下的肢體演繹、扭曲的表情與曖昧眼神，我們可以「看」出張愛玲原著中不曾出現的緊張與暴力。

影片要生動精彩，肢體表演就不能不獨樹一幟。李安擅於在影片中展現出各種技藝，如《飲食男女》中刻意讓老朱（郎雄飾）表演各種烹飪技巧，如《臥虎藏龍》中刻意藉玉嬌龍（章子怡飾）與俞秀蓮（楊紫瓊飾）交手以展示傳統擒拿術、及操演各式兵刃。此片中易先生與王佳芝的性愛姿勢亦不遑多讓，其動作大致上可以分為三個階段，來表現角色關係之變化。

在影片的第一場性愛情節中，易先生在蒙了一層灰的私人套房〔註80〕，是以 SM（施虐）方式發洩他的情慾，他推王佳芝撞牆，扯破她的旗袍與底褲，用皮帶抽打她，從背後體位進入洩慾；而王卻不甘心，頻頻回頭看他。基本上易先生是把王佳芝當成了刑求對象，從施虐中取得其支配者位置。

第二場情節發生在易先生家，雖然門外是警衛森嚴，狼犬巡梭的致命警戒，房內的兩人肢體有了緊密互動，易不再只是功能性的進入王的體內，他撫摸每一吋肌膚，甚且王佳芝有時在上位主導，以表現兩人在性關係上的妥協與交易。王則藉機跟易要了一棟公寓。

第三場性愛場景則是在王的公寓，此期王已屢採上位主導，與易互相翻滾時也曾想過拔槍取其性命，但此念頭終究一閃即逝。李安甚至安排王用枕頭悶住易的眼鼻，表現出一種窒息式性愛的緊張與高潮〔註81〕，以證明易對於王的逐漸信任，來呈顯兩人在性行為中的主從辯證關係，及歡愛底下生死繫之的亢奮。

影片裡這種藉由情節、動作所透露的（性）權力翻轉，早已超越了張愛玲小說中原有的獨白式的佈局構想，李安似乎真心相信，而且拍出了因為性

〔註80〕套房裡「蒙了一層灰」的安排，張愛玲原著中未見，顯然是李安影片的創意。這麼安排，是為了表現那房間窗戶許久未關上。影片中的易先生曾自述怕黑，又時時安排他每當進入房間隨從者便迅速拉上簾子，以表現出小說中「鼠輩」的恐懼。窗戶經久不關，表示他也有見到光明的需求，在那房間裡他才真正覺得安全，可以顯露自己的本來面貌。（其實在香港時期，王佳芝也有類似的裸身開窗之情節設計，這已純然是電影語言了。）

〔註81〕在第三場性愛發生之前，影片設計王在特務機關外等待易，待易上了車，說是剛才虐殺了二名反動分子，他甚至想像其中一人滿身血腥地壓在王佳芝身上，與其交歡。李安頗刻意摹寫因為戰爭所扭曲的人性，情慾與死亡交織的衝突性。

慾而發生的情意溝通之可能性〔註82〕。透過裸體來鋪陳並演繹情慾，當然可以見出導演與演員的真誠勇敢，這種極限性的演出，恰好讓觀眾從另一個側面窺見張愛玲原著的辛辣，誠如小說中所謂的：「不吃辣怎麼胡得出辣子？」〔註83〕

（三）戰亂之扭曲

其次，李安對於原著的重大改寫，還包括了角色心理的實質轉變。

張愛玲原著寫到，因為易臨時受命遷往南京，謀刺未成留置於香港的王佳芝，在心理上曾有兩年的失落；這期間「失去目的」之懸宕，事實上加深了王的性慾自覺與驅力。

李安在影片中，則把這二年的時間改成三年，此期間所發生的變化，影片中刻意拍攝出戰火的殘酷、與死亡之陰影。如王佳芝重回上海時期所出現的鏡頭，就是橫置於上海街頭被槍斃身亡的屍體，路倒民眾實在多如草芥，救護隊員逐一確認這些身體是否已然僵直，如果沒救了，就簡單地堆上平板推車棄置焚燒。街坊難民排隊領糧，路上處處封鎖警戒。

與張愛玲刻意摹寫王的性慾有別，李安則讓王佳芝在這種風聲鶴唳、朝不保夕的情勢下，重新回到學校，並且拿著變賣家產的錢，特地跑到電影院裡觀賞《斷腸記》（Penny Serenade，1941），藉由影像以維繫當年舞台上表演的夢想，也流露出自己對於已逝愛情的割捨〔註84〕。

香港謀刺計劃失敗後，王因為對於鄺裕民及其他同夥的失望，她沒有加入劇團後續的發展，成為一個單純置身於事外的人。沒想到當年的同學們卻都因為捲入刺殺副官老曹事件，而加入了重慶政府從事地下工作；王在戲院裡被賴秀金認出，因此得以與鄺重逢，鄺又再度以謀刺老易的計劃請求王襄

〔註82〕同樣的手法，又如影片中處理王佳芝與梁閏生的兩段床戲，第一場原是梁在上位，第二場卻轉變為王在上位主導，梁甚至還詫異地問了：「妳今天好像比較有感覺？」王則說她不想討論這話題。不想討論，是因為彼時心理尚未調適，既覺被鄺背叛，然又感到生理上的刺激。

〔註83〕〈色，戒〉，頁44。

〔註84〕在香港時期，易先生在餐館曾問王佳芝平時有何興趣，王說是看電影。《斷腸記》影片情節，主要描述一個即將離婚的女人回想自己的過往，一次是婚後與丈夫到日本旅行，一次則是收養的女兒去世，夫妻倆因為無法適應傷痛，而導致感情破裂的結局。影片裡的養女去世，可以解釋為王佳芝自港返滬後，與她父親難以再見的悲傷；而女主角離婚的抉擇，則是因為感情已有裂痕，可以影射她與鄺的關係。

助。對王佳芝而言，這次機會似乎燃起了兩人之間的一線希望。

籠罩在戲劇夢想中的王佳芝，於是又自願重新扮回了當年的「麥太太」角色，這個角色是如此危險，以致於老吳在第一次見面時就交給她毒藥，要她縫在身邊，如果事發則吞藥務必要快，死亡與愛情的想像交纏在一起。

關於死亡的恐懼，更是李安在刻畫易先生這個角色的重要特徵，他虐殺敵人時無所不用其極，每逢自己出門、回家，更時時刻刻提心弔膽。易先生在香港時，曾有一次機會與王佳芝共進晚餐，他說到與身邊人物所談的，大多是關於千秋萬世的國家大事，但那些大人物無不心存恐懼，他欣賞王佳芝的勇敢、與單純。到了上海虹口特區與王在和式餐館的一番談話，又提到日本人悲歌下大難臨頭的恐懼感。關於此一戰亂時代中恐怖氣氛的心理鋪陳，正是李安電影中對於張愛玲原著的重要補充，也因為他刻劃出了時局的紊亂與危難，觀眾對於角色扭曲的心理活動，才從而能以溫情的眼光予以理解包容。

因此當王佳芝與易先生在上海官邸重逢之初，王即指出老易的瘦削，心疼他與從前不同；易則在影片中屢言：「妳也不一樣了」、「三年前不是這樣子的……」，王佳芝有句台詞暗示了此中的改變，她說：「能活著見面不容易！」在這種肅殺情境下，易與王能夠易地相逢，頗有大難之中，恍如隔世的倖存之感。

（四）複雜的人性

由上面所述，還可以見出張愛玲小說與李安電影有一個核心分別，就是前者所關心的純屬於私領域人物內心之考掘，後者卻不無帶有反省整個時代、偏重於公領域之宏闊企圖〔註85〕。

如果說張氏小說其實是帶領了讀者，叛逆地撼動當時「救國」口號甚於一切的無限上綱，乃至於失去人性的真情實感。那麼，李安在電影中卻刻意

〔註85〕李達翰：「在李安的認知中，父親也代表跟隨國民黨到台灣的中原文化的父權傳統；它在台灣起了多元變化，它慢慢失去把握、進而變質。這是李安一直特別感興趣的主題。」（《一山走過又一山——李安、色戒、斷背山》，台北：如果，2007 年 9 月，頁 281）李崗也說：「李安拍《色｜戒》，給自己身上壓了一種責任：『他有一個關於文化中國的夢想。』」（馬戎戎採訪稿，〈李安的色與戒〉，《三聯生活周刊》，北京：三聯，2007 年 9 月 20 日）傳統文化伴隨著父親之過世一去不返，這種焦慮感無疑是李安近期作品中頗值觀察的現象。

將往昔悲劇時代的重量感，費力地加以填補、再現。如此作法對於演繹張愛玲的原著，當然會失卻其小說中原有的孤絕自省、一分純屬於張愛玲的蒼涼筆調〔註86〕。

前已提及，李安刻劃出時局的紊亂與危難，使得觀眾對於角色扭曲之心理活動，能夠採取較為人性化的觀點予以理解〔註87〕。其顯而易見的，影片裡幾位角色人物的善惡，似乎也被李安刻意模糊化了。

例如以鄺裕民來說，似乎是愛國的鄺等幾個大學同學，在這影片中刻意藉由眾人刺殺曹德禧的情節安排，使他們成為以愛國之名而殺人的集體共犯；因此原來以為是善良的一方，卻在時勢轉變中，顯現出人性的殘忍邪惡。

再看殺人如麻的淫魔易先生，電影裡更是幫這角色添上不少層次的性格描寫。可以從幾方面來看：1 如他在香港時期，似乎是與麥太太偷情，談一段頗帶純真的戀愛，那時並非直接以上床攫取性愛為目的；而上海時期易先生的殘忍與恐懼〔註88〕，在影片中實為嚴酷戰爭後的性格轉變。2 即使到了上

〔註86〕對於這個現象的解釋，不妨可以分兩個方面來觀察：（1）性別上的差異，使得張愛玲可以由女性的敏感入題，寫出從虛榮、到自欺、乃至於沉迷深陷的心態；而李安的片子從中影時期所念茲在茲的，其實是文化衝突及承傳的問題。（2）時代差異會造成不同的創作回應：在一個仍處於戒嚴的社會，政治上的緊張與恐懼，是不待描繪也無法擺脫的，如 1978 年 11 月張愛玲在《中國時報》回應「域外人」（張系國）所謂「漢奸文字」的指控，我們可以從她與宋淇夫婦當時討論如何措詞回應的書信間，讀出他們的謹慎與憂慮（相關來往信函，目前公佈於宋淇之子宋以朗先生的個人網誌「東南西北」 http://www.zonaeuropa.com/culture/c20070806_1.htm）；時過境遷，痛苦隨著上一代人的凋零或將不復記憶，廿一世紀的海峽兩岸、或者國際社會，對於抗戰期間華人的創傷心理，毋寧已隨時日漂移而終趨遺忘，李安影片因此需要再現當時的高壓恐懼，以他的電影作為逝去時代之記錄，所以龍應台說這是李安的「搶救歷史」行動：「這段民國史，在香港只是看不見的邊緣，在大陸早已湮沒沉理，在台灣，逐漸被去除、被遺忘，被拋棄，如果他不做，這一段就可能永遠地沉沒。他在搶救一段他自己是其中一部分的式微的歷史。」（〈如此濃烈的「色」，如此肅殺的「戒」〉，《中國時報・副刊》，2007 年 9 月 25 日）

〔註87〕藍祖蔚問到電影中的改編，王蕙玲回答：「我始終記得李安有個很重要的理念：電影中最重要的元素就在人，劇本最重要的工程就於如何分析角色，找到合適的表達方式。他曾經說過：『我只在乎人，我的鏡頭只服務演員。角色人物的感覺出不來，一切都是空的，玩再多的鏡頭變化都是沒有意義了，唯有人物刻畫得繁複多層次，角色才會活潑鮮明。』」（藍祖蔚，〈重建張愛玲廢墟——專訪《色｜戒》編劇王蕙玲〉）

〔註88〕影片中特地安排同學問王佳芝見到易先生的第一印象，王回答說：「和想像的

海時期，他在電影裡的政治立場並不鮮明，片中提及美國人援華掉了一批武器，日本人與重慶政府都在找尋，南京偽政府對他也並不十分信任。又易先生冷眼旁觀，他已看出身邊玩弄權術的人多半心存恐懼，況且日本軍力已為強弩之末〔註89〕。而他身邊的張祕書則是暗中懷疑，刻意蒐證他與重慶方面的關係〔註90〕。這些都使得觀眾不能忽視他情感的純真，政治立場上也並非純粹屬於敵方。3 影片中的易先生，雖然曾經把麥太太當做性奴隸施虐發洩，但後來他無疑對於麥是寵愛，甚且在某個程度上是信賴的。例如他在虹口區約會時，竟直言自己與娼妓沒什麼兩樣的可悲〔註91〕，又與麥太太談到當前交戰情勢，這些都已超越單純的性慾，簡直可以說是在交心了。4 即使在與麥太太發生性關係的時候，老易還喃喃自語：「至少我還活著！」這說明麥的出現勾起易生命裡尚有意義的回憶，雙方在性慾間鬆動了對於死亡的恐懼戒備；所以影片最後，王佳芝因動情事敗，在她臨刑喪命的時刻，李安還設計了老易撫床落淚的一幕。

而王佳芝呢？王這個角色在原著中本無強烈的救國抱負，她只是基於對鄺裕民的好感，才參加這一場「戲」的演出。但影片中卻將這種愛國話劇的

不一樣！」事實上，在香港時期的易先生，其出入門戶並不似上海時期一般恐懼，只是謹慎而已；而即使到了上海時期，李安雖拍攝了一些虐囚烤打的情節，卻終究還是在定稿時剪掉了，只保留了一些台詞來表現這種深沉與恐怖。這表示李安不欲從傳統道德觀點來突顯易先生的血腥罪惡，相反地他試圖由易先生、或王佳芝的眼光，來經營整個故事情節。

〔註89〕 與張愛玲原著不同，影片裡刻意設計了兩人在日本轄下虹口區和式餐廳約會的場景，易對麥太太說：「妳聽他們唱歌像哭，聽起來像喪家之犬；鬼子殺人如麻，其實心裡比誰都怕，知道江河日下，接著粉墨登場的一群人，還在荒腔走板的唱戲！」

〔註90〕 例如影片裡易先生是經由張祕書之連繫與日本高層幹旋；又易從特務中心離開，在車上對麥太太抱怨（「妳不該這麼美……」），讓張祕書說他心不在焉；最後且提及張祕書在事發後搜了易的書房，且帶走麥的一些東西。

〔註91〕 影片中拍攝兩人在虹口區餐館會面，麥太太說：「我知道，你要我做你的妓女！」易先生卻答以：「我比妳更懂得做娼妓。」後來麥唱〈天涯歌女〉有謂：「天涯呀海角，覓呀覓知音，……家山呀北望，淚呀淚沾襟，小妹妹想郎直到今，郎呀患難之交恩愛深！……妹是線，郎是針，穿在一起不離分。」不只以針線影射性交，甚且暗示兩人在家國戰亂之際的不堪處境（漢奸／妓女），正有相似之處（「覓知音」），故為「患難之交」，其「恩愛」也深。王佳芝後來在面對鄺裕民及老吳時，曾直言老易對她的默契：「在黑暗裡，只有他知道這一切是真的」。又電影最後一幕，李安選擇在麥太太昏暗的房間取鏡，也是要強調兩人在黑暗中的知遇深情。

光環，與鄺等話劇團員（當時大學生）之愛國情操加以連結，又牽連上王對於家庭殘破的無助、以及對父愛的渴望，這就使得影片中的王佳芝具有複雜的心理層面。另在性愛方面，她從起初對鄺有所期待的浪漫憧憬，到不得不接受同學們背後安排的被出賣感受，及至與梁閏生發生關係後開啟之性慾知覺〔註92〕，與易先生在床笫間愛恨恐懼所交織的：引誘、猜疑、袒裎、征服、釋放與沉迷，更加深化了這角色渾沌糾結的內心世界。

原本「漢賊不兩立」的絕對判準，在這些蒼涼失德、見不得人的經歷後，逐漸蒙上了一層曖昧陰影。然而，卻也因為這些陰影的浮現，反而使得整個時代的精神面貌更顯立體，發人省思。

（五）戲劇性疊影

小說中原已提及她沉迷於舞台般的瑰麗幻境，乃至於假戲真作；在電影中則更見曖昧，戲中戲的情節是整齣電影中非常重要且精巧的設計〔註93〕。

就整個大時代而言，鄺裕民與王佳芝的話劇團所演出的是編造的故事，這種不真實的戲劇演出卻能牽動觀眾淚水，激發他們愛國之熱忱，進一步賺取具體募捐，使得演員們感受到表演的光環與魅力。

這種光環與魅力，在演出的狂熱中召喚演員追求進一步的實踐——如鄺要真的去謀殺漢奸、如王為了逼真不惜犧牲貞操，藉以遺忘現實的無聊及危險。現實的無聊是，鄺欲上戰場殺敵、卻不被他的父親允許，王希望父親將她接往英國、卻終究無法如願；現實的危險是，殺人並不是件容易的事，在「引刀成一快，不負少年頭」的瀟灑念頭之下，還有複雜的政治勢力介入其中，「正義」的一方不完全處於光明的角落，即使想動手可能也身不由己，而輸家只能賠上性命。

因此在電影中，我們可以看到現實的王佳芝與其扮演角色麥太太不斷角力辯證，現實的她所不易達到的，往往在戲劇中獲得滿足。例如在香港時期

〔註92〕如影片中特別安插情節描寫王佳芝與梁閏生二度「操練」性交，由王佳芝在上位採取主動，梁問王說：「妳今天好像比較有感覺？」王則回答：「我不想討論這話題。」這本是原著小說中未見的插曲。

〔註93〕王蕙玲在接受藍祖蔚訪問時提及：「李安一直很希望有人能從表演這個層次上來看《色｜戒》。不只是『戲假情真』這個層次，而且進入到演員從投入到著迷的歷程中，檢視演員人生的『真與假』、『實與虛』。」（藍祖蔚，〈重建張愛玲廢墟──專訪《色｜戒》編劇王蕙玲〉）其實這種辯證手法是李安影片中，從「飲食男女」以來一貫的核心主題。

她對鄺的性期待落空了，卻在與梁的預演中得到紓解；後來，她因易先生臨時離開香港趕赴南京述職，還未演到高潮的謀刺一戲卻落了幕，她不得不回到現實裡面對眾人的異樣眼光（她為了演出賠上一切——包括貞節，但到頭來卻變得毫無意義），乃至於背負妓女的恥辱感離開劇團，因此，三年後能重新演出麥太太這個角色，真的遇到想像中被易凌辱的性交情節，非但沒有使她感覺難堪（因為這一切早該發生），反而使她在演出的璀璨光芒下，彌補回現實裡的失落〔註94〕，而綻放出幽微的笑容。

王佳芝的失敗，就這個觀點來看，或許是因為她入戲太深。

在張愛玲原著，小說曾特地描寫易太太喜歡像叫同學一般地稱呼她「王佳芝」〔註95〕，以模糊兩人在年齡上的差距；但到了電影裡，李安卻讓易太太在牌桌上抱怨王：「麥太太最壞了！」處決六人後，易先生竟哭著對易太太說：「麥太太有事回香港去了。〔註96〕」這麼做當然是想加強兩個角色（「王佳芝」與「麥太太」）的對立與分裂。此外，影片中做為重慶政府指導人的老吳也讚美過王，說在她之前有兩個女情報員曾經色誘易先生，可惜皆事敗，他認為王之所以能夠成功騙過易，是因為她只把自己當成麥太太（而不曾回返現實）。

影片中的高潮，應當是在鑽石店中王欲解下易送給她的鑽戒，但易卻不准許，他說：「妳跟我在一起！」，在這瞬間，王卻從戲劇性的場景與肯定中，迷失了現實的身分，她要戲中的情人「快走」，因為這齣戲還不該落幕。尤其令人動容的是，易逃跑後，這齣戲算是落了幕，她在人車熙攘雜沓的街頭失魂落魄，想到處境的危險，面對玻璃櫥窗的假人分不清哪一個倒影才是自我，到最後她招了一架人力車，說要去「福開森路」〔註97〕（易先生給她的公寓），車伕問她說：「回家嗎？」她也模糊應可；行至一半突然封鎖了，路邊的女人急忙嚷著要「回家燒飯」，眾人笑她愚魯，說是「去看醫生還差不多！」她突

〔註94〕當然這裡面也包含了複雜的心理機制，比方說她可能和易先生一樣有「施（受）虐慾」，易是從施虐中感受自我的存在，王則是藉由受虐，以對現實中「不潔」的自我加以施虐，藉以抒發。

〔註95〕〈色，戒〉，頁19。

〔註96〕以戲中戲而言，王佳芝不屬於易先生，「麥太太」才是他的愛侶，而點出「香港」隱喻了三年前的純真。

〔註97〕這裡與張愛玲原著有別，小說裡的王佳芝回復現實與理智，其所趨車前往之「愚園路」（頁40），既不屬於易先生之財產、也超脫於鄺等人的範圍，只可惜脫逃未及，襯托出易的冷酷，與愛情在本質上之澆涼。

然想起毒藥，卻終究沒吃。她或許打定了主意，要把這齣戲演下去，她要回到戲中男人與她共築的家，她與易應該還有未來，甚至沿途戴著易送給她的鑽戒；但是在最終審判前，理智而膽怯的易卻終於不肯承認那顆鑽戒是他的，甚至親手簽下了處決的命令。

影片一直到了最後，李安卻突地插入她當年在港大第一次走上舞台，被同學們從觀眾席（戲外）叫喚她名字「王佳芝！」的一幕，這聲召喚算是驚醒了她華麗的迷失，重新帶領她回到現實的殘酷。

而在另一端的易先生呢？他深切明白這現實的殘酷，面對易太太的詢問，他流著淚騙自己說：「麥太太回香港去了！」要她下樓去，繼續打牌。牌桌上角力鬥爭的演出，看起來猶如殘酷的現實，其實又何等虛幻荒涼？

此外，頗值一提的是，李安這部片中設計了許多在電影院的場景，比如在香港時期，王原想約在電影院動手殺易；而上海時期，王是在電影院裡被同學賴秀金發現的，後來鄺則屢與王約在電影院裡碰頭，密商刺殺事宜，皆為其例。以一部（虛構的）影片來論述某部戲之開場、沉迷與落幕的虛幻，片子裡甚至還重構了歷史現場當時所流行的幾部影片，虛實映照，如此安排當然使得本片具有一種後設的疊影趣味〔註98〕，令人玩味不已。

（六）隕落的純真

李安對於張愛玲之改寫，綜合前面所述，可以說他不像張那麼看重愛情的發生或虛幻，而比較強調一個純真年代的隕落〔註99〕。

〔註98〕李安於接受採訪時曾提及，張愛玲寫這篇小說本來就跟電影有很大關係，因為「她本身是一個電影迷……。講張愛玲，尤其是講〈色，戒〉，便不能只講文學不講電影，我覺得她誓必參照了幾部電影，跟浪漫的愛情電影有關係，跟偵探片、黑色電影都有關係。……她的筆法、她的白描全與電影有關。甚至她對光影的運用、對人物進行對切的那種手法，都跟黑色電影有關，所以我必須在三、四十年代的電影中去找一些靈感。」（李達翰，《一山走過又一山──李安、色戒、斷背山》，頁437～438）關於張愛玲書寫與影劇、電影之關係，至少還可以參考兩篇論著：李歐梵〈不了情──張愛玲和電影〉（楊澤編，《閱讀張愛玲：張愛玲國際研討會論文集》，台北：麥田，1999 年，頁 361～374）及嚴紀華〈張愛玲的影劇王國〉（《中國現代文學季刊》，第二、三期合刊，2004 年 9 月，頁 19～45）

〔註99〕李崗說：「李安拍《色｜戒》，某種程度上，是想給世界看另外一個中國：『他不做，那個時代就過去了，那段記憶就過去了──中國人曾經有過這樣的高度。』那個時代，是李崗父母曾經生活過的時代；那段記憶，也是李崗父母曾經有、也傳承給他的關於中國的記憶：『我覺得華人文人，一代比一代差。

　　李安作品有一個特色，他經常探討兩代之間的情感差異，從早期的「推手」（1991）、「喜宴」（1993）、「飲食男女」（1994），已是如此；近期如「臥虎藏龍」（2000）最後李慕白與玉嬌龍類似師徒關係之衝突、「綠巨人浩克」（2003）裡刻畫班納父子正邪兩造之角力、還有「斷背山」（2005）結尾特地描寫恩尼斯同意參加女兒的異性戀婚禮等，都旨在突顯這種異化的張力，並試圖從兩造辯證中加以融合、取得平衡。

　　以這部《色｜戒》為例，同樣可以看出李安如何試圖由衝突中尋找啟蒙，影片裡呈現出兩個對比的世界：其一是由易先生為代表的諜報圈子，此間人物習於死亡之恐懼，因此必須極端節制自己的情感，只留下單純的性慾；其二則是以鄺裕民為首的愛國青年，他們對於動蕩時局雖然仍存有理想與激情，卻失於懵懂莽撞〔註100〕，為了高懸救國的道德大旗，只好壓抑小我（及性慾）。

　　故事中的女主角王佳芝，則是依違於兩造之間，在情感與理智（或說「色相」與「警戒」〔註101〕）中鼓盪徘徊，從而進一步認識了自我、並試圖完成

　　康有為、孫中山的一代，剛剛接受西方的東西，多大的轉折；再到五四，文人中文底子很好，西方文化也很精通，胡適、徐志摩、錢鐘書，理性感性兼具。那時的中國文人多精彩。』那個世界如今已經徹底消失。李崗說，父親那一代詩詞歌賦都行，但到他和李安這代都已經不會寫了，李安到拍《臥虎藏龍》的時候才知道中文不夠用。李安曾經想過重拍黃梅調《梁山伯與祝英台》，卻發現已經沒有人可以寫出那麼典雅的中文。」（馬戎戎採訪稿，〈李安的色與戒〉）所以李安在台灣帶著母親參與電影首映時感慨萬千，甚至在記者會上忍不住落淚；後來又屢次說他特別在意華人，尤其是台灣觀眾的反應，說他並不介意美國奧斯卡獎（Oscars）是否得獎，而寄望於台灣的金馬獎。另外，此片所吸引的銀髮觀眾族群不在少數，亦為台灣影壇近年來罕見之現象。

〔註100〕編劇王蕙玲曾提到李安的構想：「透過上海社科院近年來各種陸續出版解密的近代史資料，才發現其實在上海孤島時期有多起的暗殺行動甚為荒謬，往往是沒有嚴格訓練的熱血青年一時衝動就幹，和小說裡一群大學生演話劇轉成情報工作者一樣。汪政府和重慶政府之間互通款曲，私下往來的曖昧情勢，也更添了那個年代的價值錯亂。其實，不管是鄺裕民、老吳和老易，看似立場不同，實則都走在同一條不歸路上。李安說：『今天的鄺是明天的老吳，今天的老吳當然也就可能是明天的易先生。』那鼠相的後面，不也曾是掛在易先生書房牆上的那個英挺青年嗎？」（藍祖蔚，〈重建張愛玲廢墟——專訪《色｜戒》編劇王蕙玲〉）可見李安所注重者，在於國家危亡之際，其信仰的迷惑、與純真之失落。

〔註101〕這兩個詞也是李安的說明，他且提及：「我覺得『色』對我來講好像是感性、『戒』好像是理性一樣；也是有這麼一個辯證的味道在裡面。」（李達翰，《一山走過又一山——李安、色戒、斷背山》，頁436）

自我（，即使整起事件是一場荒誕的啟蒙）。就這個觀點來看，李安所改寫的這部影片，非但不是「去道德」的（如故事的表面形式），相反地，根本仍是一種對於道德的深刻探問。

因此可以注意到：在原著框架之外，（除了性愛場景，）李安整部影片中花了最多時間費力補充的情節，端在於重現整齣戲劇的時代背景，也就是當時大學生揉和了救國與初見世面（包括情感與表演）的青春亢奮〔註102〕。正因為有了這層鋪敘，帶領觀眾俯瞰了那些在街燈下淋雨高歌邁步的飛揚，後來密室裡壓抑糾結的肉慾風霜，才能呈現出一種飽和的對比。

以至於，當影片最後懸起了鏡頭俯瞰那六個大學生臨刑的黑暗礦場，不禁令人心生驚悚；彷彿整個時代焦灼刺眼的黑暗恐懼，整個時代「引刀成一快」的熱血揮灑，透過李安緊張〔註103〕卻不失溫厚之演繹，亦正具現於螢幕裡那顆璀璨的鑽戒，在世人面前燁燁生輝呢。

三、重要參考文獻

（一）專　書

1. 王蕙玲、李安、James Schamus 編劇，陳寶旭採訪：《飲食男女：電影劇本與拍攝過程》，台北：遠流出版，1994 年 7 月。

2. 水晶：《張愛玲的小說藝術》，台北：大地出版社，1973 年 9 月。

3. 李達翰：《一山走過又一山——李安，色戒，斷背山》，台北：如果出版社，2007 年 9 月。

4. 林幸謙：《歷史、女性與性別政治》，台北：麥田出版，2000 年 7 月。

5. 唐文標編：《張愛玲卷》，台北：遠景出版事業公司，1982 年 11 月。

〔註102〕關於張愛玲原著，香港學者兼影評家陳輝揚認為故事材料上應該來自於張的前夫胡蘭成，「張愛玲拒絕承認材料得之於此，是由於後來戀人的背叛，深深傷害到她。」但宋淇在接受水晶專訪時提及此篇，則說張悉取材自他所告知的，有關當年一班北京燕京大學生的愛國故事。（馬靄媛，〈張愛玲色戒心結自辯手稿曝光〉，頁 29）李安無疑加強了宋淇所述的這個側面。

〔註103〕香港著名劇場導演林奕華曾發表一篇文章〈李安的緊張〉，裡面寫到李安談到拍攝中的《色｜戒》時，「一直強調故事殺氣很重」。根據李安的體會，他是指張愛玲在〈色，戒〉中所營造的那股絕望的氣息。那是一種對整個時代的絕望、對一段感情的絕望。（李達翰，《一山走過又一山——李安、色戒、斷背山》，頁 450〜451）

6. 陳炳良：《張愛玲短篇小說論集》，台北：遠景出版，1983 年 4 月。

7. 張愛玲：《張愛玲小說集》，台北：皇冠出版社，1968 年 7 月。

8. 張愛玲：《張看》，台北：皇冠出版社，1976 年 5 月。

9. 張愛玲：《惘然記》，台北：皇冠出版社，1983 年 6 月。

10. 張愛玲：《餘韻》，台北：皇冠出版社，1987 年 5 月。

11. 張靚蓓編：《十年一覺電影夢》，台北：時報文化，2002 年 11 月。

12. 楊澤編：《閱讀張愛玲——國際研討會論文集》，台北：麥田出版，1999 年。

13. 蔡登山：《色戒愛玲》，台北縣中和市：印刻，2007 年 9 月。

14. 盧正珩：《張愛玲小說的時代感》，台北：麥田出版，1994 年 7 月。

15. 蘇偉貞：《孤島張愛玲——追蹤張愛玲香港時期（1952~1955）小說》，台北：三民書局，2002 年。

16. 鍾正道：《張愛玲小說的電影閱讀》，台中：印書小舖，2008 年 3 月。

（二）論　文

1. 翁靚艾：〈張愛玲短篇小說中男性主體的失落〉，《國文天地》，第 20 卷，第 7 期，頁 23～28，2004 年 12 月。

2. 蔡登山：〈張愛玲〈色，戒〉的背後〉，台北：《歷史月刊》，2002 年 7 月號，頁 115～121，2002 年 7 月。

3. 嚴紀華：〈一篇小說的構成——以張愛玲的〈色，戒〉為例〉，《中國文化大學中文學報》，第 7 期，2002 年 3 月，頁 229～252。

4. 嚴紀華：〈張愛玲的影劇王國〉，《中國現代文學季刊》，第 2、3 期合刊，頁 19～45，2004 年 9 月。

（三）報刊雜誌

1. 馬戎戎採訪稿：〈李安的色與戒〉，《三聯生活周刊》，北京：三聯，2007 年 9 月 20 日。

2. 馬靄媛：〈張愛玲色戒心結自辯手稿曝光〉，《亞洲週刊》，第 21 卷第 37 期，香港：亞洲週刊，2007 年 9 月 23 日。

3. 張小虹：〈大開色戒——從李安到張愛玲〉，《中國時報・人間副刊》，第

E7 版，2007 年 9 月 28、29 日。

4. 龍應台：〈如此濃烈的「色」，如此蕭殺的「戒」〉，《中國時報・副刊》，第 E7 版，2007 年 9 月 25 日。

5. 藍祖蔚：〈重建張愛玲廢墟——專訪《色｜戒》編劇王蕙玲〉，《自由時報・自由副刊》，第 E5 版，2007 年 10 月 8、9 日。

從文學觀點探討電影《血觀音》

提　要

　　本論文以 2017 年得到金馬獎最佳劇情片獎項的電影《血觀音》作為文本，想要從文學觀點提供一些編劇結構、與作者層面的不同思考。此片編劇是楊雅喆導演，他在過去曾經拍攝了另兩部重要的作品，包括《囧男孩》（2008）與《女朋友男朋友》（2012），本論文將從這三部作品相似的結構加以比對，指出楊雅喆這十年間在編劇上的特徵與發展，從這個基礎上，嘗試對於電影《血觀音》加以分析批評。

關鍵詞：血觀音、楊雅喆、學運電影

一、前　言

　　從文化研究的角度來看，近代電影與文學之間原具有互相滲透的影響力，而兩種文類之間的寫作者與讀者／觀眾，確實具有相當高的共同性。例如具有典範地位的張愛玲，其小說中即常寫到電影，不諳她筆下的電影，大概很難稱得上能懂她的小說。而她小說裡「戲中戲」的場景，又可見出其敘事上受到了戲劇的深刻影響。

　　我們也常看到電影改編自文學作品的例子，例如大導演李安即拍過不少這樣的作品。〔註1〕或許換句話說，一部編劇精彩的好電影，通常可以從文學

〔註 1〕李安自編劇本不論，其改編自著名小說的電影，譬如早期的《理性與感性》（1995）、《冰風暴》（1997）、《臥虎藏龍》（2000）、《色，戒》（2007），到近期的《少年 Pi 的奇幻漂流》（2012）、及《比利‧林恩的中場戰事》（2016），皆為其例。

觀點看出創作上特殊的設計與關懷。2017 年獲得第 54 屆金馬獎最佳劇情片大獎的電影《血觀音》，即是這麼一部具備文學特色的典範作品。

此片導演與編劇楊雅喆（1971～），淡江大學大眾傳播系畢業，他從《逆女》（2001）以來即擔任多部電視影集、舞台劇與劇情長片的編劇〔註2〕，並且還發表過小說：《藍色大門》〔註3〕（2002）與《雲端上的愛情》〔註4〕（2012）。楊雅喆日前在接受採訪時曾透露「《血觀音》光是劇本就改了十版。為了精準描寫母女間的控制，他與貴婦們請益秘密，讀母女關係的心理學叢書、女明星自傳、張愛玲所有小說和瓊瑤作品。」〔註5〕

此片播映後引起不少迴響，網路上有很多影評，然而大家似乎比較關心劇情是否暗指哪樁新聞案件？對於電影的編劇結構較乏探討。

於是我想，何不以文學觀點試著解析看看這部電影？一方面可以與學生們對話角力，算是延續過去辛意雲師所教導我們的，學校應該從當代作品，特別是電影，來跟年輕孩子講解文化。另一方面，我對於近期台灣電影所反映的創作者心靈，也有些想法。

二、成長敘事：從《囧男孩》到《女朋友男朋友》到《血觀音》

（一）

作為文學與電影的愛好者，我相信自編自導的作者，應該有其一脈相承的敘事手法與關心的議題，如果你曾經看過楊雅喆編導的另兩部劇情長片：《囧男孩》（2008）與《女朋友男朋友》（2012），《血觀音》這部作品有什麼一致的特點呢？

也許該從影片中的少年開始說起，《囧男孩》是關於小學生的幻想故事，而《女朋友男朋友》的片頭與片尾，也聚焦於一對雙胞胎國中女生（林美寶與王心仁的女兒），《血觀音》此片，片頭片尾則在於柯玉嬿所飾的角色「棠真」。

此片另找柯玉嬿來飾演長大後冷血的棠真，以對比文淇所演繹同一角色的年少懵懂，這樣的拍法與《囧男孩》另找了阮經天來飾演「騙子二號」，其

〔註2〕楊雅喆於2002年以《違章天堂》獲得第37屆金鐘獎單元劇編劇獎。
〔註3〕《藍色大門》，易智言、楊雅喆合著，新北市：新雨出版社，2002年10月。
〔註4〕《雲端上的愛情》是楊雅喆在2012年3～6月，於商周網站發表的連載小說。
〔註5〕《商業雜誌》劉致昕專訪〈算命桌旁長大的金馬獎導演楊雅喆〉，2017年11月29日，https://magazine.businessweekly.com.tw/Article_mag_page.aspx?id=65988

實是同樣的設計。這樣的作品自然有關於成長敘事。

（二）

　　導演從《囧男孩》即認為成長是幻滅的開始：「去了異次元以後，大家都會把你忘記，那這樣去異次元到底有什麼好的？只要去過異次元，就可以一下變成大人啊。……到了異次元就再也不能回來，你還要去嗎？」《囧男孩》中的三個主角都面臨破碎家庭，電影自此轉出了「討厭家庭、討厭老人」的敘事，例如孩子們在對話中有如此答問：「為什麼我們學校的銅像學長，都不會給我們錢？因為，我們學校的銅像學長，已經變成老人啦。那為什麼老人就不會給錢啊？因為老人都很小氣呀，那為什麼老人都很小氣呀？因為只有小氣的人才會變成老人。」說明年老的無情僵化。

　　在《女朋友男朋友》中，林美寶的媽媽捲款私奔、陳忠良則拿了石塊砸破路上婚禮迎娶的禮車，又王心仁的婚姻只是用愛控制、交換財富權勢的工具，可以窺見導演認為家庭與成人社會，本是扭曲純真的「異化」[註6]結構（即《囧》片所說的「異次元」）。

　　到了《血觀音》這部影片，家庭不但成為政治的縮影，家人也成為政治工具。棠夫人月影對棠寧說：「真真是我的，妳不可以帶走。妳真的要毀掉這個家嗎？」最終卻是這個家毀滅了想要逃避出走的棠寧與棠真，失去年少純真的最後一絲幻想，棠真成年後變成了另一個無情的人，重啟彌陀鄉的土地開發案，而棠夫人月影求死不得，變成像僵屍一般永無寧日的老人。

　　綜觀以上，可以窺見楊雅喆有他一致的批評觀點。

（三）

　　三部影片中也都談到了死亡，從《囧男孩》林艾莉媽媽的死、《女朋友男朋友》林美寶的死、再到《血觀音》裡林翩翩與棠寧的死，在這一致的創作意向上，年齡漸增的楊雅喆似乎在批評力道上更加強烈，從《女朋友男朋友》回憶中摘取的玉蘭花，變為《血觀音》繡在家庭制服上的彼岸花（隱喻死亡），可以嗅見純真與清新的一逝不返。

〔註6〕「異化」是由馬克思（Karl Marx，1818～1883）所提出的概念，主要是指勞工與工作間的關係，隨著生產工具的自動化，工作對於勞工本身已經沒有意義可言，勞工工作並非以自由意識所決定，而是藉由制度性的安排。勞動者喪失其對勞動過程中的勞動力之控制力與掌握力，從而失去對生活及自我的控制。

三、三角敘事的複雜化

（一）

楊雅喆似乎迷戀三個主角的故事結構。

最早從《囧男孩》開始，說的就是二男一女三個小學生的故事，如以「戲中戲」的童話故事來作隱喻，三人分別扮演賣火柴的小女孩、快樂王子與燕子〔註7〕。

在《女朋友男朋友》中，同樣敘說了林美寶、陳忠良與王心仁的三角習題（異性／同性戀），與此類似的故事線，早在楊雅喆擔任《藍色大門》（2002）副導時，即已出現。

到了這次的《血觀音》，主要結構仍聚焦於棠夫人、棠寧與棠真這三個角色，影片海報也以此三個角色為主視覺。表面上看來，棠寧與棠真分別做為棠夫人的左右手，就像是陳忠良與林美寶分別擔任王心仁的左右手一般（陳後來跟林說：「其實，我們都在自討苦吃。」清楚地知道被王以愛控制，卻無法自拔）。棠寧後來被母親犧牲，可以說是棠夫人的斷臂求生，也就是觀音雕像斷臂之隱喻。至於以「血」為名，當然是說其算計之中，有太多的血腥暴力。

（二）

在三人結構的選角上，楊雅喆還發展出其他的可能性。例如在《女朋友男朋友》中，王心仁原是一個理想主義者，後來卻變成了「院長的駙馬爺」，影片中他利用學運跟林美寶說：「我們從來沒有這樣的機會，搭上就翻身了。」算計的正是權勢。這個不願選擇，卻控制了林美寶與陳忠良的角色，楊雅喆充滿自覺地找了鳳小岳來演出，還讓他在片中說出當局懷疑他的「外國人」身份。如此一來，影片政治敘事遂增添了不同的層次。

在《血觀音》中，這樣的選角策略進一步延續並擴大，例如棠夫人因找了惠英紅演出而賦予其香港身世，飾演院長夫人與縣長夫人的陳莎莉、王月，與飾演議長特助的陳珮騏，分別代表了中央與地方的外省／閩南身份。此外，楊導更刻意安排了日本女星大久保麻梨子來飾演議員夫人，暗示過去或現今

〔註7〕 電影裡的這個典故來自於愛爾蘭作家王爾德（Oscar Wilde，1854～1900）於1888年5月出版的《快樂王子及其他故事集》，台灣譯本如林侑青譯，台北：漫遊者文化，2014年12月。

仍有日本勢力對於台灣政經（特別是對於原住民議題）之染指。此外還有太魯閣族演員巫書維所飾的「王金山（Marco）」，另為了配合演出《再見瓦城》練就了一口緬甸腔的吳可熙，還安排了段忠與段義兩個來自於緬甸的殺手角色。在這種情形下，選擇一位已在大陸展露頭角的演員文淇，就不只是單純為了票房考量，更有其敘事上的多重涵義。

（三）

前面說過這是一則成長敘事，成長的痛苦往往在於選擇，例如楊朱曾有「歧路而哭」的典故，說明一旦做了選擇，也就等同於失去一半的可能性。人生不斷地選擇，也就在成長路途上不斷失落。

因此在三人敘事的《囧男孩》，導演曾刻意安排了讓騙子二號選擇紅色或藍色玩偶的難題，兩個男孩又面臨了要存錢去「異次元」、或是保留「卡達天王限量版」的選項（前者是要「登大人」、後者則是保持童真）。

在《女朋友男朋友》中，劇情同樣讓王心仁面臨了選擇球鞋紅色或藍色的難題（紅色是林美寶、藍色是陳忠良），但王最後聰明地不做抉擇，對兩人說：「我們現在這樣不是很好嗎？」幼稚地想要保持關係的完整性，以便自己左右逢源。

因此這個「從二從人」來的「仁」字，就兼具有兩面性，一面似乎是仁慈，另一面則是狡獪地兩面取巧。所以在影片裡王心仁可以在學運廣場上朗讀「一首愛與平等的詩」，下台後又與不同對象曖昧，以愛為名控制這些人，得勢了還能厚顏說出「社會安定，不需要學生運動」。

以王心仁為原型的角色設計，也就發展出《血觀音》中的棠夫人，她一方面似乎是幫大家（院長、縣長、議長、議員）解決問題的和事調人，能慈愛關心女兒麻醉自己，且說出「先和解的人，不是因為他怕輸，是因為他珍惜。」這樣充滿柔情的話語；另一方面卻又控制女兒以錢財、以身體居間斡旋，能無情說出：「我們到這年紀，什麼都看淡了，可是，心裡沒有狠過一回，哪來的淡呢？」這樣的話，親自毀滅了不受其控制想要追求自由的棠寧。既會掉淚，卻也冷血的複雜人格。

選擇因此也就是狡獪的戲局，選對了邊就是身價百倍，選錯了邊就如屎尿一般。《血觀音》中特地用了麝香貓咖啡來形容這種「點屎成金」的政治遊戲。

（四）

三角敘事的結構設計，在《血觀音》中有好幾組人物可以參考。

例如棠家三母女，是一例。大到宮廷鬥爭：棠夫人與立法院王院長、馮秘書長是一例。小到閨密閒隙：棠真與林翩翩、Marco，是一例。棠寧與段氏兄弟的三角戀未嘗不是一例。棠家三母女的人格描寫，頗有幾分神似陳可辛導演的《投名狀》（2007），可以用超我、本我與自我三層面加以分析〔註8〕。

前面提及《女朋友男朋友》中的王心仁式人格，除了棠夫人有雷同之處，顯然也是林翩翩與Marco這兩個角色的原型。

林翩翩看似與馴馬師Marco是親密的情侶，實則未必，影片中暗示原住民馴馬師Marco同樣是議員夫人藤原聖子的禁臠，因為棠真「不小心」洩密才造成衝突，此一衝突似乎是林家滅門的主因，那麼馴馬的Marco實同時具有人性與獸性之兩可。

Marco殺人之動機，楊導則加上了身份證被林翩翩所扣留的線索，提醒這位原住民馴馬師所以捉狂，與1986年鄒族青年湯英伸屠殺雇主一家血案相似。棠真原只看到林翩翩愛他的表相，後來才發現這種愛情的背後，另有所控制。（林是扣住身份證，棠真則是用鎖鍊關住他）。Marco的自由，需待冥婚的虛偽操弄，等上了回鄉的列車之後，才向觀眾揭出自己曾受暴力控制（日本人／漢人），因此也要反其道而行的強暴宣洩。

觀眾如果同情Marco，不曉得是否也能同情棠夫人？棠夫人在影片中曾經落淚對營建署官員「淫海小清流」的遺孀解釋：「我們是底下人，上面人的事我們不清楚。」她也只是社會扭曲結構中的一環而已；鏡頭刻意帶到她清掃「淫海小清流」孩子摔落在地面碎裂的棒棒糖，暗示棠夫人在年少時，應該也保有棠真一般的純真。

〔註8〕 以「超我」而言，影片中當以滿嘴仁義道德的棠夫人作為代表；「本我」，則以棠寧為代表，追求的是性慾與安睡的本能滿足；至於「自我」，則以對於現實處境察顏閱色的棠真作為代表。當然也未必需要套上心理分析的框架。《血觀音》此片的英文片名譯作"The Bold, the Corrupt, and the Beautiful"，影片裡"the Corrupt,"當指棠夫人心眼的腐壞，"the Bold"應為標榜棠寧意欲擺脫控制、追求自由的勇氣，而"the Beautiful"則點出棠真曾有的純美想像。

四、鏡像投影

（一）

林翩翩這個角色在敘事上的必要性，是要讓觀眾看到棠真心中的幻想與幻滅，如果沒有林翩翩，我們可能只看到棠家的敘事，只能看見母親對於女兒的操縱。

整部影片從棠真偷窺母親棠寧與段氏兄弟做愛開始，是被林翩翩給揭穿的；後面林翩翩與 Marco 在一起，又 Marco 原為議員夫人「的人」，因此暗示棠真有類似的心願，想從棠寧那邊竊取性的所有權。所以，這層關係竟是反向地，由女兒向母親的反撲。對於西方文學批評熟悉的人，自然能理解這就是有名的「伊底帕斯情結（Oedipus Complex）」，只是楊雅喆把這希臘悲劇改寫為女子版本，由女兒取代母親，奪得了她的情人。

安排兩個角色的鏡像投影，正是楊雅喆編劇上慣用的手法。在《女朋友男朋友》中，陳忠良與林美寶就是這樣的關係，他們分別是在異性戀與同性戀中被控制的人，陳對林有這樣的台詞：「我照到一面鏡子」，除此外，楊雅喆讓林美寶在難產中生出一對雙胞胎，都有鏡像設計的鑿痕。

在《血觀音》中的棠寧與棠真，做為棠夫人檯面上的兩個女兒（實際上是女兒與孫女），也雷同於陳忠良與林美寶，是一對鏡像的角色設計。棠寧是《囧男孩》中長大後的騙子二號（阮經天），她見識了母親愛與控制的伎倆，想逃出控制，也想保護年少的棠真；可惜棠真則是想要獲得更多關愛的小騙子二號（還會與妹妹向奶奶爭寵），她只想要排除對手，迎合威權家長的期待與控制。

從棠真的角度看母親與外婆，則棠夫人與棠寧自然也是一對鏡像的角色。在逃難旅程的最後，即將得到自由、卻被上了手銬的棠真對棠寧說，妳說妳愛我與棠夫人不一樣，但妳們根本就一樣。這話打中了棠寧的要害，因此才解除她的枷鎖，任女兒選擇了與自己背道而馳，海闊天空，只是殷切叮嚀她：「一定要活得像個人樣！」

（二）

對於影評而言，要說是棠真殺了棠寧，是「弒母情節」；或要說棠夫人殺了棠寧，是「弒女情節」，恐怕並不是容易的選項，又或許兩者皆是。楊雅喆的電影總在追尋母愛，在《囧男孩》中的騙子一號有個從未出現的、在夏威

夷的母親；在《女朋友男朋友》的林美寶，也有位捲款潛逃、棄女兒不顧的舞女媽媽。因此楊雅喆影片裡的小孩不得不扮演起父母親的角色，騙子一號扮演起爸爸的家長，而癡傻退化的爸爸則保留了騙子一號的童真。

比較特別的是《女朋友男朋友》裡陳忠良這個角色，他在電影中成為兩位混血兒女孩的「哥哥」。這個兼具「哥哥」與「爸爸」的角色，暗示林美寶在影片中也扮演了家長（照顧者）的角色。換言之，她一方面是母愛的匱乏者，另一方面只好去填補替代那個空缺的位置。因此她在床上要求王心仁對她一再重覆敘說：「我要妳抱著我，好久好久。」在那片刻，她抱緊王心仁，像離棄她的母親再次抱緊了自己一般，重新找回失落的自己。（林下意識扮演起王的媽媽，疼愛王心仁像是一種對自己被母親遺棄的投射；對雙胞胎而言，陳忠良既作為王心仁的替代，所以兼具父親與哥哥的身份。）

《血觀音》中的棠寧正是與陳忠良同類型的角色，對於棠真而言，她像姐姐又是母親，她有年少時被母親出賣遺棄的創傷面〔註9〕（如《囧》片的騙子二號），卻也有想要為女兒肩負起責任的成熟面（騙子一號）。棠寧終於選擇了逃離控制，只可惜楊雅喆在編劇時，或許認為她涉世太深，不會有幸福的可能。其實作為三代敘事中生代的棠寧，也是楊雅喆的年齡世代，導演果真覺得「我們」這一世代如此晦暗？

電影寓有兩可之曖昧，但如果一定要選擇，我認為此片還是以「弒女」為其主要軸線，批評家長式文化之掌權者，對於下一代如何欺騙、利用與犧牲〔註10〕。

五、慾望與暴力

（一）

在敘事脈絡上，楊雅喆所以創作《囧男孩》，最初是因為他在小碧潭原住民社區裡曾經擔任了國小課輔老師〔註11〕，起先感慨小孩子的壞，是壞在於家長的缺席與冷落，例如《囧男孩》中林艾莉母親的死亡、騙子一號母親的遺棄

〔註9〕影片中曾提到棠夫人曾帶著棠寧避逃香港，把她遺棄在半山別墅，與神豬睡了好幾週。

〔註10〕《囧男孩》當中曾作這樣的台詞：「大人都是詐騙集團」。

〔註11〕毛雅芬：〈尋找電影的靈魂──楊雅喆、李啟源、魏德聖、蔡宗翰談電影編劇〉，《放映週報》，163期，2008年6月26日，http://www.funscreen.com.tw/headline.asp?H_No=200

（據說是在夏威夷），以及騙子二號父母親的缺席（有可能也死了）。為了填補家長的缺席，這部影片也帶出孩童對於物慾（限量版卡達天王）的渴望。

後來在《女朋友男朋友》中，敘事脈絡轉為主角想要逃出家長式威權的框架。劇中的林美寶想要有個家卻不可得，雖有機會與王心仁、陳忠良共組成一個「家」，卻又因彼此無法容忍而作罷，進一步從學運與革命，探討愛慾的利用與包容。這部作品所批評的壞不只在於家長，更在於物質與權力的誘惑。（野百合學運發生於 1990 年，2008 年民進黨從執政 8 年後失去了政權，到 2012 年國民黨連勝，道盡了學運世代之興衰，1971 出生的楊雅喆正是學運世代之青年。）

2017 的《血觀音》，楊雅喆更進一步刻劃物慾交易，費心演繹出官場白手套如何染指與掠奪。除了說明「今天以一元買進，明天以百元賣出」的迷人遊戲（土地開發案），又設計棠夫人以經營古董店為幌子，例如藏在魚腹中的金飾、官夫人們交換利益的玉珮和玉鐲等，刻意借用了張愛玲小說中的物慾書寫。

（二）

楊雅喆的三部作品，不只表現成人世界的欺凌壓迫，也毫無例外地表現出受欺壓者的暴力反擊。

例如《囧男孩》的騙子一號，因為被玩具店老闆欺騙，最後拎起石塊砸破他的櫥窗，以致於被警察移送安置。例如《女朋友男朋友》當中的陳忠良，同樣拎起石塊砸破路上迎娶的禮車，以反抗異性戀與傳統婚姻的霸權。

在《血觀音》中，暴力則藏身在官太太的笑語下，談笑間，就發生了林家滅門血案、縣府管理土地案的公務員、以及兇手的喪命。如此不夠，楊雅喆還刻意安排了議長特助密斯張與棠夫人的一場攤牌戲，充份展現陳珮騏在台式口白上的爆發力。如此還不夠，楊雅喆又安排了一場 Marco 強暴棠真的情節，定要清楚宣洩此間之殘酷痛楚。

而掛在棠寧頸間的子彈墜飾，正是一個鮮明的暴力符號，如果棠夫人是白手套，底下的齷齪事與暴力，自然得由她經營與出面：要不就接受性服務，要不就給你一顆子彈。

值得再想想的是，楊雅喆作品中向來的暴力敘事〔註12〕，與張愛玲小說

〔註12〕楊雅喆曾經在接受張大春廣播訪問時提及，《血觀音》裡的暴力是女性角色間

裡一貫的女性敘事，未必見得相符。

（三）

除了暴力施虐，楊雅喆作品裡還有「受虐」的表現。

例如《囧男孩》裡的林艾莉總是微笑，騙子二號生氣地問她：為什麼媽媽死了還笑得出來？她答以：「只要記得微笑，就不會害怕了。」這樣的假扮其實相當扭曲，也令人心疼。

又如《女朋友男朋友》裡的陳忠良〔註13〕，先是把姐妹淘的林美寶，推到自己的情人王心仁的面前，以成全情人的慾望，來交換自己在他心目中的地位；後期且刻意到學運廣場旁找軍警便衣示好，以揭露對方藏在槍棍之下的肉體情慾，最後被人痛打一頓。又如林美寶在王心仁服役前一晚，讓王與他的地下情人（後來擔任院長的女兒）相會，把男友送到他的慾望前面，而讓自己成為犧牲品。凡此，皆有受虐傾向，並以此受虐受苦為愛的表現，犧牲了自我。

《血觀音》裡也講「公主命，丫鬟身」，特別是棠真這個角色，相對於棠寧的不遜與反抗，棠真對於當權者的控制則是一副溫順乖巧、甚且刻意討好的表情。當棠真帶著她逃跑之際，她敢背叛母親換取棠夫人的關愛，甚至親眼見到母親等人被炸死海上，她還是回到兇手的身邊，與暴力共存。

棠真沒有想逃避，或許有兩層原因：一是深知棠夫人的心狠手辣，所以依附於她的權勢與暴力之下，以換取自身的安全，帶有「斯德哥爾摩症候群（Stockholm syndrome）」的創傷心理。二是對於權力之盤算及戀棧，棠真清楚知道當棠寧的位子空了出來，她就能取而代之，奪取棠寧既有的資本與自己所羨慕期待的一切，填補她的寂寞與空虛：原來她心中對於 Marco 仍有情慾之不捨〔註14〕。

的「台式溫柔暴力」，與韓國電影拳拳到肉的暴力不同。（News98【張大春泡新聞】訪問導演楊雅喆談電影《血觀音》，2017 年 11 月 15 日）

〔註13〕楊雅喆編劇取名喜歡用「忠」字，如陳忠良、如段忠，「忠」也等同於依附，往往依附於政治權勢之操弄下。

〔註14〕劇情中另一個巧妙的設計，是林翩翩與 Marco 發現了棠真一直在偷聽，就像她會偷窺棠寧與段氏兄弟做愛一般，於是林翩翩與 Marco 嘲笑說她是色女。這時馬匹「momo醬」突然奔走，棠真追出，終在雨中牽回了這匹逸走的馬隻，並在路上巧遇林母（議員夫人藤原聖子），「不小心」脫口道出了林翩翩與 Marco 的幽會。這邊有兩點值得觀察：一是「momo醬」的突然奔走，或許象徵了棠

荒謬的是，當棠真提起勇氣於列車上向 Marco 示愛後，她被 Marco 的性暴力戳破原先浪漫的幻想，才驚覺林翩翩與 Marco 的愛，原來竟是這麼一回事，原來與棠夫人對待自己沒有什麼區別：這當中沒有愛，只有控制，也沒有那個美麗的「彼方」可去。她唯一能給予 Marco 的愛，只是投射自己想要的自由在他身上，放他回家。而滿身髒污的她終是無家可歸了〔註15〕，因此跳車尋短。

在楊雅喆的編劇邏輯，唯有經由林美寶的受苦、與棠真的受虐當中，她們才能變態地感受了自己的存在。

（四）

於是劇情安排讓棠真從急馳的火車上一躍而下，她原想尋死，卻終究以單腿殘廢苟活下來〔註16〕。

楊雅喆讓棠真與棠夫人共謀，不但害死了自己的母親，也害死了林翩翩。另一方面，劇情中讓棠真成為影片首尾的敘事主角，先從偷窺棠寧的性愛有所啟蒙，到決意讓衰老的棠夫人不得好死作終。因此這影片也就是她的成長史，說她從懵懂到世故，窺見許多表相下不堪的真實，如何從受虐者蛻變為施虐者。

真面對難堪的三人處境時，她也有想要遠走高飛的欲望，就像棠寧一般；其二是棠真畢竟與媽媽棠寧不同，她想逃、可逃，有其人性一面，卻終究精明地選擇不逃，看似回「家」示弱，並伺機對於其競爭者（例如棠寧、或是林翩翩）予以取代、或做復仇，從這些關鍵處來看，棠真就是一個年少版的棠夫人月影。

〔註15〕說棠真滿身髒污，是指她被 Marco 以林翩翩及議員夫人藤原聖子等「啟蒙」他的方式，給凌辱了。而棠真費盡心機除去了好友／情敵林翩翩的性命，想要從她那邊搶奪而來的幸福，沒想卻是如此的不堪與醜陋。她不但沒有因愛情而擺脫被人控制的圈套，自己更成為共謀的加害者。這段情節刻意配了原民歌手巴奈·庫穗的〈但是又何奈〉「如果早知你對我不是真意……」，像是希臘悲劇中伊底帕斯王終於發現自己才是追尋的兇手。楊雅喆在獲頒金馬獎時的感言說：「沒有人是局外人」，同樣說的是結構暴力的問題。

〔註16〕劇情如此安排，與楊雅喆父親的經歷有關。因為年幼工作時不慎從火車上墜車，剩下一手一腳的楊雅喆父親，讓他看見社會對人的壓迫。……遇上國稅局的人上門，要算命的爸爸開發票。富貴人家能逃稅、避稅，但，市井小民卻只能束手無策，爸爸在孩子面前無計可施，氣得不顧尊嚴，抬起假腳放在桌上，要國稅局官員「這隻拿去抵帳！」這一則軼聞道盡了楊父不幸的遭遇，失去的一手一腳，卻也令觀眾不由思及《血觀音》裡菩薩的斷臂、與棠真的義腿。劉致昕專訪：〈算命桌旁長大的金馬獎導演楊雅喆〉，《商業雜誌》，2017年11月29日，同註5。

追求事件的真相、殺害同性至親取而代之、跛足，這些都是希臘悲劇裡伊底帕斯情結的重要符號。此悲劇另有一個常見的符號，即是盲目的先知者 Tiresias，與自剖雙眼的伊底帕斯王，這一點在電影中也刻意作了安排，例如請瞎眼的楊秀卿來說書，又讓老邁的棠夫人緊閉著雙眼流下淚水，皆為其證。

楊雅喆《血觀音》除了引用希臘悲劇的典故以外，另外還有一層是具有女性主義的隱喻。影片中的觀音斷臂、棠真斷腿，這種女性被切割肢體的意象，讓人想起著名的紐西蘭女導演珍・康萍（Jane Campion，1954～）。珍・康萍在其代表作《The Piano》（1993）與《In the Cut》（2003）中，都有斷指與斷腿的意象，說明愛慾同時伴隨著暴力的想像，會帶來傷害〔註17〕。所以在影片最後，得利的竟是「低調」的男性馮秘書長，而非檯面上的王院長夫人，暗示了男性霸權才是真正的幕後黑手。

在暴力陰影下成長的第三代，柯玉嬿所飾演的棠真，導演刻意於影片中為她製作了精緻的青花瓷義肢，讓人聯想及英國義肢模特兒 Viktoria Modesta，以其勇氣彌補了身體的殘缺，展現出無比自信與生命的尊嚴。那麼歷經世故不復完整、卻倖存下來的棠真，終究「活得像個人樣」〔註18〕，有令觀眾可憐與可敬之處。

六、無愛的未來？

（一）

《血觀音》片尾，楊雅喆提供觀眾們一個鏗鏘的結語：「世上最可怕的不是眼前的刑罰，而是那無愛的未來。」同樣的話，也曾經出現在《女朋友男朋友》片尾，楊雅喆借由許神龍這個配角對被權勢收編的王心仁說：「唉，看到你過得這麼不好，那我也就放心了。」現實上既無法給予棠夫人、王心仁這些弄權者懲罰，只能詛咒她們良心不安，惶惶失其安寧。（棠夫人失去

〔註17〕珍・康萍於異性戀中帶入切割的意象，例如《in the cut》影片中，男性警探把女性的「屄 cunt」，唸成「傷口 cut」，此處無法深論，有興趣者可以參考孫隆基教授的《殺母的文化：二十世紀美國大眾心態史》（台北市：國立臺灣大學出版中心，2010 年 1 月）。

〔註18〕楊雅喆受訪時強調哲學的重要：大三上哲學課，第一堂課，老師問大家為什麼要學哲學。「因為要讓人自由，自由是心的自由，心的自由你沒有的時候，就要去反抗，反抗了，才會活得像個人一樣。」他倒背如流的這段話，原來是血觀音台詞「活得像個人樣」的起源。劉致昕專訪：〈算命桌旁長大的金馬獎導演楊雅喆〉，《商業雜誌》，2017 年 11 月 29 日，同註5。

宛如左右手的棠「寧」，大概也是因此取義。）

　　就戲劇所提供的「出路」，楊雅喆向來給予悲觀的答案。《囧男孩》裡是卡達天王永恆的失落，騙子二號不得不進入充滿欺騙的成人世界，但劇情裡終究還有個童年時父親曾帶他去過的海邊樂園。

　　《女朋友男朋友》中的林美寶決意帶著情人王心仁離開台灣，「離開這裡，我們就自由了。」但離去前在機場，聽到王對小女兒說「要勇敢一點」，她頓時投射自己被母親遺棄的過往在那小女孩身上，當下決定自己離開，把父親與家庭留給王的孩子，以至於獨自面對腫瘤與生產的兩難，雙胞胎的出世，遂造成了林美寶的死亡。

　　從這邊來對比《血觀音》，編劇的無情可謂如出一轍。例如棠寧在影片中先與段忠、段義兄弟，後與警察廖隊長做愛時，皆喃喃低語：「……那裡，我們一起到那裡！」又如 Marco 與林翩翩有了兩張車票，要一起遠走高飛〔註19〕，同樣預設了有某個彼方可以遁逃。但這也只是主角不安於現況的一種妄想罷了，棠寧最終被炸死於避逃緬甸的海上，林翩翩則被兇手綑綁手腳重傷致死，不但無處可去，也都沒有獲得自由的可能。

　　而影片裡對於林翩翩與 Marco 冥婚的安排，更令人覺得編劇出奇。如果說這部影片有劫後餘生的年輕人，一位是殘廢的棠真，另一位則是坐上了列車返鄉的 Marco。可是這一頭的棠真依舊受到棠夫人控制，不得自由；那麼看似重獲自由的 Marco，仍將受到林翩翩的鬼魂折磨，糾纏不休。

　　影片從頭到尾，刻意強調棠真說出：「救救她！」一般而言，受操弄的傀儡如棠真，不該很高興終於得以解脫，可以真正自由了嗎？編劇卻在此反向操作，讓棠夫人老而不死，一方面可能在說：生死也不由棠夫人自主，沒有人是自主的，棠真回過頭來控制她、報復她，成為共犯結構裡的換位扮演。另一方面，應該以前面說過的「施受虐」來理解其心理，只要「異次元」的棠夫人一息尚存，棠真就在其對立面，像《囧男孩》裡拿著盾牌的「卡達天王」，可以在對抗世故或受虐的語境下，暫時保留孩子氣的內在自我〔註20〕。

〔註19〕其實只是 Marco 想利用林翩翩擺脫林母（藤原聖子）的控制，卻沒想到翩翩同樣扣住他的身份證，兩人幽會時的親密膚觸、與後來月台上廣播的「多良—香蘭—三合—太麻里」，原來彼方樂土就是失落的家園。

〔註20〕電影《血觀音》裡，透過未死的老人棠奶月影，以激起主角棠真在對立關係中的武裝自我。又如《女朋友男朋友》中，政權尚未翻轉前的學運革命者王心仁，他的理想性對峙於權勢之前。此二者，雖然前者在家、後者在國，卻

雖然影片內容及相關宣傳中，楊雅喆曾提及他如何參考張愛玲的小說。不過在我看來，以故事裡的伊底帕斯情節，片中充斥的男體情慾、精工雕鏤的繁華富貴、死亡意象、離家／回家的想像，乃至最後拍出棠夫人老得不成人樣的面貌等等，《血觀音》於創作心境上，毋寧更接近於白先勇的《台北人》。即如棠夫人之不死，也很像《台北人》裡〈永遠的尹雪豔〉一篇，寫出時光的永恆絕情，以對比青春之短暫荒無。作者誠然不想長大、不想世故衰老，但是又能如何？

（二）

白先勇寫《台北人》時，之所以有那麼多的痛苦與悲憤，主要是因為父母親的前後過世〔註21〕，瞬間讓他頓覺生命虛無荒謬。然而楊雅喆的創作熱情與憤怒，又來自於哪裡？

前面提過，從《女朋友男朋友》到《血觀音》，我想一部份的創作動力應來自於學運世代的政治洗禮。楊是 1971 年出生的，其大學時期經歷過野百合學運，至於此一運動對於台灣社會的影響如何？鮮少看見其他影片作過深刻討論，台灣社會似乎總在追尋、轉變，卻善於遺忘。

談到學運與電影，大陸婁燁（1965～）導演所拍攝六四事件的《頤和園》（2006），勢必成為先行與對照的版本。有趣的是，婁燁此作也是以鏡像的方式來編劇，電影裡的兩個女主角，分別是來自吉林鄉下的余紅、與城市知青李緹，她們彼此亦友亦敵，經過軍事鎮壓以後，革命理想隨之幻滅，余在國內不斷的放逐中倖獲苟存，李則在德國以背叛或虛無而墜樓自盡，說明革命世代在政治抉擇之分裂、與生命感受的失落。

《頤和園》影片最後有如此箴言：「無論自由相愛與否，人人死而平等，希望死亡不是你的終結。憧憬光明，就不會懼怕黑暗。」引文中的「自由」不可確知，至於「平等」卻非與生俱有，至死方休。婁燁說：人人皆有一死，但

有一致的結構。然而在現實人生裡，楊雅喆與家長的關係剛好相反：他的爸爸曾叫他念高職、當水電工，別讀大學了。「我怎麼可能讓他控制我？」可惜，還沒能等他證明自己，高三時，因父親去世，他的叛逆期必須結束。考上淡江大學之後，他靠著端盤子、救生員、酒店的工作，在社會裡的各種現實夾層，完成夢。劉致昕專訪：〈算命桌旁長大的金馬獎導演楊雅喆〉，《商業雜誌》，2017 年 11 月 29 日，同註 5。

〔註21〕母親馬佩璋過世於 1962 年，父親白崇禧過世於 1966 年，《台北人》所收各短篇小說，陸續發表於 1965～1971 年間。

是生命或許有超越死亡的意義。楊雅喆的作品則說：人人皆會衰老世故，不要忘記年少時的純真。婁燁說：「憧憬光明就不會怕死」；楊雅喆則說：「記得微笑，就不會害怕了。」對於政治理想與感慨別有異同，兩位導演都銘刻了年少時的熱情、單純與信念〔註22〕，但楊雅喆是否仍相信前方有婁燁四處躲避與追尋的光明呢？〔註23〕

七、結語：以電影再現「人樣」

如果電影發展史也有生命，如果電影能夠反映世道，2017年的台灣影壇，有一個流行現象倒很值得關注，就是紛紛出現了「謗佛」的情節。例如九把刀（本名柯景騰）《報告老師！怪怪怪怪物！》的師生霸凌，即是以謗佛為其爭執點；黃信堯《大佛普拉斯》中把大佛視為斂財工具，《血觀音》又沾染了欺騙世故與屠殺，無怪有論者為文指出「台灣是個瀆神之島」〔註24〕，例如晏山農（蔡其達）即認為「瀆神本身映照的是更質樸（醜陋）的真實台灣」。

確實，質樸的是人民，醜陋的則是當權者掏盡的廢墟，然而權力不盡然等同於信仰，信仰與人民未必得像希臘悲劇中的父子對立。家國結構的崩潰或離散，也不見得就能獲致自由。蔡明亮、李安那個世代的創作者雖然同樣解構家庭，卻似乎比現今影人更在意愛與救贖。

此刻台灣的醜陋，是否就足以評斷明日、乃至未來的無愛？我不確定能否如此斷言？或許應該視為導演的感慨與憂懼。想來動情多深，受傷就有多

〔註22〕楊雅喆說：「每次寫劇本的時候都會檢查自己有沒有過於算計，過於算計就過於工整，不用檢查就知道，就是很普通。年紀大你就知道，你寫東西就不會回到那個狀態，你能做的就是不要太安全，太安全的東西既不好玩、也不會賣錢。」在這創作方面，他是希望自己停留在叛逆青年的狀態上。劉致昕：〈採訪後記：楊雅喆，為反抗、學世故〉，《商業雜誌》，2017年11月29日，https://medium.com/@chihhsin.liu/%E6%8E%A1%E8%A8%AA%E5%BE%8C%E8%A8%98-%E6%A5%8A%E9%9B%85%E5%96%86-%E7%82%BA%E5%8F%8D%E6%8A%97%E5%AD%B8%E4%B8%96%E6%95%85-5d89ef9ba920

〔註23〕楊雅喆曾說：「《血觀音》是一個不正向的電影，但在這個需要正能量的時代，揭發某一些黑暗，是讓社會更進步的動力。」《商業雜誌》劉致昕專訪〈算命桌旁長大的金馬獎導演楊雅喆〉，2017年11月29日，同註5。從某個角度來看，婁、楊在編劇與社會批判上的不同，倒頗似於棠寧與棠真的兩種抉擇。

〔註24〕晏山農：〈台灣是個瀆神之島——談《大佛普拉斯》與《血觀音》〉，發表於《想想》副刊，2017年12月10日，http://www.thinkingtaiwan.com/content/6645

大。白先勇年輕時父母雙亡、文化記憶毀於一旦的恐懼感，是藉由小說的書寫方得到救贖；年長以後，白先勇並未墮落為世故下流的老人，不但是活躍的文化搶救者，更嘗試重新書寫以理解或彌補父親白崇禧將軍的失敗歷史。

最後，謗佛現象也讓我想到香港著名的填詞人林夕（原名梁偉文，1961～），林夕曾在歌星張國榮墜樓自殺後，得了嚴重的憂鬱症，他責備因自己的問題，寫給張的歌詞太過晦澀陰鬱，此後又經過好幾年才從信仰裡復原。

電影能夠帶領觀眾看清社會的荒謬，彰顯是非價值，確乎有其知性上與情意宣洩的功能；然而權力結構會有消長變化的契機，時代或許斷裂，又或許會重演相似的軌跡，我們不見得非得從受虐中感受生存，而放棄對於樂園的探尋。

如果社會發展史也像人生有起伏可言，我以為學運革命後的世代未必遜於之前，未來也難以論定將不會有一絲希望與光明〔註25〕，至於那些折斷的與失落的，接上義肢後還是可以「活得像個人樣」，繼續往前，勇敢去愛人與被愛。

創作者如能從時代伏流間鼓舞生命，引領人們於廢墟之上重建起家園，或許更能照見藝術的悲憫。

〔註25〕楊雅喆說他懷念野百合學運當時追求自由、不滿現況的社會氣氛，「二十年過去了，台灣（偽善的）行事風格還是沒變，官商勾結還是一樣，但大家卻都不憤怒了？」認為今不如昔：問題的結構未曾動搖，然而有良知的那些年輕人卻已變得麻木。劉致昕專訪：〈算命桌旁長大的金馬獎導演楊雅喆〉，《商業雜誌》，2017年11月29日，同註5。

2016 慕尼黑兒少國際影展
科學教育類節目之借鏡

提 要

　　本論文嘗試介紹今年慕尼黑兒少國際影展的幾部得獎節目，以作為我國科學教育類相關節目的參照體系。論文中大致分為四個部分：首先說明政府對於科普傳播的政策補助，進一步分析近年獲評為優良節目的大致內容；其次說明兒少族群逐漸成為國內科普節目的重要預設觀眾，節目主題也日趨多元，但兒少觀眾究竟需要什麼樣的節目？科普教育在分齡上的不同需求何在？應該借鏡於國外優秀節目的製作經驗；其三介紹慕尼黑兒少國際影展（Prix Jeunesse International）的評價標準，試圖從具體的得獎作品介紹各國在節目製播上的特色；其四採用日本得獎科教節目作了國內青少年觀眾的接受度測試，並對照我國科普節目的敘事習性加以檢視反省。

關鍵字：科學教育、科普傳播、國際影展

一、台灣科普傳播節目（類型）十年來之進展

　　根據瑞士洛桑國際管理學院（IMD）公布的 2016 年全球競爭力排名，臺灣在本次評比中，總排名從 2011 年的第 6 名持續滑落到 2016 年的第 14 名（見附表 1）。值得注意的是，評比項目裡臺灣的「基礎建設」排名持續下降，其中「科學建設」與「教育」等軟實力指標，也呈現後退的趨勢，引起各界的關心與注意。

附表 1　近 6 年我國在 IMD 世界競爭力年報排名
(4 大類／20 中項)

項　　目	2011	2012	2013	2014	2015	2016	'15-'16 變動
總體排名	6	7	11	13	11	14	↘3
經濟表現	8	13	16	14	11	15	↘4
1.國內經濟	5	18	24	21	9	30	↘21
2.國際貿易	5	15	10	14	14	7	↗7
3.國際投資	31	43	30	31	29	33	↘4
4.就業	17	18	24	21	18	16	↗2
5.價格	13	6	26	11	15	23	↘8
政府效能	10	5	8	12	9	9	—
1.財政情勢	20	16	13	17	13	12	↗1
2.財政政策	4	4	4	4	4	4	—
3.體制架構	13	15	16	20	19	16	↗3
4.經商法規	28	18	20	27	25	25	—
5.社會架構	25	22	20	26	22	21	↗1
企業效能	3	4	10	17	14	16	↘2
1.生產力及效率	3	12	20	14	15	15	—
2.勞動市場	7	12	15	22	25	33	↘8
3.金融	11	11	12	16	17	19	↘2
4.經營管理	3	1	5	11	10	13	↘3
5.行為態度及價值觀	4	4	6	19	15	19	↘4
基礎建設	16	12	16	17	18	19	↘1
1.基本建設	18	18	19	18	25	28	↘3
2.技術建設	6	4	5	4	9	12	↘3
3.科學建設	7	7	13	9	9	10	↘1
4.醫療與環境	27	26	30	31	29	32	↘3
5.教育	25	24	21	22	21	25	↘4

註：1. 2016 年採納 342 項細項評比指標，其中 84 項屬「經濟表現」，71 項屬「政府效能」，71 項屬「企業效能」，116 項屬「基礎建設」。

　　2. 行為態度及價值觀，曾稱為「全球化衝擊」

資料來源：IMD World Competitiveness Yearbook；各年期。(www.imd.ch/wcy)

　　要改善「科學建設」與「教育」，使下一代具有國際視野及競爭力，科學類教育節目就必須趕得上時代，尤其必須借鑑於世界各國的政策面（李昭毅、林育賢整理，2014）〔註1〕、產製經驗及優良作品等等層面。臺灣過去在大眾

〔註1〕例如陳清河曾經指出我國對於制訂保障科學傳播事業發展的相關法規，遠遠落後於日本的《科學與技術基本法》、美國的《科技發展法》、中國大陸的《科學技術普及法》等。整體科普傳播事業的發展可能因主政者個人成見，或政治立場不同等因素，導致影響經費補助，進而耽誤科學傳播事業的推廣，臺灣科學傳播產業的發展，也因此將充滿不確定、不穩定性，難以生根。

科學傳播發展的相關範疇，雖然在各國家級科學場館、科學雜誌、廣播、電視節目裡，零星可以看到某些成績，可惜這些科普活動與科普傳播內容的產出，向來缺乏整體性與延續性地整合推動。

事實上，我國政府意識到科學教育與傳播節目的重要性，早已在十年前規畫了相關的政策：例如國科會科學教育發展處早於民國 95 年開始推動「行政院國家科學委員會補助臺灣科普傳播事業催生計畫——媒體製作試辦方案」，同時委託政治大學廣播電視學系執行「臺灣科普傳播事業催生計畫」（96～100 年），後來又進一步推動了「臺灣科普傳播事業發展計畫」（100～103 年），此一延續性計畫大致延伸出八支主軸：一、科學傳播內容產製刊播補助；二、科學傳播人才培育；三、國際交流合作；四、科學傳播知識建構；五、科學傳播內容資料庫建置；六、科學傳播獎勵機制建立；七、科學傳播績效評量；八、科學傳播之媒體、市場與受眾研究。〔註 2〕最主要的計畫內容，尤其在於補助科學傳播內容之產製與刊播。

其中，「催生計畫」成果不計，即以「發展計畫」時期之執行成果，共計補助 52 件製播計畫，製播類型除了前期「科學教育影片」、「科學新聞報導」、「電視科學節目」三類，且新增「科學極短片」及「科普推廣」兩類。內容主題除了與前期所涵蓋的基礎科學、綜合科學或應用科技範圍相同之外，新增武術、文物修復、成語、食品科技、碳封存等項目。103 年轉型為產學合作後，開放製播類型，又新增劇場、繪本、微電影短片，以及科普漫畫之出版。

上述計畫累計產出 10,824 分鐘（相當於 180 小時）科普影片及節目、極短片 540 支、708 則科學新聞短訊、戲劇 20 場（含相關繪本出版及短片）、漫畫 3 部。影片節目首播收視率平均約為 0.16%，最高首播收視率可達0.29%。本期製播之內容獲得金鐘獎 5 座，包括「最佳科學節目獎」2 座（公視製作的《流言追追追》及主軸三國際合製影片《生命旅程 Hello Brain!》）、「最佳動畫節目獎」2 座（定禾數位有限公司製作的《100 個種子的秘密》及原金國際有限公司製作的《再探飛鼠部落》）、「最佳 4 兒童少年節目獎」（《成語賽恩思》，公視製作），其中《100 個種子的秘密》赴加州影展參賽

〔註 2〕〈臺灣科普傳播事業催生及發展計畫績效簡介〉，參考科技部科教發展及國際合作司網站資料，2016 年 10 月 1 日，https://www.most.gov.tw/most/attachments/3c230fbf-4499-43b4-9a82-a0b8969ca86b。

獲得了 3 座獎項肯定，可說是成果豐碩。

二、我國電視節目中的兒少科學類型作品

關於前述「科學教育影片」、「科學新聞報導」、「電視科學節目」之不同類型，關尚仁、莫季雍曾經對於其「觀眾形貌」作了調查研究，結論是：「科學教育影片」類的觀眾主要以 35 歲以上成年人觀眾為主，並以高學歷之工作人士較多。「科學新聞報導」類的觀眾皆以大台北地區，45 歲以上成年人為主。「電視科學節目」類的觀眾群較為不同，如公共電視的《流言追追追》以 4～14 歲學生及家庭主婦為主，而大愛電視台的《發現》則以 35 歲以上家庭主婦為主（關尚仁、莫季雍，2011）。可以發現分眾市場之需求出現，兒少觀眾專屬科教節目乃漸受重視。

特別像是前面提到，因計畫補助而獲得金鐘獎的優良節目，例如《流言追追追》、《100 個種子的秘密》、《再探飛鼠部落》（李瑛、黃惠萍，2011）〔註3〕，以及《成語賽恩斯》等，都是針對兒少觀眾所製播的科學教育主題節目。五座金鐘獎科教節目有四座是頒給了兒少觀眾群，可以發現兒少逐漸成為節目製播上一個重要的預設觀眾群。

特別的是，如果不從科學教育來看兒少觀眾，而從兒少節目來看科學教育呢？我們也可以看到科學教育類成為兒少節目當中重要的類別之一，「科學」脫離了專業的樊籬，也成為兒童們覺得既有趣且有需求的影視內容。

即以台灣媒體觀察教育基金會所公告 2015 年的「國人自製兒童暨青少年優質電視節目推薦星等與評審意見」來看〔註4〕，其中獲得五顆星推薦（最高五顆星）的優良作品計有 11 部，內容上相當多元，包括有強調國際觀的《小主播看天下》（大愛）、《地球的孩子》（大愛），提倡青少年典範學習的《年輕人讚起來》（大愛），有表現原住民歌舞的《圓夢舞台》（原視），

〔註3〕此一節目是清華大學參與製作的動畫節目，並於原住民族電視頻道播映，內容上則有趣地雜採了科學教育與原住民文化認同的議題。李瑛、黃惠萍提到，原住民科教典範之轉移：從多元文化教育觀點分析電視科普節目《科學小原子》，主要也就是指出臺灣此類兒童科教節目反映出多元文化思潮。多元文化思潮自然並不限於原民議題，例如台灣媒體觀察教育基金會於 103 年下半季給予了五顆星推薦的優質兒少節目「奧林 P 客」（於客家電視台 17 頻道播映），就同樣以客語關心全球暖化等科學議題。

〔註4〕台灣媒體觀察教育基金會網站，2016 年 10 月 1 日，http://mediawatch.org.tw/node/2104。

有帶領兒少探討法律議題的《超級法律王》（中視），有介紹各行各業給兒少的《老師，您哪位？》（公視），談國中生活議題的《我的這一班》（公視）、國小生活議題的《下課花路米》（公視）、甚至面對年齡更小的幼兒觀眾群的《水果冰淇淋》（公視），名單中還有兩部節目：《生活裡的科學》（大愛）、與《流言追追追》（公視），則是以引介兒少科學知識獲獎的類別。

　　台灣 2016 年入圍慕尼黑兒少國際影展（Prix Jeunesse International）決選的電視節目作品有三，分別是大愛電視台的非劇情片《小主播看天下：把家還給寄居蟹》、公共電視台的劇情片《剪刀、石頭、布：是敵是友？》、與動畫片《阿寬先生的新家》，其中《小主播看天下：把家還給寄居蟹》與《剪刀、石頭、布：是敵是友？》二部作品，引起各國與會者較多的討論：前者讓小朋友對於環境議題採取了實質的救援行動〔註 5〕，後者則設計了開放性的道德難題，讓兒童們自行參與、發想結局，嘗試提出不同的解決方案〔註 6〕。至於動畫《阿寬先生的新家》則是以幼童的友誼為主題。

　　臺灣今年入圍決選的作品〔註 7〕皆非科學教育類的節目，可見如從世界眼光來看台灣的兒少節目，我國比較亮眼的主題大概在於家庭社會層面（例如《剪刀、石頭、布：是敵是友？》觸及到階級議題與物質誘惑）、與環境保護議題（例如《小主播看天下：把家還給寄居蟹》讓小主播走進校園、走上街頭為環境議題宣傳），我國參賽的科教相關節目則未受國際青睞。然而我們從此次慕尼黑影展入圍作品中也可以看見，科學教育類節目確實不少，最後獲獎的作品也多，相信這些國外的精彩作品，會有值得國內兒少科普節目借鑑學習之處。

三、兒童主體：關於慕尼黑兒少影展的評價觀點與主題單元

　　2016 年的兒少國際影展 5 月 20～25 日在德國慕尼黑舉行，總策展人是瑪雅・哥慈博士（Dr. Maya Götz），她同時也是巴伐利亞廣播公司（BR）兒少

〔註 5〕大愛此片導演為林建利，預設觀眾為 7～12 歲小學生，首播日期為 2016 年 2 月 24 日 17：30。
〔註 6〕公視此片為王小棣所導演，預設觀眾為 6～12 歲小學生，首播日期為 2014 年 8 月 16 日 09：20。
〔註 7〕除了前述三部作品為正式入圍節目外，還有一部《報告市長》（公視）也榮獲大會於議程中列入特別討論的遺珠之憾，此作以國小學童訪談當時的台北市長郝龍斌為主題。

與教育電視頻道（IZI）國際研究中心的負責人。此次共有來自全世界 65 國家的參賽節目將近四百部，影展委員會再從這些作品中，挑選出較具有代表性的 96 部作品，進入決選。

　　慕尼黑此一常設性影展（Prix Jeunesse）透過各國之交流合作，已經累積了 53 年的兒少教育／節目製作經驗，大會的競賽標準雖然採取委員討論制，主要不外下列觀點（黃聿清，2014）：

　　　　（一）要與兒童的生活有關；

　　　　（二）要讓孩子覺得有趣；

　　　　（三）提供榜樣給孩子；

　　　　（四）將令人吃驚的世界呈現在孩子眼前；

　　　　（五）提供知識；

　　　　（六）教導他們；

　　　　（七）培養（喚起）孩子的美感；

　　　　（八）孩子需要一些事件來作為共同關心的話題；

　　　　（九）要讓孩子容易接近；

　　　　（十）激發孩子的主動性。

瑪雅・哥慈博士的意見是，兒童節目頻道具有很重要的啟蒙價值，不應與商業頻道一般追求市場收視率，應該講求教育理想。

　　除了兒少教育的各式題材外，今年影展的主標題是「What it means to be me: Identity and Children's TV（我是怎樣的一個人：身份認同與兒童節目）」，在此一大主題方向下，又分出二項子議題，包括：難民兒童之處境（"To Flee. To Arrive. To Receive. To Understand."）、兒少節目與性（別）教育（"My Genitals, My Sexuality and Me"）。

　　為了達到深入的交流，大會並不只是簡單地做影片的放映、內容討論與評比高下而已，因為與會者多半是各國兒少節目製作人、編導專業人員、或國家公共頻道相關業務之行政官僚，並非真正的教育專業人員，因此瑪雅・哥慈博士特別邀請了相關的兒童心理學者，如亞瑟・巴林博士（Dr. Arthur Ballin）等六人〔註8〕，做為影展期間的諮詢顧問，為影展增添了相當深度的

〔註8〕Dr. Arthur Ballin（Child Psychiatry Tiefenbrunn, Germany）、Stephanie Lahusen（Lebenshunger e.V., Germany）、Claudia Lahusen（Centro gestáltico Clarooscuro, Mexico）、Prof. Dr. Nancy Jennings（University of Cincinnati, USA）、Andrea

教育面向。

令人印象深刻的是，瑪雅‧哥慈博士曾經針對此次影展主題，特地做了一些實驗性的教學設計、與特殊的節目主題調查。教學設計方面，例如大會針對 14 個國家 4～18 歲的 300 名兒童與少年，邀請他們依據本年度主題「我是怎麼樣的一個人（What it means to be me）」繪製圖畫；此外，又特別在七個國家，邀請 114 位兒童創作「形構自我（Shape Myself）」的圖畫，此中包括了敘利亞難民、或泰國罹患愛滋病的病童等，藉由這些兒童繪畫作為示範，大會請上述兒童心理學者剖析這些孩童們的內在情感，說明他們所受的傷害、恐懼與需求所在。

至於特殊主題之開發方面，例如大會曾經針對現階段兒少觀眾作了一些節目的主題調查，瑪雅‧哥慈博士他們發現，原來少女觀眾竟有超過半數喜歡機器人的題材，這跟我們過去誤以為只有男孩適合機器人，女孩適合的則是洋娃娃與烹調等的「性別刻板印象」有別，因此加拿大所製播的以少女與機器人搭檔的戲劇性節目〔註9〕，在收視上廣受歡迎。凡此可見，隨著社會進步變化，如果我們不夠深入瞭解孩童的心理狀況，電視節目反而會扼殺了兒少成長的許多可能性。

四、慕尼黑兒少影展科學教育類相關獲獎節目之介紹

為了論述方便，下面試以不同國家分出章節，對於各國入圍或得獎的幾部重要作品，逐一加以介紹與評析。

（一）挪 威

兒少國際影展入圍作品中涵括了各式教育題材，當然科學教育也是影展的重點之一，例如挪威 NRK Super 製作的《好工作》（NICE WORK！），影片中由專業技師帶領小朋友（Specific Target Age：5），實際進入社區下水道裡去看看地底管線如何運作、以及化糞池堵塞時如何修理的問題，教導他們從親身經驗中認識房屋建築、污水排放、與都市規畫等等層面的知識。此片獲得 6 歲以下非劇情片類獎項（Up to 6：Non-Fiction）。

此作品比較特殊之處，大致上有幾點可說：1. 節目刻意設計讓五、六歲

Holler（IZI,Germany）、Dr. Julia Haager（University of Regensburg, Germany）.
〔註9〕Annedroids: Paling Around，加拿大電視台 TVO,KiKA，預設觀眾為 6～11 歲，首播日期為 2015 年 9 月 23 日 18：30。

的孩童走出家門，並在各行各業的大人陪同之下，實際去不同工作場域經驗與學習，以初步感受與認識社區環境；2. 激發幼童們對於世界的好奇心，參與社會的運作；3. 在不同場域設計一些戲劇性的偶發事件（例如：地下化糞池堵塞時如何確認位置？如何與屋主溝通？如何維修……等等），以製造觀眾的樂趣及想像。

這部作品在主題上，與公視節目《老師，您哪位？》頗相彷彿，不過也有幾點不同：首先是《老師，您哪位？》比較以各集來訪的明星、球員、名人為主，而不以參與的兒少觀眾為主體；其次是《好工作》的年齡層比較低，對於事物的感受、反應，與國小中高年級的小孩不同；最重要的不同點，還在於事件所發生的場景不同，《好工作》是讓幼兒在家門之外去經驗感受，而《老師，您哪位？》的進行場域，主要仍是在於國小教室內作討論或上課。

（二）英　國

以歐洲兒少科學節目來看，又如英國威爾斯語公共電視台 S4C 有部入圍作品《小雞醫院》（"Little Chicks Hospital"，6 歲以下），是以玩偶來介紹醫院中可能會遇到的科學儀器，例如骨折時醫院可能會使用 X 光機照出骨頭的影像，藉此以幫助兒童對於生活中可能遇到的科學，建立起一些簡單的概念與理解。

這個玩偶實境節目在設計上也有獨到之處，節目構想來自於兒童科醫師 Dr. Mair Parry，她主要是為了幫助孩童們減輕上醫院看病時的恐懼、或是負面看待發生在自己身上的疾病，希望兒少觀眾因為理解這些科學儀器的功能，能夠減輕心理上未知的擔憂（陳瀅蓮，2012）。〔註 10〕

（三）日　本

至於亞洲地區，重要的科學教育節目獎項，都被日本給囊括一空。例如

〔註 10〕陳瀅蓮提及「英國科學傳播是由皇家學會及皇家研究院的科學家於 1985 年首先推動，而後經由多方機構共同合作，包含學術機構、企業、非政府機構等，其定位近十年從過去的公眾『理解』科學轉為強調民眾的『參與』，許多學校亦設有相關學程提供修習，英國廣播公司（BBC）與第四頻道（Channel 4）更有專責科學節目的單位。」S4C 電視台本身不進行節目製作，部份由 BBC 製作之威爾斯語節目，是免費捐贈給 S4C，以達成 BBC 本身公共服務的要求。

日本 NHK（陳瀅蓮，2012；李玉梅、姜燮堂，2007）〔註11〕所製作的《玩玩
科技》（TAKE TECH），這部影片主要是教導中學生「感光偵測器」的設計原
理、並舉例說明其於農業上、生活中如何應用，這部作品不但具有豐富詳細
的知識傳遞，此外也充滿了日式幽默感，寓教於樂，讓兒少觀眾可以從笑聲
中自然地學習到科學知識、增廣見聞，此片也因而贏得了 11～15 歲非劇情類
的獎項。

　　《玩玩科技》節目中大致有四個部份的設計：1. 問題意識與動機：為什
麼需要發明此科技？（例如路燈如果以人工開關，勢必耗時也耗能。有沒有
可能使用偵測器感測亮度，可以自動開關路燈，以兼顧節電與安全的需求？）
2. 一般是如何運用？（例如自動門的感測設計、水果甜度檢測等等）3. 偵測
器在設計上的大致原理？4. 可以如何運用於個人生活中？（例如裝了偵測器
在房間門口，可以避免在應該寫功課卻偷懶看漫畫時，被媽媽闖入發現而責
罵；又如可以裝設感測器在鏡子上，然後每天早上洗臉照鏡子時，鏡子就會
感測發出錄音讚美自己好帥，使心情愉快。）

　　事實上，此一節目節奏輕快，配音與配樂也很可愛，未見過份強調科技
原理的冗贅說教，相當符合國中生作為主體的觀影特性，節目設計上更是特
別舉出許多小例子，強調生活裡的幽默感及趣味，兼顧了知識面及娛樂性。

　　值得一提的是，日本人不僅在科學節目上要求精準，在兒少節目中也強
調邏輯推理的科學性論證。例如 NHK 此次有另一部作品《寓言故事法庭：三
隻小豬的審判》（FOLK TALE COURTROOM：THE TRIAL OF THE THREE
LITTLE PIGS），就要求中學生扮演陪審團的一員，觀眾必須自行斟酌提告者
（大野狼的媽媽）或被起訴者（三隻小豬）的不同說詞，來判斷起訴案件的
核心論證孰是孰非、有罪與否，當然其中有許多證據與推斷，是屬於科學的
範疇（例如：質疑三隻小豬刻意準備好鍋子與大石頭，大石頭的重量非第三

〔註11〕陳瀅蓮論文提及「日本的科學傳播是由多方領域共同參與，政府單位以日本
　　　科學技術振興機構 JST（Japan Science and Technology Agency）為主，除投入
　　　龐大資金、在科學傳播方面不遺餘力，更為科學科技法源奠定基礎，欲確實
　　　將科學落實於民眾生活，而在科普節目方面，除了 JST 所屬的科學頻道外，
　　　還有雜誌、網路為通道，可提供民眾科學新知，日本公共電視 NHK、商業電
　　　視台包含富士與朝日電視台，也製播了許多貼近民眾生活的科普節目。」另
　　　李玉梅、姜燮堂提及訪問 JST 後的心得為：「『找對製作團隊』、『多樣化的節
　　　目型態』與『靈活的宣傳推廣手段』尤為製作科普類電視活動成功的關鍵因
　　　素。」

隻小豬可輕易搬動，所以燙死大野狼算是三嫌預謀性的犯案）。這部作品於會場播映時搏取了許多掌聲，並因此獲得 11～15 歲劇情類獎項。

《寓言故事法庭：三隻小豬的審判》這個節目比較特殊之處，在於它雖拋出了一個問題（小豬有罪與否），卻不給予觀眾一個具有權威結局的簡單答案，希望讓觀眾透過不同的角度自行思考與判斷。

另外，日本 NHK 電台還有一部參賽作品《進階版畢達哥拉斯開關設計》（Pythagoraswitch Advanced）」，主要是以中小學生之數學教育為主，雖然講解的內容在數學，但不著重於繁複精密之運算，而聚焦於數學概念／空間形象之觀察與推理。《畢達哥拉斯開關設計》過去獲得了日本國際獎國際教育計劃大賽總理獎，也曾經贏得慕尼黑兒少影展 6 歲以下非劇情片類獎項。

《進階版畢達哥拉斯開關設計》此節目在設計上有兩個特點頗值一提：首先是節目努力把數學概念視覺化，誘導觀眾進入抽象的推理活動，並及時給予答案提供回饋檢覈；其次是製作單位頑固地花上數十遍、上百遍操演複雜的骨牌連動遊戲，並在節目具體呈現出過程中的失敗歷程，最後才展示出優雅俐落的因果邏輯效應。優雅俐落也許是數學上的形式之美，但是失敗經驗與對完美的不間斷追求，可以召喚出中學生另一種對於終極理型的嚮往與堅持（李玉梅、姜燮堂，2007）。〔註 12〕

前面所舉的三部日本節目都以中學生為預設觀眾，NHK 另有一部針對 3～7 歲兒童所做的精緻節目《模仿秀》（Mimicries），則是以昆蟲、小動物及生態科學教育為主，影片製作上並不重視說教，相對而言更重視於提問與觀察（例如觀察許多的動物，像牛羊馬、章魚等等，眼睛都在身體兩側、且瞳孔形成一直線，與人類眼球保持在同平面上、而瞳孔成圓形明顯有別，為什麼？）以做為學齡前期幼兒之科學啟發。

這個節目與前舉挪威《好工作》一樣，嘗試帶領幼兒走出戶外去觀察自然，NHK 甚至設計了 APP 及網頁，鼓勵孩童們找尋自然界相似相仿的生物輪廓（例如格狀花紋），並投稿到電視台加以獎勵，以激發觀眾對於自然形式

〔註 12〕例如李玉梅、姜燮堂提及參觀 JST 的綜合心得：「在不斷創新激烈競爭情形下，如節目型態單一不變，觀眾很難對科普節目有長期關注的熱情，可採用故事片敘事手法，挖掘科學事件的曲折性以及科學家背後的人文精神，展現科學家精神世界的巨大魅力、和對科學矢志不渝的追求，使觀眾得到內心的自省與激勵。」

感受新奇及充滿想像力；製作單位也與前舉《寓言故事法庭：三隻小豬的審判》一般，只拋出疑問，卻未給予幼兒明確的解答。

（四）加拿大

最後，除了得到大獎的挪威及日本以外，加拿大兒少節目也在科學議題上多所關注，例如在機器人的議題上，多倫多 TVO 電視台就有個女孩與機器人的兒少節目《機器人安妮》（"Annedroids：Paling Around"，6～11 歲），試圖把過去以來的性別刻板印象，加以鬆動改寫〔註13〕。這個節目在情節設計上，往往讓主角提出有趣的假設，然後經過一連串事件加以驗證，從失敗中獲得學習與友誼。

針對年齡更小的觀眾群，多倫多 TVO 電視台還有一個讓幼兒設計各種功能機器人的繪畫節目《你能想像嗎！》（"Can You Imagine That！"，3～6 歲），幫助孩童對於身邊各種工作提出他們的觀察與想像。此外，還有玩偶節目《現在你知道了吧！》（"Now You Know"，4～6 歲）讓太空人告訴兒童於無重力的太空環境中，太空人會有哪些生活問題與習慣需要克服，以引導觀眾們對於物理學及科學的想像力。在加拿大的這些科學類兒少節目中，具體的科技知識往往不是節目重點，重點在於如何啟發兒少觀眾對於科學的好奇以及熱情。

五、該怎麼教孩童科學：台日對照之下的觀察與討論

筆者與其他傳播領域教授（台師大大傳系陳炳宏、世新廣電系黃聿清）、以及台灣兒少節目不同製作團隊（包括公視、大愛、傳愛家族等），有幸於今年參與慕尼黑兒少影展，面對各國節目的觀影心得，首先就是文化與教育觀點的差異。例如從這一次慕尼黑國際影展得獎情形來看，台灣兒少節目似乎在大方向上未必與歐洲有相同的語境，像是敘利亞內戰與難民流離議題，誠然為重大的國際事件，但對於東亞國家來說，確實是一個相對生疏的題材，因為我們在生活上比較不會遇到此類道德難題，可是歐洲人卻不然。在這方面，兒少節目雖然可以帶入相關的資訊，好讓孩童們也具有人道關懷及國際觀，但卻很難能夠像中東或歐洲國家一樣感同身受。

此外，又如兒少節目中對於性（別）議題的討論，亞洲國家、中東國家，甚至是美洲與歐陸諸國，對於此一議題之看法亦有別，此中必然是與各國的

〔註13〕主角是兩個白皮膚的女生，配角男孩是非裔黑膚少年，角色設計上也考慮到德國不同族裔的混雜融合。

文化傳統、以及思想信仰等層面有深刻的關聯性。我們可以借鑑、可以參考與學習，卻不宜毫無反省地直接套用。

比較起這次影展東亞諸國的表現，亦可窺見不同的發展方向。例如中國《神奇的鈞瓷》（WOW, MAGIC JUN PORCELAIN）」、南韓《奶奶是我的小妹妹》（GRANNY IS MY LITTLE SISTER）」、泰國《腳踏車弟弟》（BICYCLE BROTHER）」、及蒙古共和國《超人加納》（SUPERMAN GANA）等作品，皆以拍攝本國特有之文化與美感見長。

至於日本這次參展的幾部影片，如前述的《玩玩科技》、《高級畢達哥拉斯開關設計》、《寓言故事法庭：三隻小豬的審判》，多少都與邏輯推理及科學教育有關；《藝術與歌曲：歐菲莉亞，還不行！》（ART TUNES！：OPHELIA, NOT YET），藉由朗朗上口的詞曲創作，帶領小學生認識世界名畫與其藝文典故，也是很特殊的製作選題方向。日本團隊在此次與上次（2014）參賽皆能贏得影展大獎，可以看見他們在兒少節目製作上的用心，特別是對於科學教育議題在現代化與國際化的努力。

筆者於 7 月初剛好參與「新北市公用頻道影音產製工作坊──影音達人營」的教學團隊，有個機會針對參與工作坊的 50 位青少年學員（10～16 歲），測試了今年從慕尼黑影展帶回台灣的六部得獎重要影片。其中有一部獲得 11～15 歲非劇情類獎項的節目，就是 NHK 所製播的《玩玩科技》，學員們的觀影喜好及心得，大致統計如下（見附表 2）：

附表 2　新北市公用頻道影音產製工作坊學員觀影反應統計表

《玩玩科技》簡介：主要在於介紹感光器的原理及應用，影片中有清楚、具體，卻又不失日本人幽默感的情節設計。				
非常喜歡	喜歡	普通	不大喜歡	很不喜歡
25	18	7	0	0
●這部影片的音樂和人物都非常生動有趣，很適合小朋友看。（陳宣瑀，11 歲） ●畫風很可愛，也解說了我們生活中的物品等，音樂也很好聽，我喜歡。（葉紋秀，12 歲） ●我覺得這部片用很多能讓我們這個年齡的人比較容易看懂的設計，動畫和配樂都很好。（杜妤驊，13 歲） ●旁白很有趣，也在最後舉出很多有創意的點子。（許喬瑛，14 歲） ●有助於兒童學習科學的一些簡單原理、認識裝置。（蒲思云，14 歲） ●技術本身很常見，但是表現的手法讓它變得不普通。（林楷倫，16 歲）				

　　根據調查統計，對此影片表示「喜歡」以上的感受，佔了 50 位學員當中的 43 位，等於高達 86%的受訪者樂於接受這樣的科學教育節目，換言之，日本《玩玩科技》節目的製作模式、主題與風格，應該也很適合於台灣學童觀眾的脾胃。

　　此外，筆者 8 月份利用於國家教育研究院「105 國民中小學媒體素養教育研習班」的講習課程，與來自全省各地的中小學教師觀看了 NHK 製作的《模仿秀》（Mimicries），會中花了一點時間與他們討論中小學的科學教育現場，有沒有可能接受日本科教節目把教育重點放在提供問題意識，卻不立即給予正確解答的作法？現場教師們多半表示，過去他們是不會這樣做的，給予正解才是台灣中小學的常態教育方式。

　　王惟正曾經完成了一部有趣的碩士論文（王惟正，2015），他設計了同性質的科普節目研究，比較台灣製作的《流言追追追》與美國製作的《流言終結者》兩個節目中相同主題的單元，以質性方式分析節目敘事元素，並進一步嘗試建構出敘事結構，另邀請了中部某國立大學 62 位學生參與前後測的調查研究，以探索二類科普節目的收視影響。

　　研究結果發現，在敘事結構比較方面，國內《流言追追追》偏向教育性質的呈現，節目中會出現「預測（predict）——觀察（observe）——解釋（explain）」的呈現方式，且多在實驗完成後進行解說，符合科學教育的精神。而國外《流言終結者》則比較重視於推理，而且推理常出現於實驗演示之前，並在預測結果後嘗試提出理由，較符合科學探究的精神，也較能夠反映出科學的本質。

　　就敘事結構比例分析，國內的《流言追追追》包括了：動機目的 23%、問題與假設 7%、實驗與方法 30%、結果與解釋 33%、媒體編排 7%；而國外的《流言終結者》則是：動機目的 11%、問題與假設 21%、實驗與方法 41%、結果與解釋 16%、實驗價值 2%、媒體編排 9%。兩相比較，可以看到國內節目較重視「動機目的」、「結果與解釋」的因果闡述，而美國的此類節目相對更重視於「問題與假設」及「實驗與方法」。至於收視影響方面的具體評估，根據王惟正的研究發現，《流言終結者》受試組在科學知識概念的後測成績優於《流言追追追》受試組，且達顯著差異。

　　值得一提的是，王惟正的研究雖然處理的是我國大學生的科普節目收視調查，但是同樣的教育觀念或許也複製在節目製作理念上（王惟正，2015）

〔註14〕，兒少科學教育節目亦然，因此日本科普節目對於答案保持懸念，轉而著重於問題意識與發想，看來對於我們還是有所啟發的。

六、結　論

限於篇幅及時間的限制，最後請容筆者稍事總結全篇重點。

論文中首先說明科學教育與當代傳播的密切相關性，自從我國於 2006 年推動「臺灣科普傳播事業」以來，政府對於科學教育節目在製播上提供了相當的經費補助，也確實產製出不少優良的作品。其中兒少族群已逐漸成為國內科普節目的重要預設觀眾。然而兒少觀眾究竟需要的是什麼樣的節目？兒少科普又應該如何與成人科普作出區別？則是有待進一步深思借鏡的重要議題。

我們如從經營了 53 年的慕尼黑兒少國際影展來觀察，歐陸製作團隊已自經驗中累積出一套細膩的節目評價準則，例如：要與兒童的生活有關、要讓孩子覺得有趣、要將令人吃驚的世界呈現在孩子眼前、要培養孩子的美感、激發孩子的主動性等等，把節目製作與兒少心理加以結合，兼顧了作品的教育及娛樂性。這些評價指標對於台灣兒少節目製作而言，確實具有很大的啟發性，我們也可以從參賽作品裡觀察到世界各國的努力方向，發現台灣兒少節目的定位。

即以這次慕尼黑兒少影展中幾部科學教育類節目來看，各國的得獎作品也都有值得台灣借鑑之處，例如挪威節目《好工作》與公視《老師，您哪位？》在主題上頗相彷彿，不過挪威在節目設計上較以低齡的兒少觀眾為主體，他們刻意讓幼兒在社區不同工作場域去經驗感受，相對而言，公視《老師，您哪位？》則主要是以國小教室作討論或上課。

英國兒少節目《小雞醫院》也在兒童醫院出外景，這部作品是以玩偶來介紹醫院中所遇到的科學儀器，例如骨折時醫院可能會使用 X 光機照出骨頭的影像，藉此幫助兒童對於醫療用科學設施，建立起一些簡單理解。這個針對低齡幼童所設計的節目，構想原來自於一位兒童科醫師，她主要是為了幫助孩童們減輕上醫院看病的煩惱，希望兒少觀眾因為理解這些科學儀器，能

〔註14〕例如王惟正論文中也提及《流言追追追》前製作人白美洪認為因為節目時間有限、觀眾背景不同，在知識內容傳達上如果可以給觀眾「肯定的答案」，在學習記憶上會有較好的效果，以達到傳播的目的。

夠幫忙減輕心理上未知的恐懼。

日本兒少節目《模仿秀》則是以昆蟲、小動物及生態科學教育為主，影片製作上並不重視說教，相對而言更重視於提問與觀察，以做為學齡前期幼兒之科學啟發。這個節目與前舉挪威《好工作》一樣，嘗試帶領幼兒走出戶外去觀察自然，NHK 甚至設計了 APP 及網頁，鼓勵孩童們找尋自然界相似相仿的生物輪廓（例如格狀花紋），並投稿到電視台加以獎勵，以激發觀眾對於自然形式感受新奇及充滿想像力。其中特別的是，製作單位 NHK 在節目中只引導提問，卻未給予幼兒明確的解答。

前此三部作品，都是針對 6 歲以下幼兒所設計的節目，相對來看，台灣兒童節目在製作上，比較多注意在更大一點的孩子，特別是在中小學階段。兒少節目觀眾的分齡需求，應該會是日後需要關心的重點。

此外，作為東亞科學教育重鎮的日本，針對中學生族群另有三部重要的得獎作品：《玩玩科技》強調科技新知與生活裡的幽默感、《寓言故事法庭：三隻小豬的審判》提供問題與線索、卻不給予答案，引導觀眾自行思考判斷；《進階版畢達哥拉斯開關設計》把數學概念視覺化，從失敗中展示出優雅俐落的因果邏輯，都很值得我們加以參考學習。

至於加拿大兒少節目也在科學議題上獨樹一幟，例如《機器人安妮》試圖把機器人議題與性別想像加以融合，鼓勵少女族群親近機器，大膽提出各種假設，從失敗中獲得學習與友誼。針對學齡前的觀眾群，繪畫節目《你能想像嗎！》嘗試對於各種工作提出幼兒們的觀察想像。玩偶節目《現在你知道了吧！》更把場景拉到太空艙，引導觀眾們對於物理學及科學的想像力。對於加拿大兒少節目而言，具體的科技知識往往不是節目重點，重點在於如何啟發兒少觀眾對於科學的好奇以及熱情。

筆者曾經把今年日本 NHK 得獎節目《玩玩科技》播放給「新北市公用頻道影音產製工作坊」的 50 位青少年學員（10～16 歲）觀看，施測統計發現，高達 86% 的受訪者樂於接受此一節目。換言之，日本《玩玩科技》節目的製作模式、主題與風格，應該也適合於台灣學童觀眾的收視需求。

至於日本科教節目把教育重點放在提供問題意識，卻不立即給予正確解答的作法，會不會對於台灣兒少觀眾也具有教育效益？根據近期針對大學生所作的相關研究指出：我國科普節目的敘事結構，向來習於給予觀眾「肯定的答案」，認為這麼做才有教育效果。如以慕尼黑兒少影展作為對照，我們就

能發現國外的科普節目在製作上，比較著重於問題意識與推理驗證，不會花太多時間在於闡述及教導，以保留空間讓觀眾可以自行醞釀消化。

七、重要參考文獻

（一）中　文

1. 王惟正（2015）。科普節目敘事結構之初探，國立臺中教育大學科學教育與應用學系研究所碩士論文。台中：未出版。

2. 李玉梅、姜燮堂（2007）。訪問日本推動大眾科學教育機構，行政院國家科學委員會出國報告。

3. 李瑛、黃惠萍（2011）。原住民科教典範之轉移：從多元文化教育觀點分析電視科普節目《科學小原子》。中華傳播學刊，20，181～227。

4. 李昭毅、林育賢整理（2014），臺灣科學傳播發展的政策方向——專訪臺灣大學大氣科學系陳泰然教授、前行政院新聞局副局長洪瓊娟、臺灣科普傳播事業發展計畫計畫辦公室主持人陳清河教授。科學月刊，531，211～217。

5. 陳瀅蓮（2012）。科普影視節目收視質指標建立，國立體育大學管理學院休閒產業經營學系碩士論文。桃園：未出版。

6. 黃聿清（2014），關於兒少節目品質的論述，國際優質兒少節目交流工作坊暨高峰論壇。台北：國立臺灣大學。

7. 關尚仁、莫季雍（2011）。科普傳播事業催生計畫節目績效評量（一）研究成果報告，行政院國家科學委員會專題研究計畫成果報告。

2017 年台灣兒少節目參與
跨國調查結果之初步研究

提　要

　　本研究以台灣大學公共政策與法律研究中心黃聿清教授與瑪雅‧歌慈所進行的跨國調查結果作為文本，此一調查結合了八個不同國家，各自從 2017 年 9 月到 11 月的兒少節目裡，挑出 150 至 200 小時，作為對比分析的樣本。論文中欲嘗試從各國數據的對照，觀察如下向度：一、我國兒少節目類型之長處與不足何在？二、確認我國兒少節目之預設觀眾，製播時該如何回應不同年齡階段孩童們的需求？三、於跨國對照的視野下，考察我國兒少節目如何作角色設定？包括年齡、健康與社會身分等。四、分析我國兒少節目中角色的性別設定與刻板印象。五、分析我國兒少節目中主角的人格特質，以對照國外節目中的「自我意識」或「團隊精神」。六、析論我國兒少節目的在地性（產製困境）與全球化議題。

關鍵詞：兒少節目，皮亞傑

一、前　言

　　台灣的少子化現象，已然成為嚴峻的國安問題，然政府對於此一社會議題，迄今未必找得到解方。少子化的台灣，對於兒童少年相關議題的認識，同樣令人疑慮。關心台灣兒少議題的人，其實很需要有個對照的工具，讓相關單位可以參考學習國外的做法。

　　從農業時代的傳統大家庭，轉變為現代都會中的小家庭，台灣電視的普及化不過是近五十年間的事，近二十年又跨入了網路時代。一般而言，現代父母親多半需要雙薪才能支撐起家庭，這些家庭裡如果有學齡前後的孩子，在父母親忙碌時，處在電視或手機前的時間，自然也變得愈來愈長。令人好奇的是，孩子們從這些節目中，到底看到了什麼呢？

　　2017 年 7 月在台灣大學公共政策與法律研究中心的邀請下，慕尼黑兒少影展主席瑪雅·歌慈（Maya Götz）〔註 1〕特地訪台主持了「提升台灣兒少節目品質工作坊暨高峰論壇」，先後與文化部及媒體觀察基金會為相關兒少節目業者開了「產業培力論壇」，與國教院辦了教師研習，又在公視舉辦了「兒童培力工作坊」。

　　本研究係以台灣大學公共政策與法律研究中心黃聿清教授與瑪雅·歌慈所進行的跨國調查結果為主，此一調查匯結了八個不同國家〔註 2〕，各自

〔註 1〕　瑪雅·歌慈博士，自 2006 年起接任全球最知名、歷史最悠久的慕尼黑兒少雙年影展主席；這個長達 54 年歷史的國際兒少影視盛會，每屆均有 500 位以上全球知名從業人員參與，且影展型態多元，涵括看片、對談、工作坊等，同時也是串連全球兒童電視節目最重要網絡。瑪雅博士畢業於基爾教育學院，在取得國小及普通中學教師資格及教育碩士學位之後，於 1998 年在卡塞爾綜合大學攻讀其哲學博士學位，瑪雅博士自 1998 年起擔任慕尼黑巴伐利亞廣電集團（BR）的青少年暨教育電視台國際中央研究所的學術總編輯，2003 年起瑪雅博士升任為該研究所的所長。2006 年起她開始主持國際兒少雙年影展（Prix Jeunesse International）迄今。其主要研究領域為「兒童／青少年與電視」。此外，對於媒體、性別等主題，瑪雅博士亦多有探討，重要的研究包括「兒童電視中的少女形象」（1999）、「兒童日常生活中的天線寶寶」（1999）、「肥皂劇對兒童與青少年的意義」（2000／2001）、「孩童想像和電視」（2001／2002）、「學習工具：電視」（2003～2005）、「與青少年一起為青少年製作新聞」（2003～2006）、「比較世界各國以電視人物角色的意義來發展國家與地域認同感的異同」（2004）、「為電視新鮮人製作的電視節目」（2006）、「是什麼東西讓電視人物角色成為最夯的人物角色」（2004／2008）、「全球的兒童電視：性別表現」（2007／2008）、「超級名模生死鬥到孟漢娜再到阿凡達：電視圈裡的英雄們」（2009～2010）、「孩童青年們眼中的紀錄片、選秀節目，和實境節目」（2011～2012）、「從電視裡爬出的恐懼和噩夢」（2012～2015）、「童話、經典文學對孩子們的重要性」（2015）、「媒體和飲食疾患」（2014～2015）、「孩子和青少年們如何看待難民問題」（2016）、「激勵人心的好故事，故事如何幫助人們復原」（2013～2018）。

〔註 2〕　參與調查的八個國家包括美國、台灣、印度、比利時、英國、古巴、以色列及德國。調查結論已發表於德國國際兒少電視與教育電視中央研究所（IZI, International Center Institute for Youth and Educational Television）的期刊 "TELEVIZION"（vol. 31／2018／E，ISSN 1862～7366），可以參考 https://www.

從 2017 年 9～11 月的兒少節目裡，挑出 150 至 200 小時，作為對比分析的樣本。此次跨國調查主要提問的議題是：

（一）在當代，播放給孩子們的兒少節目，擁有何種特質？

（二）在當代，節目的主角們都是何許人也？

（三）節目主角的社會階級為何？敘事角度為何？

（四）在公共電視、商業電視台、有線電視，和衛星電視等不同頻道中，男女主角有何差異？

這份調查除了對於節目內容加以分析外，也對於製作團隊、播映電視台之公私屬性等產製結構面加以觀察，對於台灣兒少節目的製作者與研究者而言，誠然為很有啟發性的跨國合作經驗。〔註3〕

二、從跨國比較中見出台灣兒少節目的特色／限制

以下且試從調查數據中，揭出數點討論之

（一）節目類型

表1

	2D-Animation	3D-Animation	Clay-Animation	Puppets	Live action	Mixtures	other
Taiwan	77,7%	16,3%	1,1%	0,0%	4,2%	0,6%	1,4%
Canada	45,4%	38,6%	0,8%	1,3%	2,8%	11,1%	1,1%
Cuba	73,1%	10,2%	0,3%	0,0%	6,8%	9,6%	5,3%
Germany	40,2%	43,2%	0,0%	0,2%	15,9%	0,5%	0,2%
USA	40,6%	36,2%	0,0%	0,0%	12,1%	11,1%	0,0%
Israel	42,7%	32,7%	1,3%	0,0%	19,7%	3,7%	0,5%
Belgium	41,7%	33,6%	0,0%	0,2%	18,6%	5,9%	0,0%
UK	33,4%	25,8%	0,6%	6,6%	24,0%	5,6%	4,0%
Average	**46,7%**	**30,8%**	**0,5%**	**1,4%**	**14,5%**	**6,0%**	**1,5%**

我國兒少節目的類型，主要是以 2D 動畫居多（佔了 77.7%，為八國中之

academia.edu/37611708/Whose_story_is_being_told_RESULTS_OF_AN_ANALY SIS_OF_CHILDRENS_TV_IN_8_COUNTRIES

〔註3〕 此次調查中，各國公共電視的兒少教育功能與影響評估，顯然是跨國研究的重點之一，不過本篇限於篇幅，對於調查結果中有關公共電視台與商業電視台之對照數據，皆未討論，有待後續研究。

最高者），3D 動畫只佔了 16.3%（相較之下，可以發現德國與加拿大則有將近四成左右是 3D 動畫。）除此之外，實境節目佔了 4.2%左右，於各國比率中也是次低的，遠不及英國（24.0%）與以色列（19.7%）。節目類型所以有不同，除了文化有別，兒少觀眾對於節目的接受及預期不同外，恐怕也與製作經費或選片偏好有關。

　　如以常常拿到慕尼黑兒少影展大獎的英國來看，他們的節目類型在 3D 動畫（25.8%）與實境節目（24.0%）上的比例相當接近，應該是如此可以照顧到不同心智階段的兒少觀影需求，例如英國 2016 年得到大獎的三部片：〈沉睡的獅子 SLEEPING LIONS〉（13～15 歲）、〈單車少年 THE BOY ON THE BICYCLE〉（6～12 歲）、與〈小雞醫院 LITTLE CHICKS HOSPITAL〉（0～6 歲），都是此類實境節目的典型。

　　荷蘭兒少節目製作人 Jan-Willem Bult 等人曾經提出「優良兒童節目品質的十個衡量標準」[註4]，包括：

　　　1 要與兒童的生活有關
　　　2 要讓孩子覺得有趣
　　　3 提供榜樣給孩子
　　　4 將令人吃驚的世界呈現在孩子眼前
　　　5 提供知識
　　　6 教導他們
　　　7 培養孩子的美感
　　　8 孩子需要一些事件
　　　9 要讓孩子容易接近
　　　10 激發孩子的主動性

從這些衡量標準來看，實境節目有助於幫助兒童認知他們的生活、也有助於帶領他們認識這個世界[註5]，算是相當值得台灣兒少節目急起直追的一種節目類型。

〔註4〕《2017 提升台灣兒少節目品質工作坊暨高峰論壇大會手冊》，頁 53～55。

〔註5〕培養孩子對世界的觀察與好奇，對他一生會有很大的影響，例如徐聖心曾寫過一文〈自小擔心地球要毀滅的唐君毅〉，說一代哲學大師唐君毅先生，兩歲即啟蒙讀書，六歲讀老子，七歲的時候，父親跟他說了一則地球將要毀滅的科學預言，開啟了他哲學思考的心靈與悲天憫人的性格。梅新主編：《近代中國名人的童年》（台北市：中央日報出版部，1989 年 11 月），頁 243。

（二）預設觀眾與分級

表 2

Preschool children（0～5）		Middle childhood（6～9）		Young teens（10～13）	
USA	60,1%	Cuba	65,6%	Taiwan	23,2%
Canada	55,3%	Israel	62,3%	Belgium	22,9%
UK	40,3%	UK	59,5%	Israel	15,3%
Germany	29,7%	Taiwan	58,0%	Germany	12,9%
Belgium	28,6%	Germany	53,3%	USA	10,9%
Cuba	25,6%	Belgium	48,5%	Cuba	7,4%
Israel	22,4%	Canada	44,5%	Canada	0,2%
Taiwan	14,4%	USA	29,0%	UK	0,2%
average	34,6%	average	52,6%	average	11,6%

　　從此表可見，我國兒少節目的預設觀眾分齡，有八成以上都是設定為國小以上的觀眾，特別是 10～13 歲以上的觀眾佔比 23.2%，為八國中之最高者。反之，針對學齡前幼童的節目佔比（14.4%）則為八國當中之最低者。

　　值得注意的是，美洲與歐洲國家對於學齡前幼童的重視，即以美國與加拿大為例，竟分別佔到 60.1% 與 55.3%，可見他們更重視以兒少節目作為學齡前的教育工具。乃至英國對於 10 歲以上觀眾的佔比只剩 0.2%，把 99.8% 的節目拿來服務 9 歲以前的幼童。當然，與年齡比較大比較懂事的少年不同，要為學齡前的幼童設計合適的節目，會需要有更多的兒少教育學者或心理學者參與的。

　　事實上，台灣兒少節目並不是沒有分齡的觀念，從實務操作面來看，例如筆者今年一月獲邀至台灣媒體觀察基金會協助「國人自製兒童及少年優質節目五星獎」的評審工作，這次計有 67 個節目經各電視台報名評審，在「常規獎項」方面，節目是以 12 歲以下、13～18 歲之間作二期分級，比起去年簡化了不少（去年的評審分類則以收視年齡分為三層：1～6 歲、7～12 歲、以及 13～18 歲）。

　　如果對照慕尼黑兒少影展的作法，他們的常設獎項主要區分為六個獎項：11～15 歲的非劇情片、11～15 歲的劇情片、7～10 歲的非劇情片、7～10 歲的劇情片、6 歲以下的非劇情片、以及 6 歲以下的劇情片。我們的評審標準之

所以會捨三級簡化為二級，主要原因很可能在於作品不足，或者說，是我們對於學齡前兒少的觀影需求，並不真正清楚與關心〔註6〕。

甚至，「國人自製兒童及少年優質節目五星獎」只設立了單一的「年度最佳節目獎」，各年齡層的節目於此混為一談，互別高下。以我的觀察，如此最終得獎的節目多半會是13～18歲的分齡節目，因為這些節目比較「有內容」，對於唱唱跳跳類型的孩童節目相當不利，結果則是，製作單位不願花心思在這個年齡層的幼童。

2016年去慕尼黑參加國際兒少影展時，筆者觀察到歐洲人對於兒少議題有相當深刻的研究與執行經驗，他們對於兒少在心智發展及人格養成上，比起我們投注了更多的精神。例如大會主席德國瑪雅・歌慈教授聯合各國所進行的「guessing game」，即是一種面對不同情境時兒少接受反應的科學實證研究，這裡面有許多幼兒心理學者的參與，從這邊觀察文化特質與生心理機轉／變化。

例如，慕尼黑兒少影展所以把作品分為三個年齡階段來設置獎項，顯然與瑞士心理發展學家皮亞傑（Jean Piaget，1896～1980）的分期收關，根據他所做的研究發現：

（一）6歲以下兒童為「前運算階段」：已經能使用語言及符號等表徵外在事物，具推理能力但不符邏輯，不具保留概念，缺乏可逆性，以自我為中心，直接推理，集中注意力；

（二）7～10歲孩童為「具體運算階段」：了解水平線概念，能使用具體物之操作來協助思考；

（三）11～16歲青少年為「形式運算階段」：開始能夠從事類推，有邏輯

〔註6〕法國學者菲力浦・阿雷茲（Philippe Ariès，1914～1984）《數世紀以來的童年：一部社會史》（Centuries of Childhood: A Social History）提及中世紀時，兒童基本上被理解為「縮小的成年人」，童年作為一個被意識到的特定人生階段，並成為家庭結構和教育制度的關注焦點，是近現代社會發展的結果。（〈兒童如何變成了歷史的主題：論民國時期發展話語的建構〉，頁68）亞洲的情形更慢，據張倩儀研究：「由清末民初的傳奇看，當時的中國是一個缺乏兒童書的國度，……小孩子和成年人同樣閱讀全本的《三國演義》。」（《另一種童年的告別》，臺北市：臺灣商務，1997年，頁12）雖然魯迅與周作人在1909年就已經翻譯了王爾德（Oscar Wilde，1854～1900）的《安樂王子 The Happy Prince》，白話文運動中還有茅盾、葉紹鈞、張天翼、冰心、趙元任和豐子愷等文人，開始重視起童蒙議題，嚴格說來，兒童文學的發展觀點未見跨域，對於台灣兒少節目製播的影響很有限。

思維和抽象思維。

所以，皮亞傑主張孩童心智的成長歷程並非是線性發展，倒像是毛毛蟲蛻變蝴蝶時的不同階段。在他的分期之下，也許小於 6 歲的學齡前節目，應該協助其建立自我認知、集中注意力；7～10 孩童應聚焦於具體物件或身體經驗，以協助作觀察與表述；至於 11～16 歲的青少年，則可以引領其發展邏輯作抽象思考。可惜相較之下，我們的分類評審缺乏分期的足夠學理，主要也因為長久以來，沒想過應徵詢兒少心理學者的跨域合作〔註7〕（不只在評審分期，孩童會如何接收與反應節目內容，本就值得業界關心），然而節目產製者並不真正意識到兒少觀眾的身心發展階段〔註8〕。

（三）節目中的角色設定

表3

Baby/ Toddler		Child		Youth/Teenager		Adult		Elderly	
Germany	1,8%	Canada	49,5%	Israel	47,9%	UK	31,5%	UK	4,9%
Cuba	1,6%	USA	44,7%	UK	42,6%	Taiwan	29,4%	Taiwan	3,6%
Canada	0,8%	Cuba	42,2%	Belgium	42,1%	Israel	29,0%	Belgium	3,2%
UK	0,7%	Germany	39,4%	Germany	36,5%	Cuba	28,2%	Israel	2,5%
Taiwan	0,5%	Taiwan	36,9%	USA	33,7%	Germany	20,7%	USA	1,9%
USA	0,4%	Belgium	32,2%	Canada	27,3%	Belgium	20,1%	Germany	1,6%
Israel	0,1%	Israel	20,2%	Taiwan	27,2%	Canada	19,6%	Canada	0,9%
Belgium	0,1%	UK	15,4%	Cuba	27,2%	USA	19,3%	Cuba	0,8%
average	0,8%	average	35,1%	average	35,6%	average	24,7%	average	2,4%

〔註7〕 荷蘭兒少節目製作人 Jan-Willem Bult 曾說過一個動人的故事，是關於有天早上接到一位傷心的母親致電給他，說她早上發現 9 歲的女兒坐在電視機前看他的節目，主題竟然是性侵害，節目裡一位心理諮商師和一群年長的孩子們分享性觀念。看到一半，她女兒突然轉頭向這位媽媽說：「他們說，如果沒有你的允許，誰也不能碰你。如果他們碰了你，那你一定得告訴其他的大人。」並哭訴了發生在自己身上的事。（《2017 提升台灣兒少節目品質工作坊暨高峰論壇大會手冊》，頁 45）

〔註8〕 不是說分期一定要比照國外的做法，畢竟文化、社會與家庭結構有別，教養的方式也不同。值得我們重視的在於，西方兒少節目之分期，是奠基於實證的研究之上，然而我們迄今對於兒少的影視分齡接受情形之研究闕如，大人在不夠懂孩子的情形下，自然會避開太「不懂事」的年齡層。目前兒童文學界也採用了皮亞傑的兒童心理發展理論分為五期：0～5 歲的學前兒童、5～8 歲的初年級小學讀者、8～11 歲的高年級小學讀者、11～13 歲的初中讀者（英語稱之為「Pre-teen」）、13～15 歲的青春期讀者。

　　從角色的年齡設定來看，

表 4

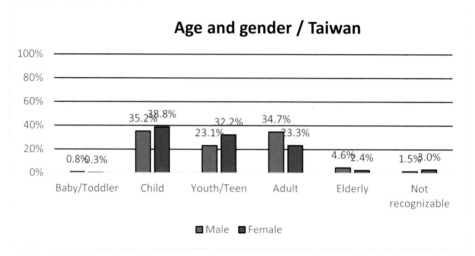

從表 3 來看，相對於他國而言，我國兒少節目中的成年人與老年人比率較高，如以德國來比較，我國對於學齡前兒童的角色設定比例是 0.5%，但德國則是 1.8%；至於老人角色方面，德國僅佔 1.6%，比起學齡前的角色要少。我國則佔了 3.6%，為學齡前幼童角色比例的七倍之多。而根據表 4，此類中、高齡人物角色設定，性別上以男性為主，可以看得出是以父權發聲的社會傳統。

　　調查報告中也提及，在我國監測採錄的 729 個兒少節目主角中，只有 16 筆角色具有殘疾的形象（2.2%），其中男性與女性各 8 筆。相對於其他國家，例如古巴有 11%、德國有 6%，我們的兒少節目似乎對於殘障議題的關心不足〔註9〕。然而相較於加拿大（0.0%）與美國（0.4%），我國兒少節目所介紹的社會面，在這議題上似乎比他們更見多元。

〔註 9〕 張恆豪曾經分析過我國國小教科書中的障礙者意象，有此結論：「針對國小教科書的內容分析中，我們指出台灣國小教科書中身心障礙者再現的幾個特點：（1）身心障礙者在課本中出現的比率非常少。在包含障礙者的課文中，障礙者的意向以肢體障礙為主，心智障礙者幾乎不存在；（2）指稱方式從『殘廢』，轉變為『（身心）障礙者』；（3）兩極化的障礙者意向：課文中身心障礙者的論述不是可憐的、需要幫助的，就是勵志的、可以鼓舞一般人的；（4）『障礙』被定義為個人問題，忽略了社會環境所造成的障礙；（5）缺乏身心障礙者的聲音與世界觀，也缺乏障礙者的異質性及多元文化觀點的討論。」（〈戰後台灣國小教科書中的障礙者意象分析〉，《台灣社會學刊》，（42），2009 年，頁 144）

表 5

Lower class		Middle class		Upper class	
Germany	6,7%	Belgium	58,7%	USA	20,9%
UK	5,4%	USA	55,6%	Cuba	10,4%
Cuba	4,5%	Cuba	51,6%	Canada	8,6%
Belgium	2,8%	Canada	44,9%	Taiwan	7,6%
Taiwan	2,5%	Taiwan	42,8%	Germany	6,0%
USA	2,3%	UK	38,1%	Belgium	4,6%
Canada	1,7%	Germany	33,8%	UK	3,6%
Israel	0,5%	Israel	23,1%	Israel	2,0%
average	3,3%	average	43,6%	average	8,0%

　　承上所述，我們從表 5 可見，從節目角色所設定的社會階層上來觀察，德國有 6.7%是關心貧窮階級，描述上流階級生活的比例只佔 6.0%；另一方面，美國則有 20.9%在描述上流家庭的兒童，遠遠超過貧窮階級的角色（只佔了 2.3%）。我們正可以從對比中看到各國社會與文化的差異性，從這方面來看，或許可以說美國節目更追求資本主義式的個人成功，而德國在相較之下表現出關懷弱勢的社會情懷，台灣則接近於各國數據的中間值。

（四）性別議題

　　前面曾經提及我國兒少節目在中高齡人物的比例上是以男性為主。這裡還可以多舉幾個表來作深入闡述。

表 6

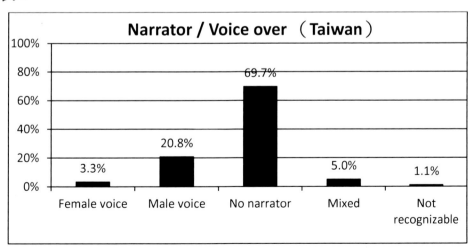

從表 6 可見，在有敘事者的節目中，男性敘事者的比例為女性敘事者的 6 倍有餘，足以證明前面說過的：台灣兒少節目具有以父權發聲為主的社會傳統，有待改善。

表 7

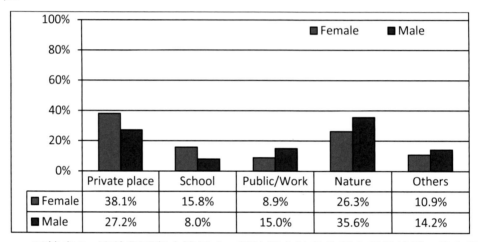

	Private place	School	Public/Work	Nature	Others
Female	38.1%	15.8%	8.9%	26.3%	10.9%
Male	27.2%	8.0%	15.0%	35.6%	14.2%

又據表 7，統計我國兒少節目中，男性與女性角色所出現的地點，其在私人空間的比例為：27.2 / 38.1，在公共空間或辦公室的比例卻為 15.0 / 8.9，也可以看出我國傳統「男主外，女主內」的刻板印象。留在學校裡用功的大半是女生，而去大自然探險的多為男生，因為兒少節目未加反省的暗示，兒少在觀影中自然很容易複製這一套僵化的性別觀點。

表 8

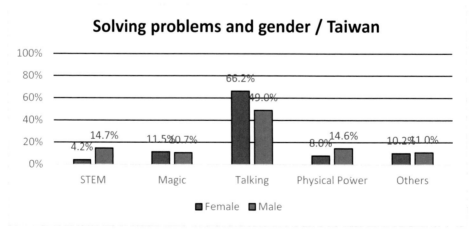

Solving problems and gender / Taiwan

表 8 分析不同性別角色解決問題的方式，可以看到以科技思考的男女角

色比例為 14.7 / 4.2，超過 3 倍；而採取溝通來解決問題的男女比例為 49.0 / 66.2，同樣加強了女生拙於數理科技、與男生不擅於表達心聲的印象。

表9

female		male		neutral	
Cuba	41,1%	Israel	68,8%	Taiwan	12,5%
USA	38,2%	Germany	65,4%	UK	4,0%
UK	36,5%	Canada	64,3%	Belgium	2,4%
Canada	35,3%	Belgium	63,8%	Germany	1,3%
Taiwan	35,2%	USA	61,8%	Cuba	1,1%
Belgium	33,8%	UK	59,5%	Canada	0,4%
Germany	33,4%	Cuba	57,8%	Israel	0,0%
Israel	31,2%	Taiwan	52,3%	USA	0,0%
average	35,6%	average	61,7%	average	2,7%

雖然前面說過我們的兒少節目仍有傳統重男輕女的刻板印象，但是如果放在國際上來衡量，台灣的問題反而看起來不算太嚴重。例如表 9，我國節目中的女性比例，大約接近於國際統計的平均值，但男性比例（52.3%）則是這次八國中之最低者，如相較於以色列（68.8%）與德國（65.4%），台灣節目的男性比例算是相當節制。

值得特別注意的是，在中性角色方面，台灣的數據（12.5%）遠遠高於全球平均；從反面來看，例如以色列與德國在此項目的佔比皆為 0，可以說他們在節目中表現出一種性別鮮明的對比認知。我國為什麼會有這麼大比例的中性角色呢？前面說過，我國的兒少節目相對於他國，是更關心小學中年級以上的觀眾群，照理說也應該要有鮮明的性別意識，但卻不然，性別意識模糊、或者是相對弱化的男性氣概，在此仍與東亞的文化特性有關〔註10〕。

〔註10〕以儒家文化而言，傳統的君子是講求「溫柔敦厚」的，道家的老子也講「專氣致柔……能為雌」，東亞男性內向的氣質因此與西方傳統男性形象有別。例如法國啟蒙思想家孟德斯鳩於 1748 年出版的《論法的精神》中，乃將亞洲相對於歐洲人的「好戰、勇敢與活潑」，比擬為「女人氣的、懶惰的、怯懦的民族」。（轉引自龔鵬程：《中國傳統文化十五講》，香港：香港中和出版有限公司，2016 年 4 月，頁 267～268）。業師龔鵬程曾經從《易經》來析論「中西哲學觀點所引發的不同性別觀念」。其說可參考〈男女：人倫漸備〉（《中國傳統文化十五講》，頁 79～93）從文化層面上來看，雖然我國兒少節目中的女性比例大約在八國的平均值、沒有什麼差異，但其內容（例如女性角色所表現的氣質）應該也與歐洲各國有些不同。

（五）人格特質：自我與社會關係

表 10

	Protagonist（正派主角）	Antagonist（反派主角）
Taiwan	78,2%	17,6%
Belgium	88,4%	10,6%
Germany	33,5%	9,9%
Cuba	90,4%	9,6%
Israel	90,3%	9,5%
UK	92,3%	7,6%
USA	93,3%	6,6%
Canada	95,0%	4,8%
average	**82,7%**	**9,5%**

　　從表 10 來看，我國兒少節目中的反派主角比例為各國數據之冠，何以如此？大致上應有兩點可以說明：

　　其一是東西文化特質之差異，反派主角之例，如《怪盜喬克》，「作為主人公的怪盜 Joker 與助手，要從警察妨礙中盜寶」，這類節目大多來自於日本卡通，主角在行動上頗有違反法律之嫌。

　　其次，表中所見歐洲各國節目的反派主角大多不超過 10%，尤其加拿大更是低至 4.8%，主要是因為他們的預設觀眾有相當大的比例是放在學齡前的幼童，例如加拿大有 55.3% 的節目即是為了學齡前所做（請參考表 2），而學齡前幼童所需要的是正面的行為準則，比起我國或日本為了小學 / 中學觀眾所提供的鬥智節目，主角行為之正派與否自然會有所差異。

表 11

	Loner（單人）	Duo（雙人）	Group / Team
USA	2,2%	5,9%	92,0%
UK	9,5%	15,0%	75,4%
Canada	11,4%	16,4%	71,4%
Belgium	9,1%	24,7%	66,2%
Germany	16,2%	17,4%	63,3%
Cuba	20,2%	22,5%	57,3%
Israel	15,1%	31,1%	53,4%
Taiwan	17,3%	25,7%	53,1%
average	**12,6%**	**19,8%**	**66,5%**

從表 11 觀察，我國兒少節目中以團隊精神來解決問題的比例，落居各國數據之末。以美國為例，他們的節目有 92.0%是強調團隊精神，只有約 8%左右才是主角個人或朋友兩人的行動。我國節目雖在比例上凸顯出個人行動，顯得缺乏團隊精神或公眾意識，不過這同樣可能是因為年齡層的混雜，相較於歐美國家節目多考慮學齡前幼童而言，所造成的結果。

表 12

Leader		Follower		Equal	
Cuba	54,2%	Cuba	32,7%	USA	81,2%
Israel	38,9%	Israel	25,9%	Canada	76,8%
Taiwan	27,7%	Taiwan	23,8%	Germany	67,1%
UK	25,6%	Belgium	19,4%	UK	66,0%
Belgium	22,5%	Germany	6,5%	Belgium	58,0%
Canada	13,9%	UK	6,2%	Israel	31,3%
USA	13,1%	Canada	6,1%	Taiwan	29,1%
Germany	8,0%	USA	5,7%	Cuba	10,7%
average	**25,5%**	**average**	**15,8%**	**average**	**52,5%**

再從表 12 觀察，這個表格顯現出角色的主從關係或是平等關係。如果同樣拿美國的數據與我國比對，可以發現美國節目的主從關係（加起來共計 18.8%），遠不及其平等關係（81.2%）。德國亦然，其主從關係甚至低到 14.5%。而我國相對而言較強調主從階級之界線（共計 51.5%），較不重視平等關係（29.1%）。當然，這一切文化比較的判斷，還是應該回到預設觀眾的相同基礎上做討論，才會顯得周全。

（六）混雜的文化認同

表 13

Asian		Black		Latin-American		White	
Taiwan	47,1%	UK	16,7%	Cuba	15,4%	Germany	83,0%
Cuba	15,4%	USA	12,2%	Taiwan	9,3%	Belgium	77,9%
USA	6,9%	Israel	9,9%	USA	8,9%	UK	74,8%
Israel	4,0%	Belgium	8,6%	Belgium	6,9%	Canada	74,4%
Canada	2,1%	Germany	7,8%	Israel	6,1%	Israel	66,4%

UK	2,1%	Cuba	7,4%	Germany	2,1%	USA	65,2%
Belgium	2,0%	Canada	5,4%	Canada	1,5%	Cuba	61,2%
Germany	1,9%	Taiwan	2,7%	UK	1,4%	Taiwan	28,7%
average	10,2%	average	8,8%	average	6,5%	average	66,5%

　　表 13 所統計的是各國節目中人物膚色的比例，例如以台灣兒少節目來看，有 47.1%是亞洲人、28.7%是白人、9.3%是拉丁裔、2.7%是黑人。卡通人物膚色的選擇，一方面來自生活習慣，另一方面則來自於想像。之所以會有 28.7%選擇白色人種，而非拉丁裔或是黑人，主要還是因為白色人種掌握了當前世界較大的話語權，尤其是美國政府。此外，除了全球性政經話語權影響了角色的設定，我國公私營兒少頻道向美國購買了高達 52%的節目，也是造成美式文化複製的主要原因。

表 14

	domestic prod.
UK	63,1%
USA	58,7%
Cuba	25,4%
Israel	21,4%
Canada	20,7%
Belgium	8,5%
Germany	6,9%
Taiwan	3,6%
average	26,0%

　　表 14 所呈現的是各國兒少節目的自製率，可以發現我國自製率低到僅有 3.6%，遠不及高達六成的英美等國。

　　從下圖 1 可見，我國兒少節目的產製或採購比例。節目之來源，主要以美國的 52%、日本的 28%為大宗，本國自製率僅達 3.6%，從這裡得以發現，我國兒少觀眾經由節目所受到美日文化影響有多巨大，如此一來，難免會削弱了孩子們對於自身文化的理解與認同。

圖 1

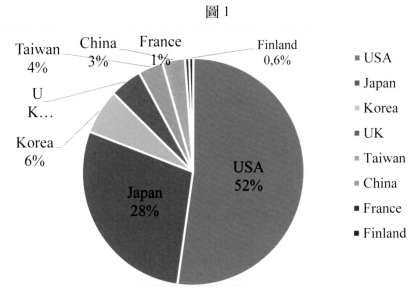

再者，經由採購外國兒少節目所造成的文化混雜現象，脫離了各國原有的文化脈絡，很容易造成數據上解釋的困難。例如下表：

表 15

Very thin		Thin		Within normal		Over-weight		Very over-weight	
USA	21,8%	Cuba	81,6%	UK	88,3%	Belgium	8,9%	**Taiwan**	**1,2%**
Canada	20,1%	USA	52,3%	**Taiwan**	**66,7%**	**Taiwan**	**5,9%**	Belgium	1,1%
Germany	12,4%	Israel	37,9%	Germany	61,6%	Israel	5,8%	UK	0,8%
Taiwan	**6,2%**	Canada	31,9%	Belgium	59,5%	Germany	4,7%	Germany	0,8%
Belgium	5,6%	Belgium	24,8%	Israel	52,5%	USA	4,4%	Israel	0,2%
Israel	3,5%	Germany	20,5%	Canada	46,7%	UK	4,2%	USA	0,0%
Cuba	1,6%	**Taiwan**	**20,0%**	USA	21,5%	Canada	1,3%	Cuba	0,0%
UK	0,4%	UK	6,3%	Cuba	16,2%	Cuba	0,5%	Canada	0,0%
average	9,0%	average	34,4%	average	51,6%	average	4,5%	average	0,5%

以表 15 來看，我國對於角色設計的身型，似乎不夠「追求完美」。如以美國節目為例，他們在過瘦或瘦的比例上，兩者加總已高達 74.1%。然而對照之下，台灣在這兩個數據的加總不過 26.2%，主要的身型還是落在標準體型上（66.7%），至於過重或超重的比例，則居於八國之首或居次，可見我們並不像美國人或古巴人對於纖細體型有特別的追求，相較之下，也不太在意體型是否過重。

　　儘管看起來是如此，但表 16 數據卻又提供了另一種相反的向度：

表 16

Sexualized（性徵化的）		not sexualized（無性徵化的）	
Taiwan	68,2%	Canada	98,9%
USA	38,3%	UK	96,7%
Cuba	32,2%	Israel	88,9%
Belgium	17,6%	Germany	84,0%
Germany	15,1%	Belgium	82,4%
Israel	11,1%	Cuba	67,8%
UK	3,3%	USA	61,7%
Canada	0,0%	Taiwan	28,5%
average	23,2%	average	76,1%

　　經分析各國兒少節目的人物造型後，調查結果指出角色性徵化的情形，竟以我國最為嚴重。問題來了，為什麼我國兒少節目會既不在意體型追求，卻又如此強調角色的性徵化？

　　筆者以為，主要還是因為我國兒少節目自製率太低，所造成的混雜現象。性徵化比例過高，一方面可能是因為我國節目未顧及學齡前的分級需求，所以不曾在意或限制性徵化造型的節目；二是受到向日本採購節目的影響，日本社會對於性徵展露的兒少節目相當多，例如《蠟筆小新》〔註11〕、《烏龍派出所》等皆是其例，我們未曾仔細想過應如何取捨。

三、結論與建議

　　本研究係以台灣大學公共政策與法律研究中心黃聿清教授團隊與德國瑪雅‧歌慈教授所進行的跨國調查結果為主，此調查匯集了八個不同國家，各自從 2017 年 9〜11 月的兒少節目裡，挑出 150 至 200 小時，作為對比分析的樣本。調查報告已發表於德國國際兒少電視與教育電視中央研究所（IZI, International Center Institute for Youth and Educational Television）所出版期

〔註11〕《蠟筆小新》從 1990 年 8 月開始在《週刊漫畫動感》連載，此一雜誌的封面多是穿著清涼泳裝的少女，是一份以青年男性為閱讀對象的漫畫雜誌。換言之，《蠟筆小新》一開始並不是以兒童讀者作為預設讀者。（游珮芸：〈試論《蠟筆小新》的流行現象〉，《竹蜻蜓》特別號，國立台東大學兒童文學研究所，2014 年 4 月，頁 98）

刊"TELEVIZION"（vol. 31／2018／E，ISSN 1862～7366）。

經由對於該報告幾項數據的分析，筆者整理出下列心得意見，希望提供相關學界與製播單位參考：

（一）節目類型上，我國兒少節目的類型，主要是以 2D 動畫居多，3D 動畫與實境節目的製播比例不足，亟待改善，特別是實境節目有助於幫助兒童認知生活與世界，相當值得我國急起直追。

（二）預設觀眾與節目分級方面，建議我國應該向歐洲學習做實證研究，透過心理學者或教育專家的協助，儘早建立起本土節目之分級，以便我們能提供更多元的作品，給不同成長階段的孩童。

（三）節目角色設定之跨國比較，可以辨識出不同的文化特質，例如美國節目更追求資本主義式的個人成功，而德國在相較之下表現出關懷弱勢的社會情懷，台灣則接近於各國數據的中間值；我們可以欣賞不同國家的長處，反思我國的文化特質。

（四）性別議題上，可以看出我國傳統「男主外，女主內」的刻板印象。兒少節目未加反省的暗示，小朋友在觀影中很容易複製僵化的性別觀點。

（五）人格特質上，我國節目較凸顯個人行動、重視主從之階級，相對較缺乏團隊精神或公眾意識，不若美國節目之重視教養兒少「平等關係」。

（六）文化認同上，因節目自製率過分偏低，大量從強勢文化採買節目的後果，造成文化複製或價值觀的混雜，亦可能削弱了兒少觀眾對於自身文化的理解與認同。

附錄：問卷表

兒少節目，即為專為青少年及兒童們所設計的電視節目。通常我們只能在特定頻道、親子時段內觀看，節目通常以特殊符號、邊框標記。各國對於兒童電視節目均有不同的規範。以德國為例，德國的兒童電視節目不得播放廣告，若您在一集節目或影集中發現廣告，就代表該節目非德國官方認證的兒童電視節目。現在，請您就手邊的節目片段樣本進行編碼、分析。廣告片、預告片不特別挑出分析（例：兩部節目之間，若出現了 6 支不同的廣告，我們均將其歸為一個區塊。節目始於片頭，結束於演員名單（以海綿寶寶為例，即使連續播放 2 集，此情形仍屬同一節目。）

V0：節目序列準則

V0_0：序號（byte）

V0_1：播放國家（1=德國；2=美國；3=台灣；4=古巴；5=比利時；6=大不列顛；7=印度；8=以色列；9=加拿大；10=紐西蘭；11=巴西；12=挪威）

V0_2：編碼者代號（byte）

V0_3：頻道

V0_4：日期（dd.mm.yyyy）

V0_5：開始時間（hh：mm：ss）（歐洲時間）

V0_6：結束時間（hh：mm：ss）（歐洲時間）

V0_7：節目名稱

V1：目標群眾年齡

大部分節目的目標群眾年齡很明顯（並不盡然），電視頻道往往會依年齡分層，選定不同時段播放節目。若您處理的節目標的群眾年齡清楚，請將其編碼，若不清楚，則編為 9。

1：學齡前兒童（5 歲以下）

2：孩童（6～9 歲）

3：青少年（10～13 歲）

9：無法辨識

V2：節目分類

V2_1：格式類型

節　目　分　類	格　　式
虛構娛樂 （編造而出的虛幻內容，有時內容即使虛幻，部分內容依然可能和現實有所牽連）	1=2D 動畫 2=3D 動畫 3=黏土動畫 4=玩偶（手偶、牽線木偶等，例如：大青蛙劇場、電視玩偶劇場） 5=真人秀（成人、孩童、青少年） 6=混合式（人物與卡通玩偶同時出現，例如：妙妙狗、睡魔） 7=其他類型虛構娛樂

非虛構娛樂	8＝知識性節目（發明、科學、自然） 9＝競賽性節目（才藝秀、搶答秀） 10＝實境節目 11＝其他非虛構性娛樂
	12＝新聞節目 13＝紀錄片
混合型兒童電視節目 （虛構與非虛構混合）	＝14 例如芝麻街美語
商業廣告	＝15
預告片、節目插播片段 （簡短節目預告、廣告、節目 角色形象）	＝16
其他 不符合上述分類者	＝17

V2_2：旁白

如果節目有旁白（可以聽到聲音但不一定會見到人），那麼該名旁白員是男性還是女性？

1：女性

2：男性

3：男女都有

4：沒有旁白者

9：無法辨識

V3：製作（來源：贊助商或網路）

V3_1：節目製作年份（byte）

1：YYYY

V3_2：製作國家／縣市

請使用國際冠碼進行回答（如 D＝德國，F＝法國）

1：國家 ＿＿＿＿＿＿＿＿＿

2：國家 ＿＿＿＿＿＿＿＿＿

V3_3：製作種類（byte）：

此節目是在哪兒？又由誰製作而出？（請就片尾的攝影、製作人員名單判斷）此節目是單一公司獨立製作？本國製作？還是跨國合作？

　　1：獨立製作

　　2：跨國合作

　　3：國外製作（由國外製作或由國外購買進國內）

　　9：其他／無法辨識

V4：電視製作者（來源：演員名單或網路）

V4_1：導演（byte）

　　1：女性

　　2：男性

　　3：有女性的工作團隊

　　4：不含女性的工作團隊

　　5：全團隊皆為女性

V4_2：編劇（byte）

　　1：女性

　　2：男性

　　3：有女性的工作團隊

　　4：不含女性的工作團隊

　　5：全團隊皆為女性

V4_3：製作人（byte）

　　1：女性

　　2：男性

　　3：有女性的工作團隊

　　4：不含女性的工作團隊

　　5：全團隊皆為女性

V4_4：主要創作者（若有特別提及）（byte）

　　1：女性

　　2：男性

　　3：含女性的團隊

　　4：不含女性的團隊

　　5：全團隊皆為女性

　　9：無法辨識

V5：人物摘要：

V5_1a：女主角總數（byte）

V5_1b：男主角總數（byte）

V5_1c：其他主角總數（不分性別、不特定、無法區分、跨性別者等）（byte）

配角指的是在節目中有講話且對故事的發展有重要關係的人物，但並非主要主角。僅需將節目中最重要的配角編碼即可。

V5_2a：女配角總數（byte）

V5_2b：男配角總數（byte）

V5_2c：其他配角總數（不分性別、不特定、無法區分、跨性別者等）（byte）

V6：主角分析

先前研究顯示：在節目播放畫面中，反覆出現至少 30%的角色才算得上主角（或反派）。在此研究中，主角（或反派），必須在節目的前四分之一現身，才能進行編碼。節目中所有主角（或反派）的編碼如下：

V6_1：主角與反派角色的序號（byte）

V6_2：主角與反派角色的名字（string）

請以端正字體寫下：

1：姓名＿＿＿＿＿＿＿＿＿

V6_3：主角與反派角色（byte）

請於故事描述中將主角編碼，該角色為正派英雄／女英雄，還是反派角色？

1：正派主角

2：反派主角

9：其他

V6_4：角色類型（byte）

請大致區分角色的屬性，如：人物、動物或是機器。

1：動物（恐龍或珍奇異獸皆屬動物）

2：人類

3：怪獸、神話生物，類人生物、外星人（不存在過的人物或動物）

4：植物或物體（如石頭、桌子等）

5：機器人或機器（如汽車）

9：其他

V6_5：膚色（僅角色為人類時需分析）（byte）

若主要角色為人類時，應將人物膚色種族分類。

1：	亞洲人（辨識眼型）	
2：	黑人（辨識黑膚色）	
3：	拉丁裔	
4：	中東裔（辨識其黑髮）	
5：	南亞人（由深褐膚色辨識，如孟加拉人、斯里蘭卡人、印度人、巴基斯坦人、馬爾地夫人等）	
6：	白人（如高加索人等等）	
7：	其他（印地安人、美洲原住民）	
9：	無法辨識	

V6_6：髮色（byte）

請將人物或類人角色（如怪獸）之髮色編碼。

1：禿頭

2：黑髮

3：金髮

4：棕髮

5：灰白髮

6：紅髮

7：粉紅髮

8：紫髮

9：藍髮

99：其他

V6_7：性別（byte）

請將主角依生理性別編碼，依主角姓名、聲音、性別特徵來辨識，若難以辨識請於網路確認（byte）

1：女性

2：男性

3：中性、難以辨識

V6_8：年齡（僅角色為人類時需分析）（byte）

若角色為人類，請依目測或劇情提要分析角色年齡。

1：嬰兒、學步嬰兒（3 歲以下，仍處語言發展時期或包著尿布）

2：孩童（至多 12 歲）

3：青少年（13～18 歲）

4：成人（18～59 歲，依工作、開車或父母之角色等辨識）

5：老者（60 歲以上，拄著枴杖或身為祖父母）

9：無法辨識

V6_9：體重（僅角色為人類時需分析）（byte）

若節目中角色為人類時，請將人物體態編碼，是為過重、重、正常、輕或過輕。女性角色請注意腰線、男性可注意肚子曲線。

1：過輕

2：輕

3：正常體重

4：重

5：過重

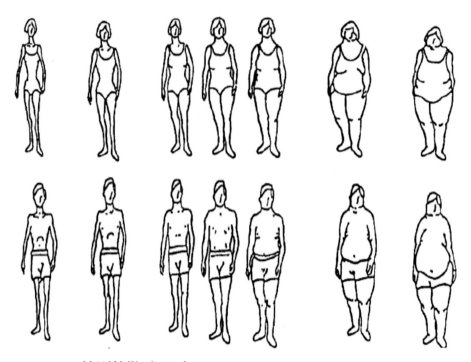

V6_10：性別特徵（byte）

若此角色為人類、類人生物，請依照其衣著（是否裸露大塊身體），以及是否強調胸部、生殖器（女性角色部分），及六塊肌、生殖器（男性角色部分）來編碼。至於十歲以下的女孩角色，則以是否可以清楚看出腰部線條來區分，男孩角色則以是否有寬厚的肩膀與緊實的臀部來判定。

1：具性別特徵

2：不具性別特徵

9：無法辨識

V6_11：殘缺和障礙（byte）

若角色有不可忽視的殘缺和障礙，則請編碼。

1：無明顯殘缺

2：明顯殘缺（輪椅、斷肢或殘障、盲、聾、啞、唐氏症、自閉症等）

3：嚴重慢性疾病（愛滋病、癌症、糖尿病等）

V6_12：專業（僅人物角色為成人時需分析）（byte）

成人角色的專業領域

1：科學、科技、工程、數學

2：法務領域

3：金融部門

4：公衛健康

5：政府部門

6：教育

7：媒體

8：政治

9：時尚藝術

10：業務服務

11：失業

12：家管

13：保全

14：退休／高齡長者

15：學生

16：製造業／貿易

17：地區

18：交通

19：運動

20：環境

21：其他

99：無法辨識

V6_13：社經地位（byte）

1：低社經（住處狹小、貧窮、生存困難）

2：中產階級（擁有平房／住處、和善的鄰居、時尚的衣著）

3：高社經（大游泳池、豪宅、昂貴的車）

9：無法辨識

V6_14：解決問題的主要方法（byte）

將主角主要解決問題的來源編碼。

1：使用科學、科技、工程、數學等

2：魔法（用超能力使不可能發生的事情發生，例如：使人消失、克服大自然的力量）

3：以溝通、協調、組織、理解來化解問題的各面向

4：天賦才能（只要是源於自身的能力，即使天馬行空，看似奇幻，也可
歸入此類。例如：蜘蛛人。）

9：其他

V6_15：個人和群體（byte）

節目中的主角是獨來獨往、倆人行動或是集體合作？請編碼。

1：獨來獨往

主角明顯地獨來獨往，依自己的心意決定行動和去向，在化解故事提供
的難題時，主角擔當獨當一面的角色，其餘角色的重要性都只居其次。

2：兩人小組

兩人小組是故事結構裡的常見安排。往往一人領導，一人追隨，兩人小
組中的兩人身份地位不需相等，意見也不需相同。

3：群體合作

主要角色們解決戲劇衝突時，多由三個或三個以上之角色共同解決，這
些角色無需擁有相同權利，個體間亦無需持相似意見，但在真正行動時，總
以「群」為單位。

9：其他

V6_16：初次現身的脈絡（byte）

請將主角在節目中出現的第一幕編碼，第一幕不含開頭、片頭曲或是標
題。

1：私人場域（家裡、臥房、私車、後院）

2：學校（教室、操場）

3：工作、公共場合（辦公室、大眾交通工具、街景）

4：自然場景（大自然、公園、外太空）

9：其他

V6_17：領袖（byte）

將角色的社會脈絡編碼。誰是解決問題的主要角色？是否有清晰的領導
角色？

1：團體間的領導者（常舉例、有想法、告訴他人該怎麼做）

2：追隨者（被動、進行他人要求之動作、追隨他人、非驅動者）

3：相等或混合

9：沒有領導角色、不清楚或無法辨識

將其他角色與主要角色一同進行編碼。

四、重要參考書目

（一）中文部分

1. 朱則剛、吳翠珍（1994）。《我國國小學生電視識讀能力研究》。（國科會專題研究計劃成果報告 NSC81-0301-H-032-504）。新北：淡江大學教育資料科學學系。

2. 李秀美（1996）。〈幼兒電視節目理解測試的探討〉,《教學科技與媒體》,30：33～42。李秀美（2001）。〈新媒體時代電視兒童節目的經營趨勢〉。《廣電人》,81：4～9。

3. 李欣穎（2005）。《從浪漫韓劇中,傾聽青少年的愛情態度：以八位青少年為例》。銘傳大學教育研究所碩士論文。

4. 李瞻（1973）。〈我國電視對兒童的影響〉,《電視制度》（第一版）,第十二章。台北：三民書局。

5. 谷玲玲（1999）。《我國青少年收視日本偶像劇場之文化意涵》。（國科會專題計畫研究報告 NSC87-2412-H002-015）。台北：台灣大學新聞研究所。

6. 吳永乾、張永明、黃郁雯（2012）。《國外兒少通訊傳播權益保護法制之研究》。台北：國家通訊傳播委員會委託研究報告（編號：PG10105-0097）。取自 http://www.ncc.gov.tw/chinese/files/13030/2865_130306_1.pdf

7. 吳翠珍（1996）。〈學齡前兒童對兒童電視節目的注意力研究〉,《教學科技與媒體》,30：11～23。吳翠珍（1998）。《探索兒童電視觀看行為的社會實踐》。（國科會專題研究計畫成果報告 NSC87-2412-H-004-010）。台北：政治大學廣播電視學系。

8. 吳翠珍、陳世敏（2007）。《媒體素養教育》。台北：巨流。

9. 林子斌譯（2006）。《媒體教育：素養、學習與現代文化》台北：巨流。（原書 Buckingham, D. [2003]. Media education: Literacy, learning and contemporary culture. Cambridge, UK: Polity Press）。

10. 林瑞婉（2010）。《當兒童變成商品：台灣兒童電視節目發展的政治經濟

分析》。世新大學新聞研究所在職專班碩士論文。

11. 周祝瑛（2008）。〈請問：教育體制怎麼改？〉，《台灣教育怎麼辦？》，頁115～162。台北：心理出版社

12. 侯志欽（1993）。〈日本學前兒童電視節目之製作與研究〉《廣播與電視》，1（2）：67～75。陳世敏（1986）。《兒童收看電視情形暨電視節目對兒童之影響》。行政院新聞局委託中華民國民意測驗協會研究報告。

13. 陳振國（1968）。《台灣電視兒童節目對兒童的影響》。政大新聞研究所碩士論文。

14. 唐台齡（2014）。《建構台灣兒童電視節目優質指標之研究》。政治大學傳播學院碩士在職專班論文。

15. 郭秀玲（1999）。《我與孩子視域的差異──以電視卡通為共享的文本》。新竹師範學院國民教育研究所碩士論文。

16. 徐振興、歐姿秀、周佩華（2011）。《兒童收看節目及廣告對其行為影響》。台北：國家通訊傳播委員會委託研究報告（編號：PG10006-0233）。取自http://www.ncc.gov.tw/chinese/files/12031/2708_23925_120517_1.pdf

17. 張杏如（1987）。《我國兒童電視節目現況之評估及未來製作方向之研究》。（行政院文化建設委員會與新聞局委託研究報告）。台北：信誼基金會學前兒童教育研究發展中心。

18. 張盈堃（主編）（2009）。《童年的凝視：兒童的文化研究選輯》。屏東：屏東教育大學。

19. 游絲涵（2014）。《兒童選秀節目中的童星建構──以【超級童盟會】為例》。台灣大學新聞研究所碩士論文。

20. 黃葳威（1997）。〈青少年對電視益智節目的回饋──一個次文化的觀察〉。《廣播與電視》，3（1）：45～69。

21. 張恆豪（2009）。〈戰後台灣國小教科書中的障礙者意象分析〉。《台灣社會學刊》，（42）：143～188。

22. 安德魯·瓊斯（2013）。〈兒童如何變成了歷史的主題：論民國時期發展話語的建構〉。《東亞觀念史集刊》，第五期：頁53～84。

23. 游珮芸（2014）。〈試論《蠟筆小新》的流行現象〉。《竹蜻蜓》特別號（國

立台東大學兒童文學研究所）：頁 87～110。

24. 鄭佳華（2014）。《兒少節目「古典魔力客」App 新平台播放之研究與創作》。台灣藝術大學廣播電視學系應用媒體藝術碩士論文。

25. 蕭昭君譯（2007）。《童年的消逝》（修訂版）。台北：遠流。（原書 Postman, N. [1994]. The disappearance of childhood. New York, NY: Random House.）

26. 謝瀛春（1996）。〈兒童與媒體的現況與檢討〉，《傳播研究簡訊》，7：7～11。取自 http://nccur.lib.nccu.edu.tw/bitstream/140.119/28595/1/7711.pdf

（二）英文部分

1. Bazalgette, C., & Buckingham, D.（1995）. The invisible audience. In C. Bazalgette and D. Buckingham（Eds.）. *In front of the children: Screen entertainment and young audiences*（pp.1-14）. London, UK: British Film Institute.

2. Buckingham, D.（Ed.）（2008）. *Youth, identity, and digital media. Cambridge*, UK: The MIT Press.

3. Door, A.（1986）. *Television and children: A special medium for a special audience.* Los Angeles, CA: Sage Publications.

4. Hall, S.（1984）. Encoding/decoding. In S. Hall, D. Hobson, A. Lowe, & P. Willis（Eds.）. *Culture, media, language: Working papers in cultural studies 1972-79*（pp. 128-138）. London, UK: CCCS, University of Birmingham.

5. Kirsh, S. J.（2010）. *Media and youth: A developmental perspective. Chichester*, UK: Wiley-Blackwell.

6. Plowman, L., Stephen, C., & McPake, J.（2010）. *Growing up with technology: Young children learning in a digital world. Oxford*, UK: Routledge.

7. Tim Westcott（1999）. *The business of children's television.* London, UK: Screen Digest Limited.

8. Whitaker, L.（2014）. *The Children's Media Yearbook 2014.* London, UK: The Children's Media Foundation.